21世纪高等学校规划教材 | 电子商务

电子商务专业导论

赵守香 张尧辰 熊海涛 编著

清华大学出版社
北京

内容简介

作为电子商务专业的导论课程,本书旨在为那些刚入大学校门、对专业选择没有明确的目标和认识的新生们提供一个关于专业的蓝图,试图给读者讲清楚:电子商务专业是干什么的?这个专业的特色是什么?它需要学习哪些课程?毕业后的出路如何?这些问题也正是新入校的学生最希望知道的。

本书根据电子商务专业的培养计划和课程体系,分为5章内容:第1章为电子商务专业发展和定位,第2章为电子商务专业基础知识体系,第3章为电子商务技术知识体系,第4章为电子商务专业核心知识体系,第5章为电子商务专业实践教学体系。全面讲述了电子商务专业在4年的学习中要掌握的基础知识和专业知识,这些知识的传授手段和方法(理论学习、课程实验、课程设计、专业实验平台、专业实习等)。

本书既可作为"电子商务专业导论"课程的教材,也可以作为从事电子商务教学管理的人员的参考书。

本书封面贴有清华大学出版社防伪标签,无标签者不得销售。
版权所有,侵权必究。举报:010-62782989,beiqinquan@tup.tsinghua.edu.cn。

图书在版编目(CIP)数据

电子商务专业导论/赵守香等编著. —北京:清华大学出版社,2013.6(2023.8重印)
 21世纪高等学校规划教材·电子商务
 ISBN 978-7-302-31416-5

Ⅰ. ①电… Ⅱ. ①赵… Ⅲ. ①电子商务一高等学校一教材 Ⅳ. ①F713.36

中国版本图书馆 CIP 数据核字(2013)第 018454 号

责任编辑:	闫红梅　薛　阳
封面设计:	傅瑞学
责任校对:	焦丽丽
责任印制:	丛怀宇

出版发行:清华大学出版社
　　　网　　址:http://www.tup.com.cn, http://www.wqbook.com
　　　地　　址:北京清华大学学研大厦A座　　　邮　编:100084
　　　社 总 机:010-83470000　　　邮　购:010-62786544
　　　投稿与读者服务:010-62776969, c-service@tup.tsinghua.edu.cn
　　　质量反馈:010-62772015, zhiliang@tup.tsinghua.edu.cn

印　装　者:	北京国马印刷厂		
经　　　销:	全国新华书店		
开　　　本:	185mm×260mm　印　张:13	字　数:	315 千字
版　　　次:	2013年6月第1版	印　次:	2023年8月第9次印刷
印　　　数:	4501～5000		
定　　　价:	39.00 元		

产品编号:045858-02

出版说明

随着我国改革开放的进一步深化,高等教育也得到了快速发展,各地高校紧密结合地方经济建设发展需要,科学运用市场调节机制,加大了使用信息科学等现代科学技术提升、改造传统学科专业的投入力度,通过教育改革合理调整和配置了教育资源,优化了传统学科专业,积极为地方经济建设输送人才,为我国经济社会的快速、健康和可持续发展以及高等教育自身的改革发展做出了巨大贡献。但是,高等教育质量还需要进一步提高以适应经济社会发展的需要,不少高校的专业设置和结构不尽合理,教师队伍整体素质亟待提高,人才培养模式、教学内容和方法需要进一步转变,学生的实践能力和创新精神亟待加强。

教育部一直十分重视高等教育质量工作。2007年1月,教育部下发了《关于实施高等学校本科教学质量与教学改革工程的意见》,计划实施"高等学校本科教学质量与教学改革工程"(简称"质量工程"),通过专业结构调整、课程教材建设、实践教学改革、教学团队建设等多项内容,进一步深化高等学校教学改革,提高人才培养的能力和水平,更好地满足经济社会发展对高素质人才的需要。在贯彻和落实教育部"质量工程"的过程中,各地高校发挥师资力量强、办学经验丰富、教学资源充裕等优势,对其特色专业及特色课程(群)加以规划、整理和总结,更新教学内容、改革课程体系,建设了一大批内容新、体系新、方法新、手段新的特色课程。在此基础上,经教育部相关教学指导委员会专家的指导和建议,清华大学出版社在多个领域精选各高校的特色课程,分别规划出版系列教材,以配合"质量工程"的实施,满足各高校教学质量和教学改革的需要。

为了深入贯彻落实教育部《关于加强高等学校本科教学工作,提高教学质量的若干意见》精神,紧密配合教育部已经启动的"高等学校教学质量与教学改革工程精品课程建设工作",在有关专家、教授的倡议和有关部门的大力支持下,我们组织并成立了"清华大学出版社教材编审委员会"(以下简称"编委会"),旨在配合教育部制定精品课程教材的出版规划,讨论并实施精品课程教材的编写与出版工作。"编委会"成员皆来自全国各类高等学校教学与科研第一线的骨干教师,其中许多教师为各校相关院、系主管教学的院长或系主任。

按照教育部的要求,"编委会"一致认为,精品课程的建设工作从开始就要坚持高标准、严要求,处于一个比较高的起点上。精品课程教材应该能够反映各高校教学改革与课程建设的需要,要有特色风格、有创新性(新体系、新内容、新手段、新思路,教材的内容体系有较高的科学创新、技术创新和理念创新的含量)、先进性(对原有的学科体系有实质性的改革和发展,顺应并符合21世纪教学发展的规律,代表并引领课程发展的趋势和方向)、示范性(教材所体现的课程体系具有较广泛的辐射性和示范性)和一定的前瞻性。教材由个人申报或各校推荐(通过所在高校的"编委会"成员推荐),经"编委会"认真评审,最后由清华大学出版社审定出版。

目前，针对计算机类和电子信息类相关专业成立了两个"编委会"，即"清华大学出版社计算机教材编审委员会"和"清华大学出版社电子信息教材编审委员会"。推出的特色精品教材包括：

(1) 21世纪高等学校规划教材·计算机应用——高等学校各类专业，特别是非计算机专业的计算机应用类教材。

(2) 21世纪高等学校规划教材·计算机科学与技术——高等学校计算机相关专业的教材。

(3) 21世纪高等学校规划教材·电子信息——高等学校电子信息相关专业的教材。

(4) 21世纪高等学校规划教材·软件工程——高等学校软件工程相关专业的教材。

(5) 21世纪高等学校规划教材·信息管理与信息系统。

(6) 21世纪高等学校规划教材·财经管理与应用。

(7) 21世纪高等学校规划教材·电子商务。

(8) 21世纪高等学校规划教材·物联网。

清华大学出版社经过三十多年的努力，在教材尤其是计算机和电子信息类专业教材出版方面树立了权威品牌，为我国的高等教育事业做出了重要贡献。清华版教材形成了技术准确、内容严谨的独特风格，这种风格将延续并反映在特色精品教材的建设中。

清华大学出版社教材编审委员会
联系人：魏江江
E-mail：weijj@tup.tsinghua.edu.cn

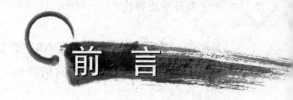

自 2001 年教育部批准 13 所高校成立电子商务专业，至今已有 12 个年头。据统计：目前开设电子商务专业的高校有三百多家，层次涵盖本科、高职。虽然我国电子商务发展迅速，近几年涌现出很多著名的电子商务企业，如淘宝、京东商城、凡客诚品、敦煌网等，这些企业为社会提供了巨大的就业机会和就业岗位，也出现了许多电子商务行业特有的就业岗位，但是，电子商务专业毕业生的就业情况却不尽如人意。有一些高校的电子商务专业由于没有学生报名已经不再招生，还有一些高校的电子商务专业招生人数正在萎缩，由原来的两个班减少到一个班。为什么一个迅速发展的行业不能给对应的专业发展带来更多的发展机遇？这里面的原因是什么？作为电子商务专业的建设者，我们一直在思考这个问题，并试图找到答案。

近几年来，越来越多的高校采取大类招生的策略，也就是说，学生在入校时并不确定具体所学专业，而是按一级学科的大类招生（可能在本学科下有若干个专业），等到二年级以后再由学生自主选择专业。这种招生方式给专业建设带来更大挑战，专业的认知度成了学生选择专业时一个非常重要的影响因素。因此，我们在新生入学的第一学期都开设了"专业导论"课程，目的就是通过本课程的学习，让学生对专业有一个清晰的认识，明确专业的定位、专业的培养目标、专业的知识体系和课程体系、专业未来的就业前景和发展前景，提高学生对专业的认知，激发学生的专业学习兴趣。

新生入学时大家的脑子里都是一张白纸，对专业的了解也仅限于父母及周边人的影响，一般都是片面的、模糊的，并不清楚每一个专业的专业特色和定位，也不清楚哪些专业适合自己，这时专业引导就非常重要。

《电子商务专业导论》就是在上述背景下产生的。本书作为电子商务专业的入门课程，系统介绍了电子商务专业的专业定位、培养目标、知识体系、课程体系、就业岗位需求等新生所关注的内容。本书共有 5 章：第 1 章为电子商务专业发展和定位；第 2 章为电子商务专业基础知识体系；第 3 章为电子商务技术知识体系；第 4 章为电子商务专业核心知识体系；第 5 章为电子商务实践知识体系。

本书由北京工商大学电子商务专业教师赵守香、张尧辰、熊海涛老师编写。其中第 1、2、5 章由赵守香编写，第 3 章由熊海涛编写，第 4 章由张尧辰编写。在编写的过程中，我们参考了北京工商大学、浙江大学、浙江工商大学、上海财经大学等高校的电子商务专业的培养计划，也参考了南京奥派、金算盘、行知睿思等专门从事电子商务实验室建设的企业的实验资料，在此对他们表示诚挚的感谢！

由于电子商务行业发展迅速，每天都有新的技术、新的商业模式出现，作为出版者，永远无法追上技术和应用发展的脚步。作为教育者,我们只能"以不变应万变",为学生介绍专业中最本质、最经得住时间考验的东西。对于那些不断变化的东西,我们只能在讲课过程中"随机应变"。

由于作者学识有限,不当之处在所难免,希望同行们给予批评指正!

作　者
2013 年 2 月

目 录

第1章 电子商务专业发展和定位 … 1
1.1 电子商务概述 … 3
1.2 电子商务专业建设与发展 … 4
1.3 电子商务专业定位 … 5
1.3.1 美中两国电子商务发展 … 5
1.3.2 美中两国电子商务专业人才培养模式比较 … 6
1.3.3 总结和建议 … 9
1.4 电子商务专业知识体系 … 10
1.5 电子商务专业课程体系 … 11
1.6 电子商务未来岗位需求 … 12
1.6.1 电子商务行业就业乱象 … 16
1.6.2 电子商务行业岗位细分 … 17
1.6.3 就业岗位对电子商务专业学生的能力要求 … 18
1.6.4 电子商务毕业生就业难的原因分析及对策 … 19
本章小结 … 21
本章思考题 … 22

第2章 电子商务专业基础知识体系 … 23
2.1 商务运作的过程 … 24
2.2 企业管理 … 29
2.2.1 企业管理的含义 … 30
2.2.2 企业管理的发展阶段 … 31
2.2.3 企业管理的内容 … 31
2.2.4 企业管理的构成 … 31
2.2.5 提高企业管理水平的措施 … 32
2.2.6 电子商务专业学生对"管理"知识的要求 … 34
2.3 市场营销 … 34
2.3.1 市场营销的发展 … 36
2.3.2 市场营销的定义 … 38
2.3.3 市场营销学的性质 … 39
2.3.4 市场营销学的核心概念 … 41
2.3.5 网络环境下营销理念的变迁 … 43

2.3.6　网络营销 …………………………………………………………… 44
　2.4　经济学 ……………………………………………………………………… 46
　　　2.4.1　经济学研究的对象 …………………………………………………… 48
　　　2.4.2　网络经济学 …………………………………………………………… 50
　　　2.4.3　电子商务专业课程体系中的经济学课程 …………………………… 54
　2.5　国际贸易实务 ……………………………………………………………… 54
　　　2.5.1　贸易活动 ……………………………………………………………… 54
　　　2.5.2　国际贸易的特点 ……………………………………………………… 55
　　　2.5.3　国际电子商务 ………………………………………………………… 55
　　　2.5.4　"国际贸易实务"课程 ……………………………………………… 62
　本章小结 …………………………………………………………………………… 62

第 3 章　电子商务技术知识体系 …………………………………………………… 63

　3.1　商务活动中的信息处理 …………………………………………………… 65
　　　3.1.1　商务活动的类别 ……………………………………………………… 65
　　　3.1.2　环境对商务活动的影响 ……………………………………………… 66
　　　3.1.3　电子商务基本环境的对策 …………………………………………… 67
　3.2　信息采集技术 ……………………………………………………………… 68
　　　3.2.1　商品信息的采集 ……………………………………………………… 68
　　　3.2.2　网络信息的采集 ……………………………………………………… 74
　3.3　信息存储技术 ……………………………………………………………… 75
　3.4　信息传输技术 ……………………………………………………………… 79
　3.5　信息处理技术 ……………………………………………………………… 82
　　　3.5.1　数据仓库技术 ………………………………………………………… 82
　　　3.5.2　联机分析处理技术 …………………………………………………… 83
　　　3.5.3　数据挖掘技术 ………………………………………………………… 83
　　　3.5.4　数据挖掘的过程 ……………………………………………………… 85
　　　3.5.5　数据挖掘的主要算法 ………………………………………………… 86
　3.6　信息系统技术 ……………………………………………………………… 88
　本章小结 …………………………………………………………………………… 91
　本章思考题 ………………………………………………………………………… 92

第 4 章　电子商务专业核心知识体系 ……………………………………………… 93

　4.1　电子商务下的核心问题 …………………………………………………… 95
　4.2　网站开发技术 ……………………………………………………………… 97
　　　4.2.1　HTML ………………………………………………………………… 98
　　　4.2.2　XML …………………………………………………………………… 99
　　　4.2.3　XHTML ……………………………………………………………… 100
　　　4.2.4　网页制作工具 ………………………………………………………… 100

4.2.5 动态网页制作工具 ……………………………………………… 101
　　　4.2.6 网页制作辅助工具 ……………………………………………… 103
　　　4.2.7 SQL Server 介绍 ………………………………………………… 104
　4.3 网络营销 …………………………………………………………………… 106
　　　4.3.1 网络营销概述 …………………………………………………… 108
　　　4.3.2 网络营销策略 …………………………………………………… 109
　　　4.3.3 网上调研 ………………………………………………………… 111
　　　4.3.4 网络营销绩效评估 ……………………………………………… 112
　4.4 客户关系管理 ……………………………………………………………… 113
　　　4.4.1 客户关系管理的概念 …………………………………………… 113
　　　4.4.2 电子商务环境下客户关系管理的新特点 ……………………… 114
　　　4.4.3 客户关系管理系统功能 ………………………………………… 115
　　　4.4.4 客户关系管理系统核心价值 …………………………………… 116
　4.5 电子商务物流体系 ………………………………………………………… 117
　　　4.5.1 物流的概念及定义 ……………………………………………… 118
　　　4.5.2 电子商务物流系统功能 ………………………………………… 120
　　　4.5.3 物流供应链管理 ………………………………………………… 122
　4.6 电子支付 …………………………………………………………………… 123
　　　4.6.1 网上支付系统的基本构成 ……………………………………… 124
　　　4.6.2 网上支付系统的种类 …………………………………………… 125
　　　4.6.3 网上支付系统的功能 …………………………………………… 128
　4.7 交易安全技术 ……………………………………………………………… 128
　　　4.7.1 电子商务的安全需求 …………………………………………… 129
　　　4.7.2 电子商务安全体系 ……………………………………………… 130
　　　4.7.3 防火墙技术 ……………………………………………………… 131
　　　4.7.4 数据加密技术 …………………………………………………… 133
　　　4.7.5 认证技术 ………………………………………………………… 135
　　　4.7.6 安全技术协议 …………………………………………………… 137
　4.8 电子商务伦理与对策 ……………………………………………………… 139
　　　4.8.1 电子商务伦理问题的概述 ……………………………………… 140
　　　4.8.2 电子商务伦理问题的表现 ……………………………………… 141
　　　4.8.3 电子商务活动中的伦理对策 …………………………………… 143
　本章小结 ………………………………………………………………………… 143
　本章思考题 ……………………………………………………………………… 144

第 5 章 电子商务专业实践教学体系 …………………………………………… 145

　5.1 电子商务专业技能培养与实践教学体系 ………………………………… 145
　　　5.1.1 建立实践教学体系的必要性 …………………………………… 145
　　　5.1.2 电子商务实践课程体系的层次和类型 ………………………… 146

| 5.1.3 电子商务专业实践教学体系的构建 …………………………………… 146
| 5.2 实践项目设置 ………………………………………………………………… 148
| 5.2.1 实践教学目的 ……………………………………………………………… 148
| 5.2.2 实践教学内容与安排 ……………………………………………………… 148
| 5.2.3 实践详细内容 ……………………………………………………………… 150
| 5.3 实践教学的组织 ……………………………………………………………… 188
| 5.3.1 课程实践 …………………………………………………………………… 188
| 5.3.2 课程设计 …………………………………………………………………… 188
| 5.3.3 专业实践 …………………………………………………………………… 189
| 本章小结 …………………………………………………………………………… 189

附录A 电子商务专业培养方案 ……………………………………………………… 190

附录B 指导性教学计划进度表 ……………………………………………………… 192

参考文献 ……………………………………………………………………………… 195

第1章 电子商务专业发展和定位

在讨论电子商务专业的市场定位之前,我们先来看一组统计数据。

资料阅读

2012年7月19日,中国互联网络信息中心(China Internet Network Information Center,CNNIC)在京发布《第30次中国互联网络发展状况统计报告》(以下简称《报告》)。

《报告》显示,截至2012年6月底,中国网民数量达到5.38亿,增长速度更加趋于平稳;其中最引人注目的是,手机网民规模达到3.88亿,手机首次超越台式计算机成为第一大上网终端。

1. 网民规模突破5.38亿增长速度进一步放缓

《报告》显示,截至2012年6月底,中国网民数量达到5.38亿,互联网普及率为39.9%。在普及率达到约四成的同时,中国网民增长速度延续了自2011年以来放缓的趋势,2012年上半年网民增量为2450万,普及率提升1.6个百分点。

当前网民增长进入了一个相对平稳的阶段,互联网在易转化人群和发达地区居民中的普及率已经达到较高水平,下一阶段中国互联网的普及将转向受教育程度较低的人群以及发展相对落后地区的居民。目前,随着移动互联网的繁荣发展,移动终端设备价格更低廉、接入互联网更方便等特性,为部分落后地区和难转化人群中的互联网推广工作提供了契机。

2. 手机超越台式计算机成为第一大上网终端

《报告》显示,在2012年上半年,通过手机接入互联网的网民数量达到3.88亿,相比之下,台式计算机为3.80亿,手机成为了我国网民的第一大上网终端。手机上网快速发展的同时,台式计算机这一传统上网终端的使用率在逐步下滑,中国网民互联网接入的方式呈现出全新格局。

当前,智能手机功能越来越强大,移动上网应用出现创新热潮,手机价格不断走低,对于庞大的流动人口和农村人口来说,使用手机接入互联网是更为廉价和便捷的方式。这些因素都降低了移动智能终端的使用门槛,从而促成了普通手机用户向手机上网用户的转化。

3. 手机视频用户规模激增,手机微博用户涨幅明显

《报告》显示,2012年上半年,通过互联网收看视频的用户增加了约2500万人,根据中国互联网数据平台(http://www.cnidp.cn)数据,2012年第二季度网络视频用户的人均单日访问时长比一季度增加近10分钟,网络视频在用户规模和用户使用深度上均呈现增长趋势。与整体网络视频用户规模的稳步增长相比,手机端视频用户的增长更为强劲,使用手机

收看视频的用户已经超过一亿人,在手机网民中的占比由 2011 年底的 22.5% 提升至 27.7%。在视频网站、运营商等多方积极推动下,用户使用手机终端在线看视频的习惯正在逐步养成。

与此同时,手机微博延续 2011 年快速增长的势头。截至 2012 年 6 月底,微博在手机网民中的使用率提升 5.3 个百分点至 43.8%,成为使用率增幅最大的手机应用。手机微博用户的增长,一方面得益于微博自身的即时性和自媒体优势,用户体验较好,流失率较低;另一方面,手机微博客户端功能不断增强也提升了手机用户使用微博的黏性和使用体验。

4. IPv6 地址数大幅增长进入全球排名三甲

由于全球 IPv4 地址已分配完毕,因而自 2011 年开始我国 IPv4 地址数量基本没有变化,当前 IP 地址的增长已转向 IPv6,加快 IPv6 的应用和部署已经成为共识。中国 IPv6 地址数量在近一年内飞速增长,截至 2012 年 6 月底,我国拥有 IPv6 地址数量为 12499 块/32,相比上年底增速达到 33.0%。在全球的排名由 2011 年 6 月的第 15 位迅速提升至目前的第 3 位,仅次于巴西(65728 块/32)和美国(18694 块/32)。IPv6 地址数的不断发展将进一步推进我国信息化建设进程,为我国下一代互联网发展奠定基础。

电子商务发展特点与趋势

1. 手机超越台式计算机成为中国网民第一大上网终端

中国网民实现互联网接入的方式呈现出全新格局,在 2012 年上半年,通过手机接入互联网的网民数量达到 3.88 亿,相比之下台式计算机为 3.80 亿,手机成为了我国网民的第一大上网终端。

2. 手机网络视频用户增长强劲

网络视频用户规模继续稳步增长,2012 年上半年,通过互联网收看视频的用户增加了约 2500 万。手机端视频用户的增长更为强劲,使用手机收看视频的用户超过一亿人,在手机网民中的占比由 2011 年底的 22.5% 提升至 27.7%。

3. 微博用户进入平稳增长期,手机微博保持较快发展

截至 2012 年 6 月底,微博的渗透率已经过半,用户规模增速低至 10% 以下。但微博在手机端的增长幅度仍然明显,用户数量由 2011 年底的 1.37 亿增至 1.70 亿,增速达到 24.2%。

4. 网络购物用户增长趋于平稳

截至 2012 年 6 月底,网络购物用户规模达到 2.1 亿,网民使用率提升至 39.0%,较 2011 年底用户增长 8.2%。从 2011 年开始,网络购物的用户增长逐渐平稳,未来网购市场规模的发展,将不仅依托于用户规模的增长,还需要依靠消费深度不断提升来驱动。

5. 网上银行和网上支付应用增速加快

网上银行和网上支付用户规模在 2012 年上半年的增速分别达到 14.8% 和 12.3%,截至 2012 年 6 月底,两者用户规模分别为 1.91 亿和 1.87 亿。手机在线支付发展速度突出,截至 2012 年上半年,使用该服务的用户规模为 4440 万人,较 2011 年底增长约 1400 万人。

6. IPv6 地址数大幅增长,全球排名升至第 3 位

截至 2012 年 6 月底,我国拥有 IPv6 地址数量为 12499 块/32,相比 2011 年底增速达到 33.0%,在全球的排名由 2011 年 6 月底的第 15 位迅速提升至第 3 位。由于全球 IPv4 地址

数已于 2011 年 2 月分配完毕，因而自 2011 年开始我国 IPv4 地址数量基本没有变化，当前 IP 地址的增长已转向 IPv6。

资料来源：CNNIC

1.1 电子商务概述

电子商务是一个以 Internet/Intranet 网络为架构，以交易双方为主体，以银行支付和结算为手段，以客户数据库为依托的全新的商业模式。

1. 电子商务的含义

电子商务(Electronic Business)作为一个完整的概念出现于 20 世纪 90 年代初。20 世纪 80 年代末，发达国家 EDI(Electronic Data Interchange，电子数据交换)的应用业已形成规模，引发了全球范围的"无纸贸易"热潮。与此同时，EDI 的大范围应用促进了与商务过程有关的各种信息技术在商业、制造业、基础工业及服务业的广泛应用，并从单一技术使用发展到相互补充、相互连接的整体应用，实现了商务运作全过程的电子化，这就是电子商务。

电子商务不是一个单纯的技术概念，也不是一个单纯的商业概念，而是一个关于过程的概念，在过程(一次交易全过程或行政管理业务过程)中，传统的基于纸介质的数据和资料的处理、传递和存储等作业方式，被电子方式或者说被无纸技术所替代。

通常，可以将电子商务理解为：电子商务是综合运用信息技术，以提高贸易伙伴之间商业运作效率为目标，将一次交易全过程中的数据和资料用电子方式来实现的"无纸贸易"。

电子商务是企业之间、企业与消费者之间信息内容与需求交换的一种通用术语。它运用计算机、通信以及相关技术进行商业交易活动，即为了商业目的在两个企业之间的通信。

电子商务，从整体上看，它是一门新学科，发展又很快，十年时间就波及全世界，同时，它又是一门应用科学，各个公司都根据自己的应用情况给电子商务冠上众多的概念，例如：EC(Electronic Commerce)、IBM 公司的 EB(Electronic Business)、HP 公司的 EW(Electronic World)及电子消费者(E-Consumer)等。这些众多的提法本身就告诉读者，关于电子商务的内涵和外延，以及它的定义域等基本概念都需要大家共同去探索。为了更好地理解电子商务的发展和含义，我们分别介绍一下这几个概念的区别和联系，供大家参考。

2. 电子商务组成要素

在电子商务中的任何一笔交易，都包含着信息流、资金流和物流等基本的三"流"。信息流主要是指交易过程中的各种信息，既包括订单、发货单、付款通知单等贸易单证，也包括商品信息、促销信息、信用信息等。资金流主要指资金的转移过程，包括付款、转账等。物流则是商品或服务的流动过程，具体指运输、储藏、配送、保管等。只有使上述 3 种"流"协调、准确、快速地配合，才能真正完成一次交易。而要做到这一点，必须具备如下条件。

1) 信息通信基础设施

国际互联网(Internet)是电子商务的基础，是商务、业务信息传送的载体，内联网(Intranet)是企业内部商务活动的场所，外联网(Extranet)是企业以及企业与个人进行商务活动的纽带。

2）电子商务用户

电子商务用户包括个人用户和企业用户。

（1）个人用户。使用浏览器、电视机顶盒、个人数字助理、可视电话等接入 Internet，目的为了获取信息、购买商品，还需采用 Java 技术及产品（如嵌入式 Java、Personal Java 及 Java 卡等）。

（2）企业用户。建立企业内联网、外联网和企业管理信息系统，对人、财、物、产、供、销进行科学管理。利用 Internet 网页站点发布产品信息、接受订单，即建立电子商场，在网上进行销售等商务活动，还要借助于电子报关、电子报税、电子支付系统与海关、税务局、银行进行有关商务、业务处理。

3）认证中心

认证中心（Certificate Authority，CA）是得到法律承认的权威机构，负责发放和管理电子证书，使网上交易的各方能互相确认身份。电子证书是一个包含证书持有人个人信息、公开密钥、证书序号、有效期、发证单位的电子签名等内容的数字文件。

4）配送中心/物流

完成交易中的商品或服务的运送，负责把客户订购的货物及时、准确地送到指定地点。也就是根据商家的送货要求，组织运送无法从网上直接得到的商品，跟踪商品流向。

5）网上银行

在 Internet 上实现传统银行的业务，为用户提供 24 小时实时服务；与信用卡公司合作，发放电子钱包，提供网上支付手段，为电子商务交易中的用户和商家服务。

电子商务的关键在于应用，即充分利用电子商务的 3C 功能。①信息管理（Content）：通过更好地利用信息来增加品牌价值，其中包括信息安全渠道和分布、客户服务信息、安全可靠高效 Web。②加强合作（Collaboration）：自动处理业务流程，减少成本和开发周期，方便、高效、协调地工作。③促进交易（Commerce）：从新的市场和电子渠道增加收入，引导企业在网络化社会中生存。包括：市场与售前服务（品牌形象及主页）、销售活动、客户服务、电子购物和电子交易。

经过近二十年的发展，我国电子商务已经成为整个国家经济中最活跃的行业之一，涌现了一大批行业领袖级的电子商务企业，如阿里巴巴（http://www.alibaba.com）、敦煌网、新浪、网易、搜狐、百度、360、当当、京东商城、凡客诚品、红孩子、人人网、天涯网等，它们为中国企业和消费者提供了便捷、经济的交易平台和物美价廉的商品，让中国的中小企业把生意做到了全世界，也让中国的消费者不出国门就能够享用世界各地的产品。可以说，电子商务改变了人们的消费理念、消费方式、生活方式，也改变了企业的生意经。

1.2 电子商务专业建设与发展

新的商业模式的出现，必然催生出新的职业和就业岗位，新的职业需要新的职业技能和知识体系，电子商务专业应运而生。

为了加快培养高层次电子商务专业化人才，教育部于 2001 年正式批准在高校设立电子商务本科专业。同年全国有 13 所大学首次获批成立电子商务专业，迄今设立该专业的高校已经超过339所。这些高校既有研究型大学,也有地方高校和独立学院。办学层次参差不齐,学科特点很不相同,行业和地方需求也各有千秋。因此,如何根据电子商务发展的特点,紧密结合高等教育实际,制订指导性专业规范,培养高质量的、符合社会需求的电子商务专业化人才就成为一项重要而迫切的任务。

《普通高等学校电子商务本科专业知识体系(试行)》是教育部高等学校电子商务专业教学指导委员会按照教育部"高等学校本科教学质量与教学改革工程"的要求,在经过大量调研和前期工作的基础上组织编制并通过了专家的评审。知识体系是专业人才培养的核心内容,也是专业教学计划和课程体系的基础。相信该知识体系的实施能够对各高校电子商务专业的规范化建设起到积极的作用,同时也对复合交叉型学科的知识体系研究和专业建设起到示范作用。

1.3 电子商务专业定位

电子商务专业培养什么样的人才?

考虑到电子商务专业背景学科的交叉融合性和专业知识技能的复合创新性,以及就业市场的广阔多样性和开设本专业的不同高校的类别优势性,对电子商务本科专业应该采取一个专业多个方向的方式来满足不同类型高校的培养需要。目前我国电子商务本科专业可以归纳为两大基本方向:电子商务经管类方向和电子商务工程类方向。它们各自在经济管理知识与技能体系和信息技术知识与技能体系方面有所侧重。以下是电子商务本科专业的培养目标和两个基本方向的差异化专业方向培养目标。

我国现阶段电子商务本科专业的培养目标是:"面向世界、面向未来、面向现代化,"为国家培养德、智、体、美、劳全面发展的具备现代经济、管理理论和信息技术等多种知识和电子商务综合技能的,能从事网络环境中企业、事业和社会的商贸购销、商务管理或商务技术支持等现代化商务实践、研究和教学等工作的复合型、专门化人才。

电子商务本科专业经管类方向的培养目标是:在电子商务本科专业目标的基础上侧重掌握现代经济科学、管理科学的基本原理与商务活动的知识与技能,较好地掌握网络化计算机技术和信息化商务技术的基本技能与方法,能够较好地利用电子信息技术从事商业、贸易和营销管理等的实践或研究、教学等工作的复合型、专门化人才。

电子商务本科专业工程类方向的培养目标是:在电子商务本科专业目标的基础上侧重掌握计算机科学、网络通信和信息处理技术等的基本理论和实践技能,较好地掌握现代经济与管理的知识与方法,能熟练运用电子网络和信息技术,从事电子商务系统的规划、分析、设计、开发、管理和评价等的实践或研究、教学等工作的复合型、专门化人才。

他山之石可以攻玉。下面我们从美中两国电子商务专业人才培养的目标和体系来分析电子商务专业建设。

1.3.1 美中两国电子商务发展

1. 美国电子商务发展

美国的电子商务教育发展较早。在1998年,美国著名的卡耐基-梅隆大学就由工业管理研究院和计算机学院联合创建了电子商务学院,1999年宣布设立了世界上第一个电子商务专业硕士学位。该校电子商务专业主任 Michael Shamos 教授说:"如果要经营网上商务,就需要了解许多商务知识,同时还需要懂得许多技术方面的知识。否则,你可能需要雇佣太多的技术人员,你自己则无法制订明智的采购计划,对建立网络一无所知,为别人所左右。电子商务硕士学位应比哈佛的 MBA 更有价值,原因在于既懂技术又有电子商务知识的人员匮乏。"

目前典型的提供深入电子商务教育的学校有:哈佛大学、麻省理工大学、斯坦福大学、纽约大学、加州大学、西北大学、卡耐基-梅隆大学、范德比尔特大学和华盛顿州立大学等。但美国大学一般不开设电子商务专业,电子商务多是作为独立的课程,或者选择在有关课程中根据需要添加相应内容以达到传授电子商务知识的目的。例如,西北大学、麻省理工大学、纽约大学都设有独立的电子商务主修课程,加州大学伯克利分校则是将电子商务的内容整合到其他课程中。

2. 中国电子商务发展

我国的电子商务专业教育也可以追溯到 1998 年,几乎与美国卡耐基-梅隆大学开办电子商务专业同期开始。其发展历程经历了尝试期、规范期和发展期 3 个阶段。在尝试期,电子商务专业教育伴随着一批电子商务专业学者的不断研究,通过在各校以公共选修、专业选修课的形式开设相关课程,也有少数学校在本科高年级开设电子商务方向或电子商务班(以至开设电子商务研究生方向)等。在规范期,为适应市场需求,使电子商务专业人才的培养规范化、规模化,我国教育部高教司于 2000 年底和 2001 年初分两批批准了 13 所普通高等学校试办电子商务本科专业。在发展期,教育部高等教育司从 2002 年开始又批准了第三批、第四批等开设电子商务本科专业的院校。截至 2008 年,全国已有 327 所高校开设电子商务本科专业,其中一些高校开设了硕士生和博士生的电子商务研究方向。

1.3.2 美中两国电子商务专业人才培养模式比较

1. 培养层次的比较

根据 Harlan 等人 2001 年对 AACSB(The Association to Advance Collegiate Schools of Business)附属的 77 个商学院的调查分析,美国大学提供 4 种不同层次的电子商务课程安排,分别是理学硕士、理学学士、电子商务非学历认证教育、电子商务方向的工商管理硕士。从其搜集的教学计划样本来看,MBA 阶段的样本数量占到了 40%,其次是理学硕士阶段,两者的数量占到了总体样本的 70%;在课程设置上,非技术类课程和技术类课程的比例大概为 2∶1。

由此可见,在教学层次上,美国的电子商务教育采取学历教育与非学历教育相结合的方式,主要集中在研究生阶段,并以 MBA 教育为重点。

中国的电子商务教育主要集中在本科层次,因为国内教育界普遍认为电子商务专业的宽口径特点必须要建设在宽泛和大量的理论基础之上,因此选择在时间比较充裕的本科 4 年,有助于学生搭建扎实的理论知识框架。

2. 专业设置的比较

电子商务是由多门基础学科交叉形成的新型学科，涉及计算机技术、管理学、经济学、法学等学科门类。在专业设置方向上，国内外高校一般都有着不同的侧重。

从奥斯汀的得克萨斯大学电子商务研究所查到的开设电子商务本科专业情况看：美国的计算机学院和商学院开设电子商务专业的占绝大多数，尤其是在著名大学的商学院，普遍开展电子商务教育。另外，有很多小专业一般会开设电子商务课程或辅修电子商务专业，例如市场营销类、信息管理类等。

我国的电子商务专业大多是依托学校的传统优势和教学资源而开设的，其培养方向和院系的专业特点有明显的关联性。例如有计算机背景的院系，其培养计划中则含有大量的计算机类课程，重点培养的是直接从事电子商务平台和电子商务应用软件的规划、开发和维护的专业技术人员，授予的是工学学位。有经管背景的院系，其培养计划中含有大量的经管类课程，重点培养的是能够从事电子商务管理的人员，授予的是经济学学位或管理学学位，由此形成了电子商务两个不同的培养方向：偏技术和偏经管。从科类结构看，两个国家对电子商务所属的科类基本认同，都是在经济类、管理类和计算机技术类院系开设电子商务专业或相关课程。

3. 课程设置的比较

在课程设置上，美国各大高校各具特点。

卡耐基-梅隆大学的电子商务专业对经济管理和技术课程采取并重的态度，力图使毕业生能成为未来企业中电子商务应用方面合格的经理人、规划人、分析家和编程人员。其专业教学内容涵盖了各种商务模式，具体涉及电子化市场研究、电子目录、网站管理、自动化撮合、电子商务安全支付、分布式交易处理、订单执行、客户满意度、数据挖掘与分析。一方面电子商务的实施需要与技术紧密结合，因此需要涉及网络、分布式数据库、计算机安全技术、多媒体技术、Web设备、人机接口设计；另一方面成功地引入电子商务不仅需要了解其成本和效益，而且需要懂得商业重组、适应管理（集成传统系统与Internet前端）、供应链结构、电子化商业中的会计与审计、仲裁职能、作为交换媒体的资金性质、快速商业反应、电子商务法律、政策及规则。

华盛顿州立大学电子商务专业培养目标是，"开发、使用和管理信息技术、数字网络来帮助组织在Internet上从事商业活动"。课程设置中技术类核心课程包括：网络商务编程、数据库管理、通信、电子商务概论。商务类核心课程包括：消费者行为与电子商务、传统与电子环境中的营销、数字企业的财务管理、网络法律。专业选修课（任选两门）包括：网络营销、网络伦理、电子商务中的服务业、电子商务的企业家精神、国际电子商务、数字时代的供应链管理、不断出现的技术、信息系统项目团队管理、系统分析与设计。整个课程设置以商务为主，强调基础知识，重视学生各方面的基础训练。技术类课程旨在帮助学生理解其在商务中的作用与地位。课程设置中的专业选修课则充分体现了商务与技术的融合，表现了电子商务专业的学科交叉性的特点。除此之外，华盛顿州立大学开设的电子商务课程中与人有关的课程至少有两门：消费者行为、沟通研究或人的发展。这样有利于学生掌握有关消费行为方面的知识，能够在将来的工作中了解客户。

我国学者马刚等的调查发现，国内高校电子商务人才培养形成了经济、技术、管理3种取向，开设的核心理论课程分别如下。

经济取向：电子商务概论、管理学、政治经济学、会计学、微观经济学、宏观经济学、计量经济学、国际贸易学、电子商务物流管理、电子商务安全、网络营销、网络经济学、电子商务系统建设与管理、数据库技术、电子商务网站建设、电子商务法。

技术取向：高级程序设计语言、电子商务概论、电子商务系统开发技术、管理学概论、经济学基础、离散数学、数据结构、数据库引论、操作系统、计算机网络、信息与网络安全、网站设计与建设、网络营销、中间件技术、电子商务物流、网络支付与结算、多媒体技术、运筹学引论、电子商务法律、管理信息系统、数据挖掘与数据仓库。

管理取向：电子商务概论、管理学、微观经济学、宏观经济学、计算机网络、电子商务法律、电子商务技术、电子商务物流管理（物流与供应链管理）、管理信息系统、网络营销、数据库系统及应用、网站设计与开发、电子商务安全、电子商务系统分析与设计、网上支付与网上金融、网络经济学、企业电子商务管理。

3种取向的理论课程设置都体现了电子商务学科的交叉特点，课程覆盖了经济学、管理学、信息和计算机科学及法学等学科。但是课程设置的随意性很大，其层次、作用、地位缺乏内在逻辑性。许多院校仅将现有的有关技术和商务方面的课程简单地堆砌在一起，缺乏系统的有机融合。另外，课程设置中关于能够反映信息社会和电子商务最新发展的前沿类课程较少，反映出对学生创新与创业能力培养的侧重不够。

纵观3种取向的理论课程设置，可看出其培养方向模糊。虽然界定了取向，但很多院校的课程设置并不能清晰地确定其培养的电子商务人才将来的就业目标。显然，培养适合各个行业的通才，并不适合中国企业目前对电子商务人才的专业和实用需求。应该在课程设置中多增设一些与特定行业相关密切的课程。当然，有条件的院校可以设置多个就业方向，这些就业方向最好能够与已经确定的取向吻合，这样有利于课程的设置。

3种取向的实验课程设置多局限于针对特定课程的验证型和认知型实验，设置了很少针对跨专业乃至跨学科的能够培养学生创新与创业能力的综合型实验。

4．教学模式的比较

美国的电子商务教学形式多样化，重视学生实践能力的培养。例如麻省理工开设的电子商务营销课程，设置了项目研究、带薪实习、课余实践等环节；斯坦福大学的网络营销课程要求学生利用所学知识设计因特网服务或产品；哈佛大学积极开展电子商务案例研究。同时美国的高校一般都设有电子商务研究中心，通过校企合作对电子商务领域的定价策略、法律问题、在线消费行为等关键问题进行研究，学生则被要求对企业提供咨询服务。在电子商务人才培养目标上，美国高校坚持以市场导向为主，以基于因特网的技术、产品开发、营销、管理和战略制订为基础，通过开设电子商务课程，结合电子商务研究中心、强调动手操作能力等方式，培养学生利用网络制订新的竞争方式与企业战略的能力。

中国的电子商务教育总体以理论教学为主，实践实习的学分一般只占总体学分的12%左右，对学生实践能力的培养是国内电子商务教育的薄弱环节。高校在制订电子商务培养方案时仍然缺乏对人才市场需求的充分调研，从理论教学到实践教学的渠道不畅通，导致输出的电子商务人才较难适应社会需求。

1.3.3 总结和建议

中国电子商务专业人才培养在专业设置方面与美国基本相同,但在培养层次、课程设置、师资力量和教学模式等方面与美国还有很大差距,因此中国电子商务人才培养要想取得长足的发展,必须借鉴和学习美国开展电子商务教育的成功经验。具体来说,有如下建议。

1. 以市场为导向

人才的培养是为了迎合社会的需求,市场对人才的要求对人才培养起着决定性的作用。目前社会对电子商务人才的需求主要来自5种机构、3种类型。5种机构分别是专业电子商务公司、IT网络公司、企业的信息服务部门、咨询服务公司和专业网络营销服务公司。人才类型主要集中在技术类、商务类和综合管理类。

此外,电子商务人才的需求特点和地域存在关联,随信息化的进程发展而动态变化。院校应该积极开展市场调研,与时俱进,充分了解社会和企业对人才的要求,及时调整和优化人才培养方案,以适应社会需求的变化。特别要掌握就业所辐射区域内的人才需求情况,针对该区域企业的人才需求特点,侧重某种技能的培养,使学生更具竞争优势。

针对中国高校电子商务专业师资力量薄弱的情况,各高校应加强师资培养,不断提高教师的理论与实践操作水平。有条件的高校可以派教师到国外高校进修学习,学习国外最前沿的理论动态和先进的实践经验。同时,可以请企业界的电子商务专家兼任该学科某门课程的教师,这些处在电子商务实践第一线的专家具有丰富的商务经验和最新的技术,掌握着电子商务最前沿的信息。这样,既保证学生所学的知识不会落后于时代发展,也保证了学生毕业后不会感到自己的知识与实际工作需要脱节。

2. 改进教学模式

一方面,电子商务是一门新兴学科,不可能在短时间内建立一套成熟完善的理论体系来指导教学。因此,不论哪种层次的培养都应该打破封闭式教学,实行开放式的校企结合的教学与实践模式。另一方面,目前大部分企业还处于电子商务的探索期和尝试期,对于电子商务的理论和方法的掌握都不够成熟,急需专业方面的相关指导和大量的专业人才。因此,高校应该抓住机会,联合企业,一方面在企业的实际应用中挖掘研究课题,为企业排忧解难,使知识转化成产能;另一方面利用企业资源创建实习基地,为学生创造更多的实践机会,让学生在实践中发现问题、解决问题,提高学生的应用能力和创新能力。而上级部门也应该为高校和企业的联姻牵线搭桥,疏通渠道,提供资金和政策的扶持,促进高校的电子商务专业形成产、学、研结合,资源有效共享的良好局面。

3. 纳入非学历认证教育

目前社会上有很多电子商务非学历认证教育,其目的是为了进一步规范电子商务从业人员的职业行为,提升从业能力。与高校教育相比,非学历认证教育更具实用性和针对性,而企业在择人的时候也比较重视这些证书。典型的认证考试有国家劳动与社会保障部推行的"电子商务师"系列认证、计算机技术与软件专业技术资格(水平)考试下设的电子商务系列专业技术资格考试、阿里巴巴旗下阿里学院推出的阿里巴巴电子商务系列认证、IBM电子商务解决方案设计师认证等。院校可以根据自身的层次和方向,选择性地将这些认证考试纳入培养计划,采取选修的形式或者 1+x(学历证+职业资格认证)的形式,对学生开展培训或鼓励学生自主参加培训,进行职业定向,提高职业技能。

1.4 电子商务专业知识体系

电子商务专业诞生之初,就存在争议。有学者认为其缺乏充分的实践资料和理论基础。事实证明,不少高校扯着"电子商务"大旗招生,但在课程上仅仅是计算机课程和经济管理课程的简单堆砌,导致学生"样样学,样样不精"。2008 年教育部电子商务教学指导委员会提出"电子商务知识体系"模块,指导各个高校的电子商务课程建设,显然是在为之前的仓促埋单。2011 年团购网站集体低迷,电子商务第 3 次浪潮已经到来,这一次动荡持续时长也将考验社会对电子商务专业的热情。

电子商务不仅涉及物流、信息流、资金流,更涉及商业策划、企业管理、市场运作、销售、售后服务和技术支持等各种商业业务,同时这些业务需要通过互联网平台来实现,需要软件开发、网站规划与设计、网络维护、数据库设计与维护、网站管理等技术能力。因此,作为电子商务专业的知识体系,应该沿两条线来设置。一是商务运作与管理,二是网站开发与管理。

上述两者的结合,产生了针对某些业务的应用系统,如:供应链管理(Supply Chain Management,SCM)系统、客户关系管理(Customer Relationship Management,CRM)系统、商务智能(Business Intelligence,BI)系统、知识管理(Knowledge Management,KM)系统、企业资源规划(Enterprise Resource Planning,ERP)等。这些系统也构成了电子商务专业知识体系的一部分。下面我们具体来分析。

1. 商务运作与管理

不管是传统行业的电子商务应用,还是新兴的电子商务企业,最终目的都是为了满足社会需要,获得商业利润。利用电子手段从事哪些商务活动,或者说哪些商业活动通过电子商务手段实现会更具竞争力,是从事电子商务的人首先要确定的问题。这就需要从业者懂商业运作,懂企业商业运作的基本理论,这些理论包括以下几项。

1) 企业管理学
2) 经济学
3) 市场营销学
4) 贸易学(内贸和外贸)
5) 会计与财务管理
6) 网络经济学

有关这些课程的研究内容和开课目的,在第 3 章中将详细介绍。

2. 网站开发与管理

电子商务运作的基础平台是网站,网站的规划、设计、开发、运营、维护是电子商务专业的学生要掌握的核心内容。因此,围绕网站的开发,需要具备的知识包括以下几项。

1) 计算机程序设计
2) 计算机网络平台的搭建、配置、管理
3) 数据库的设计、实现与维护
4) 网站规划与设计
5) 网站运营与管理

有关技术类的课程内容及学习目的,在第 2 章中将详细介绍。

3. 电子商务应用系统

商务运作理论与电子技术的结合产生了各种针对某些业务应用的信息系统。在电子商务应用中,典型的和主流的有以下几种。

1) 供应链管理系统
2) 客户关系管理系统
3) 商务智能
4) 知识管理
5) 企业资源规划系统

在第 4 章将详细介绍这些应用系统的研究内容和学习目的。

1.5 电子商务专业课程体系

通过上面的分析,我们确定电子商务的专业课程体系分为:专业基础课、专业核心课和专业选修课 3 个层次。

1. 专业基础课

专业基础课是指同专业知识、技能直接联系的基础课程,包括专业理论基础课和专业技术基础课。专业基础课是学生学习专业课的先修课程。比较宽厚的专业基础,有利于学生的专业学习和毕业后适应社会发展与科学技术发展的需要。

根据电子商务专业的人才培养定位和电子商务专业的特点,专业基础课包括两方面的课程:商务运作基础理论课程和信息系统开发基础理论课程。具体课程设置如下。

1) 管理学
2) 经济学(宏观经济学、微观经济学、网络经济学)
3) 市场营销学
4) 会计学
5) 国际贸易实务
6) 计算机程序设计(C/C++语言程序设计)
7) 计算机网络
8) 数据库原理与设计

2. 专业核心课

专业核心课程是指本专业的主干课程以及保证学生达到培养目标要求的主要基础课、

技术基础课,也可以把核心课程理解为学生终身受用的基础知识、基本理论、基本技能、基本素质和形成专业方向的主干课程的组合。

核心课程体现了专业课程中最重要的组成部分和相对稳定的部分,也体现了本专业特色,是区别其他专业的本质所在。

电子商务专业的核心课程体现了电子商务中不可或缺的三流:信息流、物流、资金流,专业核心课程5~6门。

1) 网络营销
2) 电子商务物流系统
3) 电子商务技术
4) 电子支付与信息安全
5) 电子商务系统规划与设计
6) 网站运营与管理

3. 专业选修课

专业选修课定位于为同学们介绍专业发展的前沿知识和前沿应用。相对专业基础课和专业核心课来说,专业选修课的灵活性更大,往往根据专业领域的最新热点、最新研究成果、最新应用来调整课程内容。电子商务专业的选修课程既要体现信息技术的最新成果,又要体现商务应用的最新应用,主要课程如下。

1) 面向对象的程序设计
2) 面向对象开发 UML(Unified Modeling Language)
3) 网页美工
4) 企业资源规划
5) 供应链管理
6) 客户关系管理
7) 商务智能
8) 数据仓库与数据挖掘
9) 知识管理

这些课程基本上反映了商务应用与技术发展的前沿。当然,课程的具体内容可以随着专业应用的发展来适时调整。

1.6 电子商务未来岗位需求

据媒体报道:在电商企业超过3年的员工几乎就是"珍稀动物"。很多电子商务企业成了电商人才的实习基地,基本上新员工进来一年左右就会"跳槽"或"被挖",这已经成为电子商务行业的普遍现象。人才流动频繁,同行互相挖角。

电子商务企业员工频繁跳槽的背后,折射的就是电商行业的人才紧缺问题。

我们先来看看著名的淘宝网(http://www.taobao.com)和京东商城(http://www.360buy.com)的招聘网站都提供了哪些岗位,如图1-1~图1-7所示。其中图1-6和图1-7是京东商城提供的职位描述。

更多信息,读者可以登录 http://www.taobao.com/zhaopin 去了解。

第1章 电子商务专业发展和定位

图 1-1 淘宝招聘网站

图 1-2 职位类别

14　电子商务专业导论

图 1-3　最新招聘职位

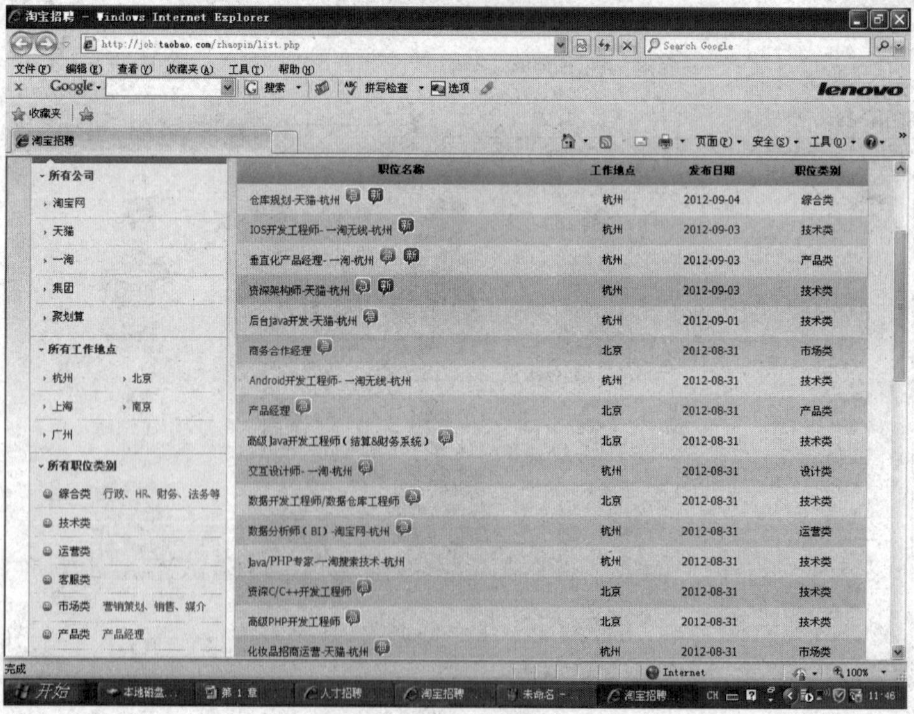

图 1-4　淘宝招聘

第1章 电子商务专业发展和定位

职位名称	工作地点	发布日期	职位类别
仓库规划-天猫-杭州	杭州	2012-09-04	综合类
IOS开发工程师-一淘无线-杭州	杭州	2012-09-03	技术类
垂直化产品经理-一淘-杭州	杭州	2012-09-03	产品类
资深架构师-天猫-杭州	杭州	2012-09-03	技术类
后台Java开发-天猫-杭州	杭州	2012-09-01	技术类
商务合作经理	北京	2012-08-31	市场类
Android开发工程师-一淘无线-杭州	杭州	2012-08-31	技术类
产品经理	北京	2012-08-31	产品类
高级Java开发工程师（结算&财务系统）	北京	2012-08-31	技术类
交互设计师-一淘-杭州	杭州	2012-08-31	设计类
数据开发工程师/数据仓库工程师	北京	2012-08-31	技术类
数据分析师（BI）-淘宝网-杭州	杭州	2012-08-31	运营类
Java/PHP专家-一淘搜索技术-杭州	杭州	2012-08-31	技术类
资深C/C++开发工程师	北京	2012-08-31	技术类
高级PHP开发工程师	北京	2012-08-31	技术类
化妆品招商运营-天猫-杭州	杭州	2012-08-31	市场类

图1-5 职位描述

图1-6 京东商城招聘主页

淘宝和京东商城是目前我国电子商务企业最典型的 B2C(Business-to-Customer)、C2C (Customer-to-Customer)企业,企业发展迅速,人才需求巨大,几乎涵盖了电子商务生态链上的所有岗位和业务需求。

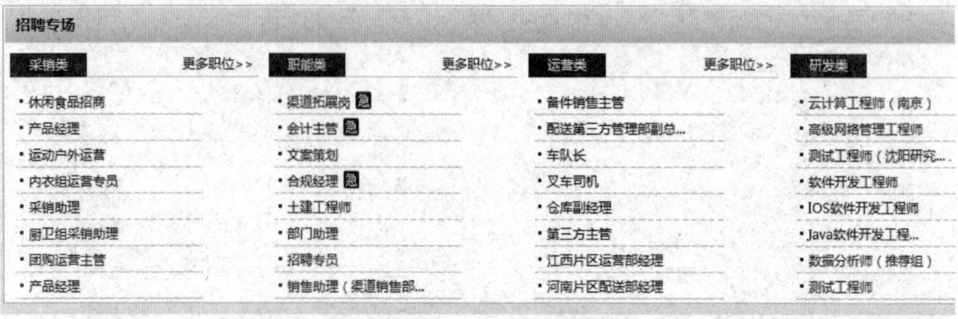

图 1-7 京东商城招聘的岗位

1.6.1 电子商务行业就业乱象

一个进公司实习仅仅 3 个月的员工,却被其他电商企业挖走,而且摇身一变成了"电商运营总监"。由于电商人才紧缺,急于招人的企业往往只考虑从业者是否在比较大的电商企业待过,却忽略了他的真实工作能力。

电商人才每流动一次,上涨的是工资,今年在 A 企业一个月 3000 元,明年到了 B 企业就是一个月 4000 元。对于整个行业来说,人还是这些人,可是整体的用人成本却不一样了。

其实,电商企业之间的人才流动是好事,能够促进整个行业的共同进步。

据了解,有专家预测,未来 10 年,中国电子商务专业人才缺口至少在 200 万,这一数字还不包括整个电子商务生态链的诸多岗位人才需求。

目前电商人才的缺乏不仅仅体现在高级管理人才,包括客服人员、店铺装修,甚至专业打包工都存在很大的缺口。

为了应对人才缺乏的困境,很多企业已经有比较好的做法。例如,七匹狼和全国 17 所高校合作,从大一、大二开始就将品牌文化植入校园,并在校园中招聘自己的分销团队;拍鞋网也和华侨大学电子商务系合作,通过实践课的形式,寻找适合自己的人才。

成都市的一些经验也值得借鉴。据了解,成都对电子商务企业从市外引进年薪在 20 万元以上且聘用时间超过一年(含一年)的高级管理人才、高端营运人才、核心技术人才,按其个人所得税地方实得部分给予全额奖励。

经济危机给电子商务提供了发展机会,自 2008 年金融危机以来,实体经济出现了持续衰退的迹象,虚拟经济却迎来了一次快速增长期。

互联网本质就是消灭中介渠道和增加效率,所以在经济放缓,互联网会更多地被使用(例如用互联网广告达到比传统广告更好的回报,多看微博少买报刊等)。

无论经济成长如何,移动化、社交化、电子商务化都是必然的趋势,也会提供很好的增长和投资机会。

1. 电子商务服务企业

电子商务服务企业包括硬件(研发、生产、销售、集成)、软件(研发、销售、实施)、咨询等。随着电子商务应用的普及,相关的硬件、软件开发和销售对专业人员的需求是确定的,不过这种需求可能是显性的,也可能是隐性的。显性情况下,用人单位会明确招聘懂得电子商务的专业人才;隐形的情况下,用人单位人力资源部面对市场客户的电子商务需求并不一定明确知道招聘到电子商务专业背景的人才正好适用,而只能让计算机等相关学科背景的人勉强应付,或要求其补充学习电子商务知识。咨询行业因为其"与生俱来"的专业广度和深度,需求一般都比较明确。

2. 电子商务企业

对这样的企业来说,无论是纯粹专业的电子商务企业还是和其他主业结合开辟的全新的运营模式(例如西单商场),对电子商务专业人才的需求是最对口的。

3. 传统企业

对于传统企业来讲,电子商务意味着新增的运营工具(例如企业网站,现在恐怕很难找到没有网站的公司)。运行新增的运营工具的人,无非是从使用老运营工具的员工中培养和招聘专业人才。当然培养原来的老员工的工作恐怕还是得内行的专业人员来进行。

4. 传统行业

对传统行业来讲,电子商务就是新的业务手段。无论贸易、物流、加工行业还是农业等都会使用到电子商务。把传统行业专门提出来讲,目的就在于,如果有志于某一行业,就应该深入了解这个行业的发展状况、发展趋势、新技术、新产品。从专业的角度判断这个行业的电子商务发展水平和发展潜力。当然,要能独立做出这些判断必须在对专业知识和实践能力达到一定的高度才行。

1.6.2 电子商务行业岗位细分

1. 技术类人才岗位方向细分

(1) 电子商务平台设计(代表性岗位:网站策划、编辑人员)。主要从事电子商务平台规划、网络编程、电子商务平台安全设计等工作。

(2) 电子商务网站设计(代表性岗位:网站设计、开发人员)。主要从事电子商务网页设计、数据库建设、程序设计、站点管理与技术维护等工作。

(3) 电子商务平台美术设计(代表性岗位:网站美工人员)。主要从事平台颜色处理、文字处理、图像处理、视频处理等工作。

2. 商务类人才岗位方向细分

(1) 企业网络营销业务(代表性岗位:网络营销人员)。主要是利用网站为企业开拓网上业务、网络品牌管理、客户服务等工作。

(2) 网上国际贸易(代表性岗位：外贸电子商务人员)。利用网络平台开发国际市场，进行国际贸易。

(3) 新型网络服务商的内容服务(代表性岗位：网站运营人员、主管)。频道规划、信息管理、频道推广、客户管理等。

(4) 电子商务支持系统的推广(代表性岗位：网站推广人员)。负责销售电子商务系统和提供电子商务支持服务、客户管理等。

(5) 电子商务创业。借助电子商务这个平台，利用虚拟市场提供产品和服务，又可以直接为虚拟市场提供服务。

3. 综合管理人才岗位方向细分

(1) 电子商务平台综合管理(代表性岗位：电子商务项目经理)。这类人才要求既对计算机、网络和社会经济都有深刻的认识，而且又具备项目管理能力。

(2) 企业电子商务综合管理(代表性岗位：电子商务部门经理)。主要从事企业电子商务整体规划、建设、运营和管理等工作。

通过以上显示，电子商务行业对人才的综合性提出了很高的要求。例如技术型人才，包含了程序设计、网络技术、网站设计、美术设计、安全、系统规划等知识，又要求了解商务流程、顾客心理和客户服务等。技术型人才要求有扎实的计算机根底，但考虑到最终设计的系统是为解决企业的管理和业务服务，又需要分析企业的客户需求，所以该类人才还应该对企业的流程，管理需求以及消费者心理有一定了解，而这将成为电子商务人才的特色所在。商务型人才在传统商业活动中都有雏形，不同之处在于他们是网络虚拟市场的使用者和服务者，一方面要求他们是管理和营销的高手，同时也熟悉网络虚拟市场下新的经济规律；另一方面也要求他们必须掌握网络和电子商务平台的基本操作。综合管理人才则难以直接从学校培养，而是市场磨炼的产物。

1.6.3 就业岗位对电子商务专业学生的能力要求

根据社会所需人才来确定电子商务专业学生所具备的能力，对电子商务专业的学生来说，是就业的一切前提，那么就必须知道电子商务专业到底需具备哪些能力和知识。在电子商务人才类型及岗位分析的基础上，可以从以下 4 个层次来分析电子商务岗位所必须具备的能力要求。

(1) 电子商务建立在网络硬件层的基础上。在这一层次需要了解一般计算机、服务器、交换器、路由器及其他网络设备的功能，知道有关企业网络产品的性能，如思科，懂得路由协议，TCP/IP 协议等，熟悉局域网知识，网络设计、安装、维护和管理的能力。这一层次，思科的 CCNA(Cisco Certified Network Associate)、CCNP(Cisco Certified Network Professional)、CCIE(Cisco Certified Internetwork Expert)认证在业内具有权威性。一般来讲，电子商务课程体系涉及这一层次的东西较少。

(2) 电子商务实施的软件平台。在这一层次涉及服务器端操作系统、数据库、安全、电子商务系统的选择，安装、调试和维护。例如微软的 Windows 操作平台上，服务器操作系统目前有 Server 2003，数据库有 SQL Server，电子商务应用有 Commerce Server、Content Management Server，安全保证有 ISA Server 等。在这一层次，微软的诸多认证如 MCSE

(Microsoft Certified System Engineer)、MCAD(Microsoft Certified Application Developer)、MCSD(Microsoft Certified Solution Developer)、MCSA(Microsoft Certified System Administrator)、MCDBA(Microsoft Certified DataBase Administrator)等无疑对知识的掌握有帮助。但也不是电子商务专业学习的重点,同电子商务实施平台联系较大的岗位有网站开发等。

(3) 电子商务应用层。在这一层次,涉及商业逻辑,网站产品的设计、开发,例如界面设计,可能就需要涉及 HTML(Hyper Text Markup Language)、CSS(Cascading Style Sheets)、XML(Extensible Markup Language)、脚本语言方面的知识,以及 Dreamweaver、Photoshop 等网页设计和图像处理方面的技能,或网络应用程序的开发。在这一层,在某些学校,部分对技术有兴趣的同学有可能达到。网页设计和图像处理方面的技能,或网络应用程序的开发。这个层次主要负责网站 Web 页面的开发与后台的技术支持;能够满足运作层对技术层的要求;精通 ASP(Active Server Page)、PHP(Hypertext Preprocessor)、CGI(Common Gateway Interface)3 种开发工具的一种,能够独立开发后台;精通 SQL(Structured Query Language)Server、Access 能够独立完成数据库的开发。有一年开发经验;能够读懂常用于 JSP(Jave Sever Pages)的代码,并且能够编写基本的 JSP 程序;精通 HTML 语言,完全能够手写 HTML 代码。在这一层,在某些学校,部分对技术有兴趣的同学有可能达到。像网站策划、网站编辑、网站开发等岗位都和这个层次有很大关联。

(4) 电子商务运营,管理层。在这一层次,涉及各类商务支持人员,如客户服务、市场、贸易、物流和销售等诸多方面。熟悉网络营销常用方法,具有电子商务全程运营管理的经验;能够制订网站短、中、长期发展计划和执行与监督;能够进行整体网站及频道的运营、市场推广、广告与增值产品的经营与销售;熟悉网络、网络营销和办公软件;负责公司产品在网络上的推广;对网络营销感兴趣,并能很好地掌握电子商务及网络发展的各种理念。这个层次适合的岗位有网站运营经理(主管)、网站推广、外贸电子商务、网络推销员等。

从上面电子商务实施的层次性,对我们电子商务专业到底具备哪些能力,应该有所了解,学生不仅要求学校及培训机构开设这方面的课程,在确定好自己就业方向后,更应该通过自身努力去学习和实践以上知识与技能。

1.6.4　电子商务毕业生就业难的原因分析及对策

1. 造成电子商务专业毕业生就业难的原因

1) 电子商务培养模式多样化

在电子商务迅速发展的同时,一些高校开始开办电子商务专业。早期开办电子商务专业主要有 3 类方向:①外贸方向,主要注重国际电子商务的教育和人才的培养。这一方向对学生的英语要求很高,一般主要在外贸领域就业。②以计算机科学为代表的技术方向,培养的是偏技术的电子商务人才。③以经济管理为基础的管理方向,培养的是偏管理的电子商务人才。目前,第①类较少,大部分是偏技术或偏管理的培养模式。这在很大程度上导致相当多的企业不知道招电子商务的学生究竟能做什么,因为培养模式的差异导致了结果的不确定性。所以他们干脆直接招收了外贸类专业、管理类专业、技术类专业毕业生,并把他们组织起来做电子商务。

2）电子商务人才培养方案贪大求全

电子商务是一个综合类专业，其竞争优势就在于学生的综合性能力。而在实际的教学中要做到培养综合类人才很困难，许多的学校给电子商务开设了大量的课程。一种比较典型的情况是：专业课程当中，一半为商务管理类课程，一半为商务技术类课程。这种课程体系的设计，表面上看起来非常合理，而在实际中就是因为培养过程没有重点，贪大求全，导致了电子商务的毕业生在社会上没有竞争力。因此电子商务本专科毕业生在就业市场上不太受欢迎，就业率一直偏低。

3）高校电子商务教育严重落后于实际，教学资源跟不上实际需要

电子商务在中国的实际发展非常迅速，需要大量的专业技术人才，而高校的电子商务教育严重落后于实际。高校一方面缺乏大量的从事电子商务教学并具有电子商务实践经验的教师，另一方面缺乏相应的实验设备和实习、实训基地，导致理论知识和应用脱节，教出来的学生眼高手低，与电子商务人才需求严重脱节。

4）企业对电子商务人才的要求和高校对电子商务人才的定位错位

目前中国开展电子商务的企业主要有两类：少数比较有实力的大中型企业和绝大多数的中小型企业。企业对电子商务人才的素质、对高校电子商务的人才培养提出了更高的要求，要求电子商务毕业生专业知识和技能必须是全面的、精通的，安置在哪一个节点都能发挥最大效用，但是即使高校依据企业需求进行定位培养出合格的电子商务人才了，企业却又不敢用了，因为企业虽然很清楚岗位定得愈细、分工愈明确，带来的效益就会愈高，但每个岗位只是发挥了这些高素质人才的很小一部分潜能，这是极大的资源浪费。

2．解决电子商务专业毕业生就业难的有效对策

1）准确专业定位，明确培养目标

电子商务的成功运作需要各层次的人才，因此电子商务专业人才的培养也是分层次的，根据市场的需求，电子商务人才层次可分为应用层、策划层和管理层。如果把电子商务3个层次的人才按金字塔结构排列，管理层是塔尖，策划层是塔身，应用层是塔基，高职院校培养的电子商务专业人才应该是塔基的应用层。这一层次的人才是推动电子商务发展的基础力量，对这一层次人才的培养是不容忽视的，高职院校应根据市场需求，结合本校实际，在全面讲述电子商务相关知识的同时，把电子商务专业培养目标细化为不同的方向，而不应该是一直以来所提倡的培养基础知识和专业技能"博而全"的电子商务专业通才。

2）合理设置专业课程体系

电子商务是一门交叉学科的综合性专业，根据各院校电子商务人才培养目标的定位，在理论课程的设置上要强调理论知识体系的宽度和广度，涉及面要覆盖所有"电子商务化岗位"，但不要求理论知识体系的深度和精度，只需能够满足实际需求，以"够用"为原则。在实践课程的设置上要以"小方向，重特色"为原则，把专业培养目标细化为网站建设、网络营销、网上贸易和物流管理等互为依托、前后衔接的电子商务专业人才生态链。电子商务实务的完成并非依赖一己之力，而是强调多方协作，因此，电子商务人才培养当中也应始终贯彻这一思想，电子商务专业课程体系的设置应当能够满足电子商务专业学生兴趣、爱好、特长的需求。根据电子商务专业学生的个体差异，帮助他们找准自己在电子商务专业人才生态链中的位置。

3）加强师资队伍建设

教师是组织实施教学活动的主体,其素质的高低直接影响到教学目标的实现,各院校师资力量建设大体可以从以下方面着手。

（1）引进高新技术人才。多渠道引进掌握电子商务新技能、拥有电子商务新思想、关注并能准确判断电子商务发展新动向的高新技术人才。

（2）聘请行家到校任教。社会上不乏电子商务行业领军人物和电子商务业界践行代表,高校可以聘请他们到校任教或作为实践课指导老师,在电子商务专业课程建设和人才培养方案建设中,他们意见也具有很高的参考价值。

（3）安排教师进修和交流。很多的组织和机构经常会举办一些电子商务专业或相关的培训和交流活动,各高校应积极选派骨干教师参与,在学习和交流的过程中,吸取先进经验、捕获有效信息,完善和修正本校电子商务专业人才培养中的短处和不足。

4）完善实训设施,抓实实训教学

（1）引进或自主开发电子商务模拟实验平台。目前市场上有部分比较成熟的、高仿真的电子商务模拟实验平台（例如德意数码、浙大科技等开发商推出的电子商务模拟实验系统）,可以帮助电子商务专业学生在一定程度上提升对电子商务的认识、提高电子商务的实训技能,高校可以通过对其考察评估后出资引进,有实力的高校也可以结合实际需求选择自主研发。

（2）带领学生参与具体项目设计,采用"项目驱动式"教学模式。在教学过程中,把教学任务分解成单个项目,由教师指导,带领学生学习团队或小组,进行"项目驱动式"或"体验式"教学。例如,在网络贸易教学中,可以把学生分解成网络营销组、贸易洽谈组、商品采购组、单证处理组、财务处理组、物流组、售后服务组,针对一笔订单,各小组各司其职,共同完成这笔业务,获得下一笔订单时各小组成员轮岗,采用这样的教学模式,学生既熟悉了这一教学环节的电子商务业务流程,又掌握了实践技能,教学效果非常好。

（3）与企业合作,建立电子商务实训基地或实训实验室,实现"工学结合"和"商学结合"。选择优秀的电子商务企业进行校企合作,共同建立实训教学项目,全校师生均可获益,例如淘宝公司推出的"淘宝创业实训基地"项目,学校只需很小的投入就可以建立起电子商务专业实验室,而且淘宝公司免费提供规范实用的师资培训、教学大纲、授课计划和网络实训平台等资源,优秀学生还可以获得淘宝网实习、就业的机会。

（4）充分利用互联网络免费资源,让学生亲身体验真实商务流程。互联网络蕴含丰富的学习资源,而且成本极低甚至接近零成本,充分合理引导电子商务专业学生利用这些资源,同时也可以帮助他们掌握和提高电子商务专业实践技能。例如淘宝网、拍拍网等还有其他的一些论坛和虚拟社区,不仅能作为电子商务专业学生实训学习的平台,还可以作为他们自主创业的平台。

本章小结

本章从分析电子商务的含义出发,介绍了电子商务专业的专业定位、培养目标以及由培养目标决定的知识体系和课程体系。美国作为电子商务的发源地,我们在比较美中电子商务专业在专业定位、培养目标、课程体系的基础上,使大家更好地理解我国电子商务专业的培养目标和专业定位。

同时,我们通过目前国内最著名的电子商务企业淘宝和京东商城的人才招聘岗位设置,让读者更清晰地了解电子商务专业未来的岗位需求。

本章思考题

1. 你是如何理解"电子商务"的?
2. 你认为电子商务专业的学生需要掌握哪些知识和技能?
3. 请登录淘宝招聘网站(http://job.www.taobao.com),仔细分析淘宝提供的就业岗位及岗位需求,更好地理解电子商务专业的培养目标和课程体系。

第 2 章
电子商务专业基础知识体系

一个丹麦的经济学家在他的一个学术报告中,把 20 世纪的 Internet 比喻为 18 世纪初的蒸汽机。也许,Internet 对人类经济的影响会远远超过蒸汽机的发明对人类生活的影响。今天,互联网世界正在发生从"传统业务 Internet 化"向"Internet 环境下全新业务模式"的变革,这个变革会对我们的经济生活产生什么样的深远影响,值得我们每一个人去关注。

企业是整个社会经济的细胞,企业的日常运营构成了社会整个经济活动的主体。虽然随着信息技术在企业经营管理中应用的不断深化,企业日常运营的流程、技术手段发生了变化,但企业运营所包含的业务功能并没有太大的变化,例如:市场营销活动、销售活动、生产活动、库存管理、售后服务等。信息技术的运用只是改变了方式和效率,电子商务改变的也是企业运营的手段、效率。掌握电子商务,就需要学生首先理解企业的日常运作流程与经营管理活动。

我们先来看一个日常生活中每一个人都经历的流程。

我们来回顾你去超市的购物过程:你走进了超市,在货架上选择你需要的商品,然后把它放进购物车。重复这个过程,直到你的购物车装满了你选择的所有商品,然后到收款台结账。收银员一一扫描购物车中商品的条码,屏幕上自动显示出每一种商品的品名、单价、折扣、数量等信息,全部扫描完成后,收银员按"确认"键,你应该支付的总金额、节省的金额等信息已经计算完毕,你可以用现金支付,当然也可以用银行卡支付。

当你结算完成,还没有走出超市,超市的采购人员、补货人员、库存管理人员的计算机屏幕上已经显示出你刚刚购买的商品的数量变动信息,其中某些商品需要往货架上补充货物,有些商品需要供应商补货,这时,一张采购订单已经生成,并通过网络传送到供应商那里。

如果超市采用了供应商管理库存(Vendor Managed Inventory)技术,你的购买行为会被供应商实时监测,供应商自动完成商品的补货业务。

供应商接到来自零售商的订单后,首先检查库存,确定是否能够马上供货。如果库存满足订货要求,系统生成出库单,并要求安排物流配送;若库存不满足订货要求,供应商会安排生产计划,进而可能生成原材料采购计划,并将原材料采购订单发给原材料供应商。

这个过程可以继续延续下去,直到订单被完全执行为止。

在最近的电商界可谓风起云涌,国美与苏宁在电商领域大展拳脚,触发京东、天猫等电商巨头发起史上最激烈的价格战。如火如荼的战况背面,各家电商拼的就是供应链:物流配送、供应商、服务能力、信息化能力等缺一不可。而优质供应商的数量几乎可以决定电商企业能走多远,谁掌握了优质供应链,谁就有了突围的优势资源。

一条完整的供应链是如何运作的呢?让我们来看图2-1所示的供应链。

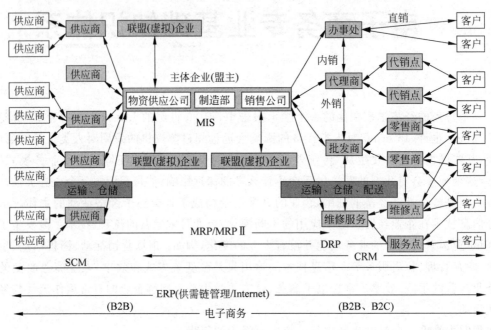

图2-1 一个完整的供应链

在这条供应链上,包括很多角色(主体企业、供应商、代理商、经销商、客户)、很多业务环节(运输、仓储、配送)、很多应用(MRP、DRP、CRM、SCM、ERP、电子商务)。到底它们是怎样运作的呢?下面我们来详细介绍。

2.1 商务运作的过程

1. 推动式供应链

推动式(Push)供应链是以制造商为核心企业,根据产品的生产和库存情况,有计划地把商品推销给客户,其驱动力源于供应链上游制造商的生产(图2-2)。在这种运作方式下,供应链上各节点比较松散,追求降低物理功能成本,属卖方市场下供应链的一种表现。由于不了解客户需求变化,这种运作方式的库存成本高,对市场变化反应迟钝。

图2-2 推动式供应链

在一个推动式供应链中,生产和分销的决策都是根据长期预测的结果做出的。准确地说,制造商是利用从零售商处获得的订单进行需求预测。事实上企业从零售商和仓库那里获取订单的变动性要比顾客实际需求的变动大得多,这就是通常所说的牛鞭效应,这种现象会使得企业的计划和管理工作变得很困难。例如,制造商不清楚应当如何确定它的生产能力,如果根据最大需求确定,就意味着大多数时间里制造商必须承担高昂的资源闲置成本;如果根据平均需求确定生产能力,在需求高峰时期需要寻找昂贵的补充资源。同样,对运输能力的确定也面临这样的问题:是以最高需求还是以平均需求为准呢?因此在一个推动式供应链中,经常会出现由于紧急的生产转换引起的运输成本增加、库存水平变高或生产成本上升等情况。

推动式供应链对市场变化做出反应需要较长的时间,可能会导致一系列不良反应。例如在需求高峰时期,难以满足顾客需求,导致服务水平下降;当某些产品需求消失时,会使供应链产生大量的过时库存,甚至出现产品过时等现象。

2. 拉动式供应链

拉动式(Pull)供应链是整个供应链的驱动力产生于最终的顾客(图 2-3),产品生产是受需求驱动的。生产是根据实际顾客需求而不是预测需求进行协调的。在拉动式供应链模式中,需求不确定性很高,周期较短,主要的生产战略是按订单生产、按订单组装和按订单配置。整个供应链要求集成度较高,信息交换迅速,可以根据最终用户的需求实现定制化服务。

图 2-3 拉动式供应链

在拉动式供应链中,生产和分销是由需求驱动的(图 2-4),这样生产和分销就能与真正的顾客需求而不是预测需求相协调。在一个真正的拉动式供应链中,企业不需要持有太多库存,只要对订单做出反应。

拉动式供应链有以下优点。

(1)通过更好地预测零售商订单的到达情况,可以缩短提前期。

(2)由于提前期缩短,零售商的库存可以相应减少。

(3)由于提前期缩短,系统的变动性减小,尤其是制造商面临的变动性变小了。

(4)由于变动性减小,制造商的库存水平将降低。

(5)在一个拉动式供应链中,系统的库存水平有了很大的下降,从而提高了资源利用率。当然拉动式供应链也有缺陷,最突出的表现是由于拉动系统不可能提前较长一段时间做计划,因而生产和运输的规模优势也难以体现。

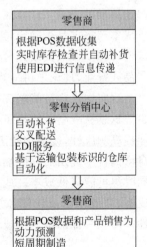

图 2-4 拉动式供应链流程

拉动式供应链虽然具有许多优势,但要获得成功并非易事,需要具备相关条件。

(1) 必须有快速的信息传递机制,能够将顾客的需求信息(如销售点数据)及时传递给不同的供应链参与企业。

(2) 能够通过各种途径缩短提前期。如果提前期不太可能随着需求信息缩短时,拉动式系统是很难实现的。

3. 供应链模式的选择

图 2-5 给出了一个确定与产品和行业相匹配的供应链战略的框架模型。纵轴表示顾客需求不确定性的信息,越往上方表示需求的不确定性越高;横轴表示生产和分销的规模经济的重要性。越往右表示生产和分销的规模经济越明显。

在其他条件相同的情况下,需求不确定性越高,就越应当采用根据实际需求管理供应链的模式——拉动战略;相反,需求不确定性越低,就越应该采用根据长期预测管理供应链的模式——推动战略。

同样,在其他条件相同的情况下,规模效益对降低成本起着重要的作用,如果组合需求的价值越高,就越应当采用推动战略,根据长期需求预测管理供应链;如果规模经济不那么重要,组合需求也不能降低成本,就应当采用拉动战略。

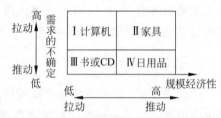

图 2-5　供应链模式的选择

图 2-5 用二维变量把一个区域划分为 4 个部分。区域Ⅳ中表示的是需求不确定性较低,但规模经济性较重要的产品,日用品行业中的啤酒、挂面、食物油等都属于这一类。这类产品的需求相当稳定,企业可以根据长期预测来管理库存,也可以通过满载运输来降低运输成本,对整个供应链成本控制而言十分重要。此时采用拉动式战略就不太合适,传统的推动式战略反而更有利。区域Ⅲ表示的产品具有较低的需求不确定性,这表明它是一个推动式的供应链,但同时它的规模经济重要性也低,这表明它又应当是一个拉动式的供应链。许多快速移动的书或 CD 就属于这一类。究竟是采取推动式战略或是采取拉动式战略,这取决于成本与需求是否确定,需要根据具体情况,进行慎重的分析。区域Ⅰ表示具有较高的不确定性,同时生产、安装或分销的规模效益并不十分重要的行业或者产品,如计算机产品,这种产品或行业,理论上讲应当采用拉动式供应链战略。

现实中供应链战略完全采用推动式或完全是拉动式的并不多,尤其是从头拉到尾的很少。这就从战略上提出了推拉结合的综合战略。例如说供应链的下游即面向客户端应尽可能提高响应性,因为消费者或者你的客户并不关心整个供应链是怎样运作的,他最关心的是自己的订单提出后你的响应速度怎样。所以从供应链运作来讲,应力争做到既提高响应性,同时尽可能降低成本。或者说以合理的成本完成响应速度。这就要求供应链的一端按照低成本、高效率以及规模经济的要求组织生产和分销,另一方面按照客户要求尽量提高反应性。形成一种前推后拉或者是前拉后推的供应链组合战略。

4. 订单管理循环

虽然订单管理循环(Order Management Cycle)的实际细节可能随着不同的企业、不同的产品和不同的服务各不相同,但是,从总体上看,一个典型的订单管理循环包含如下 7 个相互区别的活动(图 2-6)。

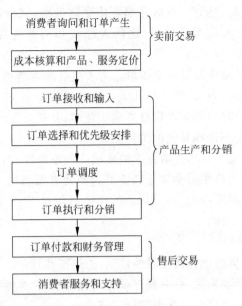

图 2-6 订单管理循环

1) 订单计划和订单产生

供应链管理早在消费者下真正的订单之前开始。在订单计划中,真正反映了如果缺乏集成的操作会影响公司的业绩。在订单计划中,离消费者最近的人(销售人员或者是市场营销人员)做销售预测,生产部门做生产能力计划,指出需要花费多少钱,需要雇佣多少人,应该生产多少库存,生产计划人员做出为了雇佣工人和建立库存的财政预算。如果缺乏内部及时的沟通,就会导致生产的东西和真正需要的东西相差甚远。

2) 在线成本确定和定价

定价是消费者需求和企业能力的桥梁。好的定价策略可以降低总额的压力。不幸的是,定价没有被很好地理解。

在在线销售环境中,定价是关键的,它决定了订单流管理的方法。例如:消费者可能有一些特殊的需求(颜色、大小),或需要迅速供货。为了处理顾客的需要,公司必须考虑依据订单来定价。然而,许多公司还不知道如何在在线市场上根据不同的订单来确定价格。在订货层,价格取决于不同的人对产品价值的不同认同及完成每一笔订单的成本。因此,需要建立一个系统,使得公司能够根据每一笔订单的价值和成本来定价。

在选择价格决策方法时,常有一些问题,这些问题体现在各个部门之间目标的差异上。销售人员希望价格足够低,以便完成其销售目标,而财务部门希望价格高一些,以便完成利润目标,同时,消费者在等待更合适的机会。

另一个有效定价的障碍是对数据的不适当的分析。很多企业在研究价格的灵活性上是失败的,对价格变化如何影响销售质量的问题认识不足。

有效的数据分析帮助零售商有效地减少库存,跟踪产品的购入价和售出价,决定产品调价的时间,从而影响总的销售额。基于订单的价格策略是一件很难的事情,需要细致的考虑和审慎地执行,但它的潜在收益是值得这么做的。

3) 订单接收和输入

经过一番讨价还价之后，达到一个双方都可接受的价格，就可以输入订单了。现在，这项工作一般由消费者服务人员配合完成，这些人经常和消费者接触，对消费者行为非常熟悉。

订单登记(Entry)需要与库存有一个接口。为了更好地为消费者服务，如果订单上的商品已经售完，必须立即通知消费者，而不是几天以后才发退单通知。另一方面，如果顾客订购的商品库存有货，也应及时给顾客发送订货确认通知，并及时更改库存数量，否则，公司会让消费者感到失望，他不得不选择其他的供货商。

将库存与订单执行系统结合需要数据库的集成。一般来说，当一个消费者访问 Web 页面，并下一个订单时，他们的订单就会被送到负责为消费者服务的人那里，由他来确定订单的正确性及完成订单所需的库存水平。很明显，在公司创建 Web 页面来接受订单之前，需要有很多屏幕之后的计划工作。

4) 订单选择和优先级确定

消费者服务代表还要负责选择接收哪些订单、拒绝哪些订单。事实上，并不是所有的消费者订单都是平等的，对企业来说，有一些订单比其他的要好，特别是那些适合公司的能力又产生客观效益的订单，这些订单被称为"甜点"(Sweet Spot)，它集中代表了消费者的需求及很高的消费者满意度，反过来又激发消费者的热情。

另一个被完全忽略的因素影响着订单选择和优先级确定。公司在选择订单时只是考虑赚更多的钱，而忽略了生产能力。另外，制订订单优先级的人是那些对企业整个发展战略一无所知的人。

5) 订单调度

在订单调度阶段，具有优先级的订单进入实际的生产或操作。这个任务很难，因为不同的职能部门(销售、市场营销、消费者服务、生产部门)可能具有不同的、相互冲突的目的、补偿方法及组织的强制性。生产人员希望设备的变动最小，而客户服务代表则希望能满足特殊顾客的特殊需求。如果生产部门单方面地安排生产，消费者和服务代表就会完全从这个过程中排除。业务部门之间缺乏必要的通信，销售服务部门向销售部门报告情况但却与生产调度分离，结果是缺乏相互依赖的合作。

6) 订单完成和送货

由于行业之间存在着很大差别，订单执行和产品装运也越来越复杂。订单执行包含多个功能和位置：订单上的不同部分可能在不同的部门生产，生产部门和仓库也可能在不同的地点，而装货又会在第 3 个地点。任务越复杂，组织间的合作越重要，而需要的合作越多，订单被推迟的机会就越大。

随着在线零售变得越来越火爆，有一个问题必须强调指出，那就是，现有的执行和装运方法将发生什么变化？答案是：对存储商品的仓库和运输产品的运输工具的需求在不断地变化着。

很多公司已经预期到在运输和装运中的变化需求。例如：对于一台完整的计算机来说，主板、显示器、打印机、电源都产自不同的地方，在这种情况下，可以将各个部件直接运送到消费者手中，而没有必要先放到仓库中去。零售商只需跟踪部件并移动它们，以便所有部件在适当的时候到达。

7）订单结账和付款管理

订单执行完成后，结账由财务人员完成，他们的职责是有效地发账单并快速地将资金收回。换句话说，结账功能是为了满足公司的需求和利益，而不是消费者。消费者经常不理解他们收到的账单，或认为它不正确。实际上，账单通常被设计成更方便于账务部门处理的格式，而不是便于消费者理解和使用。

5. 供应链运作中涉及的相关知识

从上面的描述我们可以看到：企业电子商务应用中涉及很多基础原理，如管理学、经济学、国际贸易、营销学等。这些课程将作为电子商务专业的专业基础课程开设。

本章的后续内容就要给大家介绍相关课程的内容。

2.2 企业管理

通过 2.1 节的描述，我们可以总结出：企业的目的是通过最大限度地整合和利用各种资源，满足社会对产品、服务的需要，从而实现盈利。那么，怎样才能通过资源的整合来获取收益呢？靠管理。

电子商务专业的学生首先需要了解一个企业是如何运作和管理的，因此在教学计划中要开设"管理学"课程，介绍企业管理的基本内容。

管理，就是在特定的环境下，对组织所拥有的资源进行有效的计划、组织、领导和控制，从而达成既定的组织目标的过程。因此，管理具有以下特征。

(1) 管理的对象：组织及组织要素

组织就是由两个或两个以上的人组成的为实现一定目标而进行的协作活动的集体。

组织要素包括人、财、物、信息、环境、时间，管理工作就是要加强对组织要素的计划、组织与控制，使组织要素得到合理配置与使用，从而快捷、有效地实现组织目标。

因此，有组织就有管理，管理就是对组织要素的管理，组织要素也就是管理要素。

(2) 管理的任务：创造、保持良好的组织内部环境

组织内部环境受到外部环境的干扰、制约，因此，当外部环境发生变化时，内部环境则需要适应它，从而需要不断地变革与创新，再创造，保持良好的内部环境。

(3) 管理的目的：提高组织活动的效率和效果

(4) 管理的过程：计划、组织、领导、控制

(5) 管理的核心：协调各种关系

(6) 管理的两重性：自然属性和社会属性

① 自然属性指同生产力、社会化大生产相联系的属性。

② 社会属性指同生产关系、社会制度相联系的属性。

(7) 管理的理论和实践：管理的科学性和艺术性

① 管理具有的科学要素包括概念、原则、理论和技术。

② 管理的艺术性就是强调其实践性。

(8) 管理者的角色和任务

一般把组织中的管理者分为 3 个层次。

① 高层。全面负责整个组织的管理,负责制订组织的总目标、总战略,掌握大政方针并评价整体绩效。——"挥手"

② 中层。贯彻执行高层管理者制订的重大决策,监督协调基层管理人员的工作,注重日常的管理事务。——"叉腰"

③ 基层。给下属作业人员分派具体工作任务,直接指挥和监督现场作业活动,保证各项活动有效完成。

一个管理者可能会同时承担多个角色,同一个管理者会在不同时期也会承担不同的角色。

(9) 管理人员的技能要求

① 技术技能。指使用某一专业领域内有关的工作程序、技术和知识完成组织任务的能力。

② 人际技能。指与处理人事关系有关的技能,即理解、激励他人并与他人共事的能力。

③ 概念技能。指综观全局、认清为什么要做某事的能力,也就是洞察企业与环境相互影响之复杂性的能力。

2.2.1 企业管理的含义

企业管理是对企业的生产经营活动进行组织、计划、指挥、监督和调节等一系列职能的总称。企业管理定义有3层含义。

第一层含义说明了管理采用的措施是计划、组织、控制、激励和领导这5项基本活动。这5项活动又被称之为管理的5大基本职能。所谓职能是指人、事物或机构应有的作用。每个管理者工作时都是在执行这些职能的一个或几个。

(1) 计划职能包括对将来趋势的预测,根据预测的结果建立目标,然后要制订各种方案、政策以及达到目标的具体步骤,以保证组织目标的实现。国民经济五年计划、企业的长期发展计划,以及各种作业计划都是计划的典型例子。

(2) 组织职能一方面是指为了实施计划而建立起来的一种结构,该种结构在很大程度上决定着计划能否得以实现;另一方面是指为了实现计划目标进行的组织过程。例如,要根据某些原则进行分工与协作,要有适当的授权,要建立良好的沟通渠道等。组织对完成计划任务具有保证作用。

(3) 控制职能是与计划职能紧密相关的,它包括制订各种控制标准;检查工作是否按计划进行,是否符合既定的标准;若工作发生偏差要及时发出信号,然后分析偏差产生的原因,纠正偏差或制订新的计划,以确保实现组织目标。用发射的导弹飞行过程来解释控制职能是一个比较好的例子。导弹在瞄准飞机发射之后,由于飞机在不断运动,导弹的飞行方向与这个目标将出现偏差,这时导弹中的制导系统就会根据飞机尾部喷气口所发出的热源来调整导弹的飞行方向,直到击中目标。

(4) 激励职能和领导职能主要涉及的是组织活动中人的问题:要研究人的需要、动机和行为;要对人进行指导、训练和激励,以调动他们的工作积极性;要解决下级之间的各种矛盾;要保证各单位、各部门之间信息渠道畅通无阻等。

管理定义中的第二层含义是第一层含义的目的,即利用上述措施来协调人力、物力和财力方面的资源。所谓协调是指同步化与和谐化。一个组织要有成效,必须使组织中的各个部门、各个单位,直到各个人的活动同步与和谐;组织中人力、物力和财力的配备也同样要同步、和谐。只有这样才能均衡地达到多元的组织目标。一个以汽车为其主要产品并且管理良好的企业,它在人力、设备、厂房和资金方面都有一个适当的比例,每个部门、每个单位,以至每个人什么时间做什么,何时完成,送到什么地点,都将有严格的规定,这样才能保证用较低的成本,生产出高质量的汽车。这就如同一支配合良好的乐队,尽管大家各奏各的音调,配合起来则是一首美妙的交响曲。

管理定义中的第三层含义又是第二层含义的目的。协调人力、物力和财力资源是为使整个组织活动更加富有成效,这也是管理活动的根本目的。

2.2.2 企业管理的发展阶段

企业管理的发展大体经历了 3 个阶段。

(1) 18 世纪末—19 世纪末的传统管理阶段。这一阶段出现了管理职能同体力劳动的分离,管理工作由资本家个人执行,其特点是一切凭个人经验办事。

(2) 20 世纪 20—40 年代的科学管理阶段。这一阶段出现了资本家同管理人员的分离,管理人员总结管理经验,使之系统化并加以发展,逐步形成了一套科学管理理论。

(3) 20 世纪 50 年代以后的现代管理阶段。这一阶段的特点是,从经济的定性概念发展为定量分析,采用数理决策方法,并在各项管理中广泛采用电子计算机进行控制。

2.2.3 企业管理的内容

(1) 计划管理。通过预测、规划、预算、决策等手段,把企业的经济活动有效地围绕总目标的要求组织起来。计划管理体现了目标管理。

(2) 生产管理。即通过生产组织、生产计划、生产控制等手段,对生产系统的设置和运行进行管理。

(3) 物资管理。对企业所需的各种生产资料进行有计划的组织采购、供应、保管、节约使用和综合利用等。

(4) 质量管理。对企业的生产成果进行监督、考查和检验。

(5) 成本管理。围绕企业所有费用的发生和产品成本的形成进行成本预测、成本计划、成本控制、成本核算、成本分析、成本考核等。

(6) 财务管理。对企业的财务活动包括固定资金、流动资金、专用基金、盈利等的形成、分配和使用进行管理。

(7) 劳动人事管理。对企业经济活动中各个环节和各个方面的劳动和人事进行全面计划、统一组织、系统控制、灵活调节。

2.2.4 企业管理的构成

企业管理可以划分为几个业务职能分支:人力资源管理、财务管理、生产管理、采购管理、营销管理等。通常的公司会按照这些专门的业务职能设置职能部门。

在企业系统的管理上,又可分为企业战略、业务模式、业务流程、企业结构、企业制度、企业文化等系统的管理。美国管理界在借鉴日本企业经营经验的基础上,最后由麦肯锡咨询公司发展出了企业组织7要素，又称麦肯锡7S模型；在7要素中，战略、结构、制度被看作"硬件"，风格、人员、技能、共同价值观被看作"软件"，其中以共同价值观为中心。何道谊将企业系统分为战略、模式、流程、标准、价值观、文化、结构、制度几大软系统和人、财、物、技术、信息几大硬系统。企业管理除了对业务职能进行管理外，还需要对企业系统要素进行管理。

2.2.5 提高企业管理水平的措施

1. 做好企业各项基础管理工作

企业管理基础工作的内容主要包括以下几项。

（1）标准化工作。标准化工作包括技术标准、管理标准和工作标准的制订、执行和管理的工作过程。标准化工作要求要具有"新（标准新）、全（标准健全）、高（标准水平高）"的特点。

（2）定额工作。定额就是指在一定的生产技术条件下，对于人力、物力、财力的消耗、利用、占用所规定的数量罚限。定额工作要求具有实践性，定额源于实践，是对实践的抽象，不是主观臆造；定额工作要求具有权威性，定额是经过一定的审批程序颁发的；定额工作要求具有概括性，定额是对实践的抽象；定额工作要求具有阶段性，实践在发展，定额也要有阶段地适时进行调整。

（3）计量工作。计量工作的核心是获得数据，评价数据，没有实测的和准确可靠的数据，企业的生产和经营管理就失去了科学依据。

（4）信息工作。信息工作就是指企业生产经营活动所需资料数据的收集、处理、传递、存储等管理工作，现代化企业必须健全数据准确和信息灵敏的信息系统，使企业生产经营过程逐步纳入电子计算机管理轨道。

（5）完善规章制度工作。要建立和健全一套纵横连锁、互相协调的企业内部经济责任制体系。

（6）基础教育工作。大力做好提高职工的政治、文化和技术素质。

2. 强化管理会计职能

管理会计是适应企业内部管理的需要，科学地运用相关技术方法，进行数据搜集、整理、计算和分析，据此对经济活动进行衡量、评价和预测，从而为企业改善经营管理、提高经济效益提供信息服务的一门新兴学科。管理会计的基本职能就是"管理"（确切地说，是参与企业管理）。管理的含义是指协调企业所属的人力、物力、财力，以实现企业经营目标的活动。管理的内容包括计划、组织、指挥、协调、控制5个方面。管理会计的管理职能以企业经营活动的时间顺序划分，可分为事前、事中和事后管理3个环节。

事前管理有：①预测。采取各种技术方法广泛搜集有关企业内部条件、竞争者经营状况及市场变动趋势等数据资料，据此对企业长期投资项目预期收益及企业未来发展方向进行分析与推测，并整理出比较详细的书面报告或报表材料。②决策。决策是企业管理活动中的关键一环，也正是管理会计的核心内容。根据管理决策者的特殊需要，提供相关的会计信息，主要是在对各种数据资料深入分析的基础上，提出多种可供选择的方案，并对各种可行性方案比较、评估、权衡之后,向决策者进行正确抉择或优选提供参考性的意见。③计划。根据项目的目标、特点和所具备的条件,对企业资源进行全面的规划和安排。

事中管理有:组织。根据计划安排,有针对性地向管理者提供有关调整原有计划、修订经济指标、完善经济措施的建设和参考方案。

事后管理有:①核算。就是对企业所发生经济数据进行记录、分类和对比。②分析和考核。即评价企业活动,衡量管理者和经营者业绩,并对改善企业管理和提高经济效益提供参考意见。

3. 完善企业统计制度

统计工作是通过搜集、汇总、计算统计数据来反映事物的面貌与发展规律。它既是实现企业管理现代化的手段,又是企业现代化的一项主要内容。统计信息既反映企业在某一时点上的现状,也能反映企业在一个特定时期内的动态;既反映企业的规模,也能反映企业的结构;既反映企业的速度,也能反映企业的效益与效率;既反映企业一些数量特征,也能反映企业一些质量特性;既反映本企业情况,也能反映与本企业经营相关的方方面面。因此利用统计信息,不仅可以对事物本身进行定量定性分析,而且可以对不同事物进行有联系的综合性分析,既可横向对比,也可总结历史预测未来。因此,企业必须建立或完善统计工作制度,形成一套合理有效的、有自身特点的企业统计管理模式,提高统计人员的素质,强化统计管理,这将具有极其重要的作用和深远的意义。

企业要特别重视完善企业统计运行机制:①设立综合统计机构或岗位并明确其职责,对内层层审核,并进行综合分析研究,对外统一报送,避免"数出多门",从而保证数据质量。②明确各个职能部门的统计职责,在现代企业中,对企业发展至关重要的统计信息都不会仅限于一个统计部门。其中,人事部门掌握人员情况,研发部门掌握研发信息,生产部门掌握完工数据等。因此,为确保企业统计资料的系统性和完整性,应该在各部门的工作职责中明确相应的统计责任,要求其按统一口径、范围及时间提供相应的统计资料。③统计信息的交叉多向应用。一是各种基础统计信息向各职能部门报送,满足各职能部门的汇总需要;二是各职能部门的专项信息向综合统计机构或岗位报送,满足其综合分析研究的需要;三是经过加工、分析的各种综合信息向企业领导、各职能部门及基层单位多向运行,满足其管理决策、了解情况、发现问题的需要。

4. 实施 ERP 管理系统

信息是人类社会的重要资源,人类每时每刻都离不开信息,在当今的知识经济时代,企业对知识和信息的有效管理已日益紧迫。同时世界经济趋于一体化、全球化,中国已经加入WTO(World Trade Organization),我们的企业将面临前所未有的压力。当前的市场特征是新产品开发速度日益加快,产品生命周期不断缩短,产品必须满足客户个性化需求,市场竞争愈演愈烈。在这种形势下,企业必须充分意识到在激烈的市场竞争中仅仅靠价格、质量、产品和服务已无法赢得竞争优势,因为这些东西都是竞争对手很容易学到的。只有引进先进的管理模式和观念,向管理变革要效益,才能在竞争中脱颖而出。

ERP 管理系统是为了实现生产计划的合理性、库存的合理管理、设备的充分利用、生产任务的均衡安排等需求应运而生的,它将企业管理由生产管理扩展到经营管理,由企业内部管理扩展到企业外部管理，由物流、资金、信息流管理扩展到客户流、知识流的有效配置、控制和管理。首先，ERP 的实施，是建立在最基础的数目管理的基础上的，它使企业的数据统一、共享，使企业的过程和行为真正成为可量度的，可精确管理的。同时，它改变了成本核算方式，ERP 的实施使成本核算方式由平行结转转变为逐步结转。因此，必须分析在制造各阶段成本的构成因素，变事后算账为事前预测及事中控制和监督。

此外，ERP 的实施，不仅能帮助企业理顺、规划企业的内部资源而且可有效地整合企业的外部资源，使企业间的市场竞争为企业供应链之间的竞争。同时，ERP 与电子商务的有机结合，对企业开拓国际市场，利用国外各种资源是一个千载难逢的有利时机。总之，实施 ERP 是现代企业管理的重要手段，是企业适应市场经济与市场经济接轨的最好切入点。

5．注重运用情感管理手段和增强协调能力

情感管理就是以真挚的感情，增强管理者与员工的情感联系和思想沟通，满足员工的心理需要，尊重、关心员工，形成和谐融洽的学习和工作氛围，让员工把企业当作自己的家而与企业共存亡的人性化管理。应用情感激励，部门领导必须要营造一种相互信任、相互关心、相互体谅、相互支持、互敬互爱、团结融洽的氛围，应用领导行为激励。对于各项工作领导要首先起带头作用，同时教育和帮助他人，应用榜样典型激励。榜样的力量是无穷的，绝大多数员工都是力求上进而不甘落后的，好的一定要表扬，奖励惩罚激励。奖励和惩罚必须结合起来，也就是运用正、负激励手段实施考核激励。

作为管理者必须首先摆正管理者和被管理者的关系，将正式沟通与非正式沟通有效结合起来，善于与人交往，有尊重意识，与员工进行直接交流。同时，要关注公平因素对人的情感反映的影响。人们希望受到平等对待，因此要重视公平环境的创造。

协调是企业管理的一项重要职能，也是做好工作的有效方法。

因此在日常工作中应注重对内与对外，横向与纵向的协调。对内必须严格管理，但要保持稳定，不产生矛盾，比学赶帮超；对外坚持原则，保持工作协调。横向同级各单位、部门之间互帮互学、互相支持；纵向上下级领导和公司职能部门之间要主动工作，布置的工作要雷厉风行。

2.2.6　电子商务专业学生对"管理"知识的要求

（1）理解企业管理的含义；

（2）企业管理的职能；

（3）企业管理的基本管理理论；

（4）企业管理的内容。

2.3　市场营销

图 2-7 和图 2-8 是著名门户网站新浪网(http://www.sina.com)的主页，请读者仔细辨认：网页上有多少个广告信息？这些广告信息为什么放在网页的不同位置？选择位置时考虑的因素有哪些？

营销是企业经营和运作的一项重要内容，是企业能否及时把产品推向市场、实现其劳动

第2章 电子商务专业基础知识体系

图 2-7 新浪网的主页

图 2-8 新浪网不同频道的广告信息

价值和目的的一项十分重要的工作。为了保护已有的市场和抢占潜在的市场,增强企业竞争力,获得更大利润,企业都在积极制订营销策略,并且非常注重营销队伍的建设。而计算机网络的应用,特别是Internet的广泛应用,为营销策略提供了新的技术手段和营销手段。在网络和电子商务环境下,营销方法有了很大的变化,网络营销也就应运而生。

2.3.1 市场营销的发展

市场营销学于20世纪初期产生于美国。几十年来,随着社会经济及市场经济的发展,市场营销学发生了根本性的变化,从传统市场营销学演变为现代市场营销学,其应用从营利组织扩展到非营利组织,从国内扩展到国外。当今,市场营销学已成为同企业管理相结合,并同经济学、行为科学、人类学、数学等学科相结合的应用边缘管理学科。西方市场营销学的产生与发展同商品经济的发展、企业经营哲学的演变是密切相关的。美国市场营销学自20世纪初诞生以来,其发展经历了5个阶段。

1. 萌芽阶段(1900—1920)

这一时期,各主要资本主义国家经过工业革命,生产力迅速提高,城市经济迅猛发展,商品需求量亦迅速增多,出现了需过于供的卖方市场,企业产品价值实现不成问题。与此相适应的市场营销学开始创立。早在1902年,美国密执安大学、加州大学和伊利诺大学的经济系开设了市场学课程。以后相继在宾夕法尼亚大学、匹兹堡大学、威斯康星大学开设此课。在这一时期,出现了一些市场营销研究的先驱者,其中最著名的有阿切·W. 肖(Arch W. Shaw)、巴特勒(Ralph Star Bulter)、约翰·B. 斯威尼(John B. Swirniy)及赫杰特齐(J. E. Hagerty)。哈佛大学教授赫杰特齐走访了大企业主,了解他们如何进行市场营销活动,于1912年出版了第一本销售学教科书,它是市场营销学作为一门独立学科出现的里程碑。

阿切·W. 肖于1915年出版了《关于分销的若干问题》一书,率先把商业活动从生产活动中分离出来,并从整体上考察分销的职能。但当时他尚未能使用"市场营销"一词,而是把分销与市场营销视为一回事。

韦尔达、巴特勒和威尼斯在美国最早使用"市场营销"术语。韦尔达提出,"经济学家通常把经济活动划分为3大类,生产、分配、消费……生产被认为是效用的创造","市场营销应当定义为生产的一个组成部分","生产是创造形态效用,营销则是创造时间、场所和占有效用",并认为"市场营销开始于制造过程结束之时"。

这一阶段的市场营销理论同企业经营哲学相适应,即同生产观念相适应。其依据是传统的经济学,是以供给为中心的。

2. 功能研究阶段(1921—1945)

这一阶段以营销功能研究为其特点。此阶段最著名的代表者有:克拉克(F. E. Clerk)、韦尔达(L. D. H. Weld)、亚历山大(Alexander)、瑟菲斯(Sarfare)、埃尔德(Ilder)及奥尔德逊(Alderson)。1932年,克拉克和韦尔达出版了《美国农产品营销》一书,对美国农产品营销进行了全面的论述,指出市场营销目的是,"使产品从种植者那儿顺利地转到使用者手中。这一过程包括3个重要又相互有关的内容:集中(购买剩余农产品)、平衡(调节供需)、分散(把农产品化整为零)"。这一过程包括7种市场营销功能:集中、储藏、财务、承担风险、标准化、推销和运输。1942年,克拉克出版的《市场营销学原理》一书,在功能研究上有创新,把功能归结为交换功能、实体分配功能、辅助功能等,并提出了推销是创造需求的观点,实际上是市场营销的雏形。

3. 形成和巩固时期(1946—1955)

这一时期的代表人物有范利(Vaile)、格雷特(Grether)、考克斯(Cox)、梅纳德(Maynard)及贝克曼(Beckman)。1952年,范利、格雷特和考克斯合作出版了《美国经济中的市场营销》一书,全面地阐述了市场营销如何分配资源,指导资源的使用,尤其是指导稀缺资源的使用;市场营销如何影响个人分配,而个人收入又如何制约营销;市场营销还包括为市场提供适销对路的产品。同年,梅纳德和贝克曼在出版的《市场营销学原理》一书中,提出了市场营销的定义,认为它是"影响商品交换或商品所有权转移,以及为商品实体分配服务的一切必要的企业活动"。梅纳德归纳了研究市场营销学的5种方法,即商品研究法、机构研究法、历史研究法、成本研究法及功能研究法。

由此可见,这一时期已形成市场营销的原理及研究方法,传统市场营销学已形成。

4. 市场营销管理导向时期(1956—1965)

这一时期的代表人物主要有罗·奥尔德逊(Wraoe Alderson)、约翰·霍华德(John A. Howard)及麦卡锡(E.J. Mclarthy)。

罗·奥尔德逊在1957年出版的《市场营销活动和经济行动》一书中,提出了"功能主义"。约翰·霍华德在出版的《市场营销管理:分析和决策》一书中,率先提出从营销管理角度论述市场营销理论和应用,从企业环境与营销策略二者关系来研究营销管理问题,强调企业必须适应外部环境。麦卡锡在1960年出版的《基础市场营销学》一书中,对市场营销管理提出了新的见解。他把消费者视为一个特定的群体,即目标市场,企业制订市场营销组合策略,适应外部环境,满足目标顾客的需求,实现企业经营目标。

5. 协同和发展时期(1966—1980)

这一时期,市场营销学逐渐从经济学中独立出来,同管理科学、行为科学、心理学、社会心理学等理论相结合,使市场营销学理论更加成熟。

在此时期,乔治·道宁(George S. Downing)于1971年出版的《基础市场营销:系统研究法》一书,提出了系统研究法,认为公司就是一个市场营销系统,"企业活动的总体系统,通过定价、促销、分配活动,并通过各种渠道把产品和服务供给现实的和潜在的顾客"。他还指出,公司作为一个系统,同时又存在于一个由市场、资源和各种社会组织等组成的大系统之中,它将受到大系统的影响,同时又反作用于大系统。

1967年,美国著名市场营销学教授菲利浦·科特勒(Philip Kotler)出版了《市场营销管理:分析、计划与控制》一书,该著作更全面、系统地发展了现代市场营销理论。他精粹地对营销管理下了定义:营销管理就是通过创造、建立和保持与目标市场之间的有益交换和联系,以达到组织的各种目标而进行的分析、计划、执行和控制过程,并提出,市场营销管理过程包括分析市场营销机会,进行营销调研,选择目标市场,制订营销战略和战术,制订、执行及调控市场营销计划。

菲利浦·科特勒突破了传统市场营销学认为营销管理的任务只是刺激消费者需求的观点,进一步提出了营销管理任务还影响需求的水平、时机和构成,因而提出营销管理的实质是需求管理,还提出了市场营销是与市场有关的人类活动,既适用于营利组织,也适用于非营利组织,扩大了市场营销学的范围。

1984年,菲利浦·科特勒根据国际市场及国内市场贸易保护主义抬头,出现封闭市场的状况,提出了大市场营销理论,即 6P 战略。6P 指原来的 4P(产品、价格、分销及促销)加上 2P(政治权力及公共关系)。他提出了企业不应只被动地适应外部环境,而且也应该影响企业的外部环境的战略思想。

6. 分化和扩展时期(1981 至今)

在此期间,市场营销领域又出现了大量丰富的新概念,使得市场营销这门学科出现了变形和分化的趋势,其应用范围也在不断地扩展。

1981年,莱维·辛格和菲利浦·科特勒对"市场营销战"这一概念以及军事理论在市场营销战中的应用进行了研究,几年后,列斯和特罗出版了《市场营销战》一书。1981年,瑞典经济学院的克里斯琴·格罗路斯发表了论述"内部市场营销"的论文,菲利浦·科特勒也提出要在企业内部创造一种市场营销文化,即使企业市场营销化的观点。1983年,西奥多·莱维特对"全球市场营销"问题进行了研究,提出过于强调对各个当地市场的适应性,将导致生产、分销和广告方面规模经济的损失,从而使成本增加。因此,他呼吁多国公司向全世界提供一种统一的产品,并采用统一的沟通手段。1985年,巴巴拉·本德·杰克逊提出了"关系营销"、"协商推销"等新观点。1986年,菲利浦·科特勒提出了"大市场营销"这一概念,提出了企业如何打进被保护市场的问题。在此期间,"直接市场营销"也是一个引人注目的新问题,其实质是以数据资料为基础的市场营销,由于事先获得大量信息和电视通信技术的发展才使直接市场营销成为可能。

进入 20 世纪 90 年代以来,关于市场营销、市场营销网络、政治市场营销、市场营销决策支持系统、市场营销专家系统等新的理论与实践问题开始引起学术界和企业界的关注。进入 21 世纪,互联网的发展和应用,推动着网上虚拟发展,以及基于互联网的网络营销的发展。

2.3.2 市场营销的定义

西方市场营销学者从不同角度及发展的观点对市场营销下了不同的定义。有些学者从宏观角度对市场营销下了定义。例如,麦卡锡把市场营销定义为一种社会经济活动过程,其目的在于满足社会或人类需要,实现社会目标。又如,菲利浦·科特勒指出,"市场营销是与市场有关的人类活动。市场营销意味着和市场打交道,为了满足人类需要和欲望,去实现潜在的交换"。

还有些定义是从微观角度来表述的。例如,美国市场营销协会于 1960 年对市场营销下的定义是,"引导产品或劳务从生产者流向消费者的企业营销活动"。

麦卡锡于 1960 年也对微观市场营销下了定义,"市场营销是企业经营活动的职责,它将产品及劳务从生产者直接引向消费者或使用者,以便满足顾客需求及实现公司利润"(《基础市场学》第 19 页)。这一定义虽比美国市场营销协会的定义前进了一步,指出了满足顾客需求及实现企业盈利成为公司的经营目标,但这两种定义都说明,市场营销活动是在产品生产活动结束时开始的,中间经过一系列经营销售活动,当商品转到用户手中就结束了,因而把企业营销活动仅局限于流通领域的狭窄范围,而不是将它视为企业整个经营销售的全过程(包括市场营销调研、产品开发、定价、分销广告、宣传报道、销售促进、人员推销、售后服务等)。菲利浦·科特勒于1984年对市场营销又下了定义,市场营销是指企业的这种职能,"认识目前未满足的需要和欲望,估量和确定需求量大小,选择和决定企业能最好地为其服务的目标市场,并决定适当的产品、劳务和计划(或方案),以便为目标市场服务"。

美国市场营销协会(American Marketing Association,AMA)于1985年对市场营销下了更完整和全面的定义:"市场营销是对思想、产品及劳务进行设计、定价、促销及分销的计划和实施的过程,从而产生满足个人和组织目标的交换。"这一定义比前面的诸多定义更为全面和完善,主要表现在以下几点。

(1) 产品概念扩大了,它不仅包括产品或劳务,还包括思想。

(2) 市场营销概念扩大了,市场营销活动不仅包括营利性的经营活动,还包括非营利组织的活动。

(3) 强调了交换过程。

(4) 突出了市场营销计划的制订与实施。

但是在2005年,美国市场营销协会对市场营销的概念进行了进一步的完善。这一概念为:市场营销是组织的一种功能和一系列创造、交流并将价值观传递给顾客的过程和被用于管理顾客关系以让组织及其股东获利。

2004年,美国市场营销协会又公布了市场营销的最新定义:市场营销既是一种组织职能,也是为了组织自身及利益相关者的利益而创造、沟通、传递客户价值、管理客户关系的一系列过程。

美国经济学家包尔·马苏认为,市场营销是"传送生活标准给社会"。人们普遍认为这个定义将市场营销的实质生动地体现了出来。例如,汽车、计算机、家庭影院、手机等许多产品的市场营销活动,的确在向全社会传递着一种新的生活标准,同时也有效地促进了这些产品的市场销售。

美国市场营销学家菲利浦·科特勒教授对市场营销的解释得到了广泛的认同,本书即采用菲利浦·科特勒教授的定义:市场营销是个人或组织通过创造并同他人交换产品和价值以满足需求和欲望的一种社会和管理过程。根据这一定义,可以将市场营销具体归纳为以下几点。

(1) 市场营销的最终目标是"满足需求和欲望"。

(2) 交换是市场营销的核心,交换过程是一个主动、积极地寻找机会,满足双方需求和欲望的社会过程和管理过程。

(3) 交换过程能否顺利进行,取决于营销者创造的产品和价值满足顾客需求的程度和交换过程管理的水平。

2.3.3 市场营销学的性质

1. 市场营销学是一门科学

市场营销学是什么性质的科学?它是否是一门科学?对此,国内外学术界持有不同的见解。概括起来,大致分为3种观点。

第一种观点认为市场营销学不是一门科学,而是一门艺术。他们认为,工商管理(包括市场营销学在内)不是科学而是一种教会人们如何做营销决策的艺术。

第二种观点认为,市场营销学既是一种科学,又是一种行为和一种艺术。这种观点认为,管理(包括市场营销学)不完全是科学,也不完全是艺术,有时偏向科学,有时偏向艺术。当收集资料时,尽量用科学方法收集和分析,这时科学成分比较大,当资料取得以后,要做最后决定时,这时艺术成分就大一点,由于主要是依据企业领导者的经验和主观判断,这时便是艺术。这种双重性观点,主要问题在于将市场营销同市场营销学混同起来了。市场营销是一种活动过程、一种策略,因而是一种艺术。市场营销学是对市场营销活动规律的概括,因而是一门科学。

第三种观点认为市场营销学是一门科学。这是因为,市场营销学是对现代化大生产及商品经济条件下工商企业营销活动经验的总结和概括,它阐明了一系列概念、原理和方法。市场营销理论与方法一直指导着国内外企业营销活动的发展。

2. 市场营销学是一门应用科学

市场营销学是一门经济科学还是一门应用科学,学术界对此存在两种观点,一种是少数学者认为市场营销学是一门经济科学,是研究商品流通、供求关系及价值规律的科学。另一种观点认为市场营销学是一门应用科学。无疑,市场营销学是于20世纪初从经济学的"母体"中脱胎出来的,但经过几十年的演变,它已不是经济科学,而是建立在多种学科基础上的应用科学。美国著名市场营销学家菲利浦·科特勒指出,"市场营销学是一门建立在经济科学、行为科学、现代管理理论之上的应用科学"(《市场营销学原理》序言)。因为"经济科学提醒我们,市场营销是用有限的资源通过仔细分配来满足竞争的需要;行为科学提醒我们,市场营销学是涉及谁购买、谁组织,因此,必须了解消费者的需求、动机、态度和行为;管理理论提醒我们,如何组织才能更好地管理其营销活动,以便为顾客、社会及自己创造效用"(《市场营销学原理》序言)。

3. 市场营销学既包括宏观营销学又包括微观营销学

美国著名市场营销学家麦卡锡在其代表作《基础市场学》中明确指出,任何商品经济社会的市场营销均存在两个方面:一个是宏观市场营销,另一个是微观市场营销。宏观市场营销是把市场营销活动与社会联系起来,着重阐述市场营销与满足社会需要、提高社会经济福利的关系,它是一种重要的社会过程。宏观市场营销的存在是由于社会化大生产及商品经济社会要求某种宏观市场营销机构及营销系统来组织整个社会所有的生产者与中间商的活动,组织整个社会的生产与流通,以实现社会总供需的平衡及提高社会的福利。微观市场营销是指企业活动或企业职能,是研究如何从顾客需求出发,将产品或劳务从生产者转到消费者手中,实现企业盈利目标。它是一种企业经济活动的过程。

由于西方国家受资本主义私有制的局限,其学术界主要是研究企业的微观营销,对宏观营销研究不十分重视,即使对宏观营销进行研究,也不是从实现社会总供需平衡的角度来研究,而只从客观角度来研究企业营销的总体作用。我国实行的是以社会主义公有制为主体的、多种经济成分并存的社会主义市场经济,国家实行宏观计划调控,因而从微观及宏观两个角度来研究市场营销就非常重要了。

2.3.4 市场营销学的核心概念

市场营销涉及其出发点,即满足顾客需求,还涉及以何种产品来满足顾客需求,如何才能满足消费者需求,即通过交换方式,产品在何时、何处交换,谁实现产品与消费者的连接。可见,市场营销的核心概念应当包含需求及相关的欲求和需要,产品及相关的效用和价值的满足,交换、交易和关系,市场、营销、市场营销及市场营销者。

1. 需求及相关的欲求和需要

1)需要

需要(Needs)指消费者生理及心理的需求,如人们为了生存,需要食物、衣服、房屋等生理需求及安全感、归属感、尊重和自我实现等心理需求。市场营销者不能创造这种需求,而只能适应它。

2)欲求

欲求(Wants)指消费者深层次的需求。不同背景下的消费者欲求不同,例如中国人需求食物则欲求大米饭,法国人需求食物则欲求面包,美国人需求食物则欲求汉堡包。人的欲求受社会因素及机构因素(如职业、团体、家庭、教会等)影响。因而,欲求会随着社会条件的变化而变化。市场营销者能够影响消费者的欲求,如建议消费者购买某种产品。

3)需求

需求(Demand)指有支付能力和愿意购买某种物品的欲求。可见,消费者的欲求在有购买力作为后盾时就变成为需求。许多人想购买奥迪牌轿车,但只有具有支付能力的人才能购买。因此,市场营销者不仅要了解有多少消费者欲求其产品,还要了解他们是否有能力购买。

2. 产品及相关的效用和价值的满足

1)产品

产品(Product)是指用来满足顾客需求和欲求的物体。产品包括有形与无形的、可触摸与不可触摸的。有形产品是为顾客提供服务的载体。无形产品或服务是通过其他载体,如人、地、活动、组织和观念等来提供的。当我们感到疲劳时,可以到音乐厅欣赏歌星唱歌(人),可以到公园去游玩(地),可以到室外散步(活动),可以参加俱乐部活动(组织),或者接受一种新的意识(观念)。服务也可以通过有形物体和其他载体来传递。市场营销者切记销售产品是为了满足顾客需求,如果只注意产品而忽视顾客需求,就会产生"市场营销近视症"。

2)效用和价值的满足

消费者如何选择所需的产品,主要是根据对满足(Satisfaction)其需要的每种产品的效用(Utility)进行估价而决定的。效用是消费者对满足其需要的产品的全部效能的估价。产品全部效能(或理想产品)的标准如何确定?例如某消费者到某地用的交通工具,可以是自行车、摩托车、汽车、飞机等。这些可供选择的产品构成了产品的选择组合。又假设某消费者要求满足不同的需求,即速度、安全、舒适及节约成本,这些构成了其需求组合。这样,每种产品有不同能力来满足其不同需要,如自行车省钱,但速度慢,欠安全;汽车速度快,但成本高。消费者要决定一项最能满足其需要的产品。为此,将最能满足其需求到最不能满足其需求的产品进行排列,从中选择出最接近理想产品的产品,它对顾客效用最大,如顾客到某目的地所选择理想产品的标准是安全、速度,他可能会选择汽车。

顾客选择所需的产品除效用因素外,产品价格高低亦是因素之一。如果顾客追求效用最大化,他就不会简单地只看产品表面价格的高低,而会看每一元钱能产生的最大效用,如一部好汽车价格比自行车贵,但由于速度快、修理费少、相对于自行车更安全,其效用可能大,从而更能满足顾客需求。

3. 交换、交易和关系

1) 交换

人们有了需求和欲求,企业亦将产品生产出来,还不能解释为市场营销,产品只有通过交换(Exchange)才使市场营销产生。人们通过自给自足或自我生产方式,或通过偷抢方式,或通过乞求方式获得产品都不是市场营销,只有通过等价交换,买卖双方彼此获得所需的产品,才产生市场营销。可见,交换是市场营销的核心概念。

要完成一笔交换,必须满足下列5个条件。

(1) 至少要有两个参与交换的伙伴。
(2) 参与的一方要拥有另一方希望获得的东西。
(3) 参与的一方要能与另一方进行沟通,并能将另一方需要的商品或是服务传递过去。
(4) 参与一方要有接受或是拒绝的自由。
(5) 参与一方要有与另一方交往的欲望。

有时,上述所有的条件都具备了,交换也不一定发生。但是若没有这些条件,交换肯定不会发生。

2) 交易

交换是一个过程,而不是一种事件。如果双方正在洽谈并逐渐达成协议,称为在交换中。如果双方通过谈判并达成协议,交易便发生。交易(Transactions)是交换的基本组成部分。交易是指买卖双方价值的交换,它是以货币为媒介的,而交换不一定以货币为媒介,它可以是物物交换。

交易涉及几个方面,即两件有价值的物品,双方同意的条件、时间、地点,还有来维护和迫使交易双方执行承诺的法律制度。

3) 关系

交易营销是关系(Relationships)营销大观念中的一部分。精明能干的市场营销者都会重视同顾客、分销商等建立长期、信任和互利的关系。而这些关系要靠不断承诺和为对方提供高质量产品、良好服务及公平价格来实现,靠双方加强经济、技术及社会联系来实现。关系营销可以减少交易费用和时间,最好的交易是使协商成为惯例化。

处理好企业同顾客关系的最终结果是建立起市场营销网络。市场营销网络是由企业同市场营销中介人建立起的牢固的业务关系。

4. 市场、营销、市场营销及市场营销者

1) 市场

市场(Markets)由一切有特定需求或欲求并且愿意和可能从事交换来使需求和欲望得到满足的潜在顾客所组成。一般来说,市场是买卖双方进行交换的场所。但从市场营销学

角度看,卖方组成行业,买方组成市场。行业和市场构成了简单的市场营销系统。买方和卖方由 4 种流程所连接,卖者将货物、服务和信息传递到市场,然后收回货币及信息。现代市场经济中的市场是由诸多种类的市场及多种流程连接而成的。生产商到资源市场购买资源(包括劳动力、资本及原材料),转换成商品和服务之后卖给中间商,再由中间商出售给消费者。消费者则到资源市场上出售劳动力而获取货币来购买产品和服务。政府从资源市场、生产商及中间商购买产品,支付货币,再向这些市场征税及提供服务。因此,整个国家的经济及世界经济都是由交换过程所连接的复杂的相互影响的各类市场所组成的。

2) 营销

营销(Marketing)的任务是辨别和满足人类和社会的需要。对营销所做的最简明的定义是,"满足需求的同时而获利"。美国营销协会从管理角度所下的定义是:营销既是一种组织职能,也是为了组织自身及利益相关者的利益而创造、传播、传递顾客价值,管理顾客关系的一系列过程。我们从社会和管理角度对营销下定义。社会角度的定义说明了营销的社会作用。从这一角度看,营销是个人和集体通过创造,提供出售,并同别人交换产品和价值,以获得其所需所欲之物的一种社会和管理过程。营销的目的在于深刻地认识和了解顾客,从而使产品或服务完全适合他的需要并形成产品自我销售。营销的对象有 10 大项:有形的商品、无形的服务、事件、体验、人物、地点、财产权、组织、信息和理念。

3) 市场营销及市场营销者

上述市场概念使我们更全面地了解市场营销(Marketing)概念。它是指与市场有关的人类活动,即为满足消费者需求和欲望而利用市场来实现潜在交换的活动。它是一种社会的和管理的过程。

市场营销者(Marketers)则是从事市场营销活动的人。市场营销者既可以是卖方,也可以是买方。作为买方,他力图在市场上推销自己,以获取卖者的青睐,这样买方就是在进行市场营销。当买卖双方都在积极寻求交换时,他们都可称为市场营销者,并称这种营销为互惠的市场营销。

2.3.5 网络环境下营销理念的变迁

1. 时空观念的变迁

计算机网络的广泛应用,消除了人们的空间限制和时间限制,消费者可以在任何地点、任何时间订购自己喜欢的商品。

2. 信息传播模式的变迁

在网络环境中,信息的传播模式同传统的传播模式(电视、报纸、杂志、广播等)相比,有了很大的变化,这些变化体现在以下几个方面。

(1) 信息的双向传播。传统的信息传播模式都是单向的,用户只能被动接受,而在网络环境下,一方面企业积极向消费者展示和宣传自己的产品,另一方面用户根据自己的需要主动到网上寻求自己感兴趣的产品信息。

(2) 信息的个性化需求。传统媒体都是面向大众的,所有的消费者接受的是统一的广告宣传信息,但用户的需求是千变万化的。网络应用允许针对不同的消费者提供不同的信息服务(从内容到方式),允许消费者选择自己喜爱的信息、节目,这就是"个性化空间"。

(3) 多媒体信息传播。现有的信息传播是分离的,如电视台主要传播的是视频信息,电台主要传播的是音频信息,而报纸、杂志、出版社主要传播的是文字信息。在多媒体网络环境中,人们可以将文字、图像、声音等信息同时传播。

3. 交易模式的变迁

传统的营销方式是生产者、批发商、零售商,最后到消费者,在网络环境下,生产者和消费者可以通过网络直接进行商品交易,因而更加直接、面对面和自由化。任何企业都可以把自己的产品在网上展示,同时用户可以在网上广泛获取所需产品信息,货比三家。另外,网络交易实现了交易过程的无纸化和支付过程的数字化。

4. 消费者观念和行为的变迁

消费者是市场营销策略主要考虑的对象,而消费者观念和行为的变化,必然引起营销策略的变化。随着家庭计算机的普及、上网费用的降低以及人们生活水平的提高,人们不再把逛商场作为一种娱乐和消遣。同时,人们的审美和价值取向越来越多元化、个性化,传统的面向大众的、统一模式的广告模式不能满足个性化的需求。另外,网络和电子商务巨大的信息处理能力和信息量,使得人们能够在很大的范围内挑选商品,消费者变得越来越聪明,会理智地考虑各种购买问题。

2.3.6 网络营销

网络营销,指利用Internet技术,最大程度地满足客户需求,以达到开拓市场、增加盈利为目标的经营过程。网络营销并不是网上销售,它不涉及支付和送货,也不仅仅是网上广告,它实质上是客户需求管理,利用Internet对售前、售中、售后各环节进行跟踪并满足客户的需求。网络营销与传统营销的区别主要有以下几点。

(1) 营销观念的区别:从传统的规模化、无差异营销观念向集中型、个性化营销理念的转变。

第二次工业革命后,由于市场仍然是卖方市场,消费品匮乏,商家销售什么,消费者就只能购买什么,没有挑选的余地。在这样的市场条件下,一些公司通过大规模生产无差异产品,取得了商业上的巨大成功。其中,以美国的福特(Ford)公司最为典型。在1908—1927年的20年间,福特公司只生产一种产品——黑色T型车。福特公司借助于流水线来提高产品质量和生产速度,进行规模经营,迅速抢占了世界汽车市场,取得了巨大的规模效益。

但随着市场由卖方市场向买方市场的转变,像福特公司这样的规模生产已逐渐失去了优势,单一产品的营销策略已不能再为企业获得高额利润。这一时期,市场上的产品已日益丰富,消费者不再是被动的接受者,他们可以根据自己的需求做出选择。从理论上讲,没有任何两个消费者是完全一样的,因此,每一个消费者都是一个目标市场。网络营销的出现,使大规模目标市场向个人目标市场转换成为可能。通过网络,企业可以收集大量信息,来反映消费者的不同需求,从而使企业的产品更能满足顾客的个性化需求。Amazon(亚马逊)公司是当今最大的网上书店,它于1995年7月售出了第一本书,仅到1996年12月,营业额已达840万美元,1997年达1.48亿美元。在短短的几年时间里,Amazon能取得如此巨大的成功，原因是多方面的，但相当一部分一定归功于其提供的个性化的服务。如它的推荐中心窗口（Recommendations Center）可以从 8 个不同的角度向读者推荐书目，时间界限、获奖作品、读者喜欢的特点、读者心情等。另外，Amazon 还有一件无价之宝，那就是大量的用户个人信息。Amazon 能够及时搜集用户信息和反馈，由此分析每个用户的特点和偏好，更有效地建立顾客忠诚度。正如 Amazon 的创始人 Bezos 所言："我们希望成为你的最佳商店。如果我们拥有 450 万个顾客，我们就会有 450 家商店。"

（2）沟通方式的转变：由传统的单向沟通转变为交互式营销沟通模式（Internet Marketing Communication）。

传统的促销手段（如媒体广告、公关等）只能提供单向的信息传输。信息传送后，企业难以及时得到消费者的反馈信息，因此很难及时调整自己的生产经营策略，这就必然会影响到企业的盈利。同时，消费者也处于被动地位，他们只能根据广告等在媒体的出现频率、广告的创意等来决定购买意向，很难从传统的促销方式中进一步得到有关产品功能、性能等的指标。

而 Internet 上的营销是直接针对消费者的。在互联网上，企业使用交互式营销沟通模式，把信息传递给消费者和公众，最大程度地促进与购买者和潜在购买者之间的信息沟通。通过互联网，企业可以为用户提供丰富详实的产品信息。同时，用户也可以通过网络向企业反馈信息。在这里，用户是主动的，他既可以查询自己喜欢的产品和企业信息，也可以把自己的信息（如喜好）提供给媒体。

（3）营销策略的改变：由于网络营销的双向互动性，使其真正实现了全程营销。

传统的营销强调 4P（Product，Price，Place，Promotion）组合，现代营销管理则追求 4C（Customer's wants and needs，Cost to satisfy wants and needs，Convenience to buy，Communication）。任何一种观念都必须基于这样一个前提：企业必须实现全程营销，即必须从产品设计阶段就开始充分考虑消费者的需求与意愿。但在实际操作中，这一点却很难做到，原因在于消费者和企业之间缺乏合适的沟通或沟通费用太高。消费者一般只能针对现有产品提出建议和批评，对尚处于概念阶段的产品无法涉足。另外，许多中小型企业也缺乏足够的资金用于了解消费者各种潜在的需求，只能从自身能力或市场策划者的策略出发，进行产品开发设计。在网络环境下，这一点将有所改变。即使是中小型企业也可以通过电子布告栏、在线讨论广场、电子邮件等方式，以极低的成本，在营销的全过程，对消费者进行实时的信息搜集。消费者则有机会对从产品设计到定价以及服务的一系列问题发表意见。双向交互式沟通模式提高了消费者的参与性和积极性，更重要的是它能使企业的决策者有的放矢，从根本上提高了消费者的满意度。

（4）方便性：网络营销比传统营销更能满足消费者对购物方便性的需求。

网络营销，消除了传统营销中的时空限制。由于网络能够 24 小时提供服务，消费者可随时查询所需商品或企业的信息，在网上进行购物。查询和购物程序方便快捷，所需时间很短。这种优势在某些特殊商品的购买过程中体现的尤为突出，如图书的购买。网上书店的出现，使得广大消费者不必再为买一本书而跑遍大小书店，只需上网进行查询，就可以得到该书的详尽信息，通过网上订购即可。

2.4 经济学

什么是经济学？经济学与电子商务有什么关系？电子商务专业的学生为什么要学习经济学？电子商务经济学（网络经济学）与传统经济学的区别及联系是什么？电子商务专业要开设哪些经济学课程？我们先来看几个案例。

【案例1】 携程网（http://www.ctrip.com）上的旅游产品报价

大家会发现：同一个产品，报价会有很大的差异，也就是说，对不同的访问者，会有不同的报价。这就给我们提出了下列问题：

什么是价格差异化？

价格差异化的基本原理。

为什么互联网销售商们更容易实现价格差异化？

完全价格差异化。

批量销售产品的价格差异化。

不完全价格差异化。

【案例2】 瑞星杀毒软件产品

从付费到免费，对消费者来说获得了巨大的实惠，但企业如何盈利呢？大家都知道，开发一个杀毒软件的投入是巨大的，作为企业，如果产品给消费者免费使用，如何收回成本并盈利？这就需要用到经济学中的规模经济和边际成本、边际收益的知识了。

【案例3】 网络游戏、电子邮件、网络聊天（QQ、MSN）

这些产品的一个显著的特点是：使用的人越多，其价值越大，愿意付出的价格也越高。这也就是为什么盛大网络游戏、腾讯公司、MSN 等公司迅速崛起并快速发展的原因。

我们可以用经济学中的"规模经济"理论来解释这一现象，也就是说规模经济非常适合电子市场。

【案例4】 微软公司，微软与网景公司的竞争

大家上网都会用浏览器，最初是网景公司（Netscape）开发的 Navigator 浏览器，后来微软公司看到了互联网中的巨大商机，就开发了大家非常熟悉的浏览器产品 IE（Internet Explorer）并且与 Windows 产品捆绑销售，也就是用户可以免费使用 IE，结果是微软大胜。

范围经济理论也非常有效。

资料阅读

长 尾 理 论

长尾理论（The Long Tail）是网络时代兴起的一种新理论，由美国人克里斯·安德森提出。长尾理论认为，由于成本和效率的因素，当商品存储流通展示的场地和渠道足够宽广，商品生产成本急剧下降以至于个人都可以进行生产，并且商品的销售成本急剧降低时，几乎任何以前看似需求极低的产品，只要有卖，都会有人买。这些需求和销量不高的产品所占据的共同市场份额，可以和主流产品的市场份额相比，甚至更大。

长尾理论的基本原理是：只要存储和流通的渠道足够大，需求不旺或销量不佳的产品所共同占据的市场份额可以和那些少数热销产品所占据的市场份额相匹敌甚至更大。即众多小市场汇聚成可与主流大市场相匹敌的市场能量。

下面是部分研究者所给出的长尾示意图：图2-9中表明了主体和长尾巴对总量之间的关系，图2-10为www.searchenginewatch.com资深搜索引擎营销专家Danny Sullivan对用户利用100个关键词通过Overture检索时为网站带来的访问量情况。

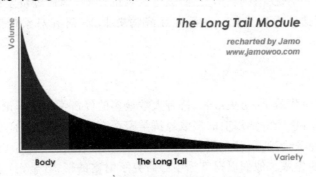

图2-9　主体和长尾巴对总量之间的关系

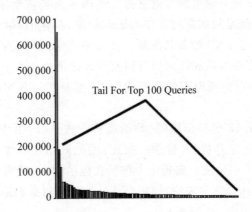

图2-10　100个关键词通过Overture检索时为网站带来的访问量

从图2-9和图2-10中可以看出，与20/80定律不同是，长尾理论中"尾巴"的作用是不能忽视的，经营者不应该只关注头部的作用。长尾理论已经成为一种新型的经济模式，被成功应用于网络经济领域。举例来说，Google就有效地利用了长尾策略。Google的Adwords广告使得无数中小企业都能自如投放网络广告，而传统的网络广告投放只是大企业才能涉足的领域。其Adsense广告又使得大批中小网站都能自动获得广告商投放广告。Adwords和Adsense因此汇聚成千上万的中小企业和中小网站，其产生的巨大价值和市场能量足以抗衡传统网络广告市场。如果Google只是将市场的注意力放在20％的大企业身上（像许多门户网站的网络广告策略那样），那么也很难创造现在的辉煌了。同样，网上零售巨人亚马逊的商品包罗万象，而不仅仅是那些可以创造高利润的少数商品，结果证明，亚马逊模式是成功的，而那些忽视长尾，仅仅关注少数畅销商品的网站经营状况并不理想。

经济学是一门研究人类行为及如何将有限或者稀缺资源进行合理配置的社会科学。

经济学是现代的一个独立学科，是关于经济发展规律的科学。从1776年亚当·斯密的《国富论》开始奠基，现代经济学经历了二百多年的发展，已经有宏观经济学、微观经济学、政治经济学等众多专业方向，并应用于各垂直领域，指导人类财富积累与创造。

2.4.1 经济学研究的对象

由于经济思想和学说受社会、历史、阶级等因素的影响，因而经济学的研究对象也必然随着历史时代的更迭而发生变化。在西方经济学史上，其研究对象概括起来主要有以下8种。

1. 财富说

财富说是一种年代最早、历史最长、持有人数最多的经济学对象理论。从古希腊罗马学者的经济思想到新古典经济学以前的多数经济学家都有这种对象理论。古希腊罗马的思想家色诺芬的著作《经济论》通篇都是研究家庭财富及其增长问题。重商主义者对研究财富的热情，超过了他们的先辈。他们以财富为中心研究了财富的形式（金银）、产生（流通领域）和增长途径（开采金银和对外贸易）等问题。

古典经济学家们的研究对象也多为财富说。英国古典经济学家威廉·配第在著作中，把如何增加国家税收，如何增加国家财富作为研究对象，在他的《赋税论》中提出了"土地为财富之母，而劳动则为财富之父"的著名论断。古典经济学的集大成者亚当·斯密在《国富论》中，就是研究国民财富的性质和原因以及财富增长之道的。大卫·李嘉图遵循亚当·斯密的财富对象理论，但特别重视财富的分配问题，他把财富的分配作为政治经济学的研究对象。

法国经济学家萨伊在1803年出版的《政治经济学概论》一书中也指出，政治经济学是"阐明财富怎样生产、分配与消费"的科学。据此，他把政治经济学分成生产、分配和消费3大部分加以论述，创立了三分法。詹姆士·穆勒在他的《政治经济学纲要》中，继承和发挥了萨伊的三分法，提出了四分法对象论，即将经济学的研究对象归结为研究财富生产、分配、交换和消费的一般原理。

2. 历史或制度说

19世纪德国历史学派作为古典经济学的主要反对者，在经济研究中始终将历史放到极端重要的地位，并且坚持以民族国家为中心来建立经济学。19世纪初亚当·穆勒认为，政治经济学有两重目的：既求个人利益的极大满足，又使整个民族大家庭得以加强，并且后者是主要的。德国历史学派的先驱李斯特提出了国家经济学与世界主义经济学相对立。他认为国家经济学是代表经济落后国家利益的经济学，其研究对象是落后国家的富强之道。世界主义经济学是代表经济上先进国家的利益的经济学，它的研究对象是世界经济。历史学派创始人罗雪尔指出，国民经济学或政治经济学是一门论述一个国家的经济发展诸规律的科学，经济学应与法律、国家、宗教等学科密切相关，并以它们为基础。希尔德布兰德声称，经济学应该产生一种文化史的经济史，并与历史的其他分支和统计学密切相关。新历史学派代表施穆勒进一步区分了国民经济学和国家经济学，认为国民经济学研究的对象是国民经济，国家经济学的研究对象是国家的组织结构及其经济职能。美国制度学派把制度当作社会经济发展变化的动力,并以注重制度研究为根本特征。美国制度学者凡勃仑认为,经济学应该研究制度的起源和演变对相应社会经济关系的作用。康芒斯则直接把自己的著作取名为《制度经济学》,认为制度经济学是一种关于集体行动(风俗、家庭、公司、国家等)在控制个人行动方面所起的作用的理论。

3. 人的欲望及其满足说

西斯蒙第和罗雪尔都曾提到过经济学研究的是"人"。但他们所讲的人的概念比较模糊。

主观经济学派的先驱者马斯夏在《经济和谐》中明确指出,"政治经济学的对象是人",并解释说,"欲望、努力、满足,这就是经济观点中的人"。奥地利的门格尔则明确把政治经济学的研究对象规定为人的欲望及其满足。他把经济学分为应用经济学、历史统计经济学和理论经济学,他在《国民经济学原理》中指出,理论经济学研究的是人类为满足其欲望而展开其预筹活动的条件。庞巴维克和维塞尔依然都把人的欲望及其满足作为政治经济学的研究对象。杰文斯也指出,经济学为人快乐与痛苦的微积分学。

4. 人与财富综合说

英国著名经济学家马歇尔在经济学是财富科学的说法遭到异议,研究人的定义难以自圆其说的情况下,综合了各种关于经济学研究对象。在《经济学原理》一书中指出,经济学一方面是一种研究财富的科学,另一方面也是更重要的方面,是研究人的学科的一部分。

5. 人类选择行为说

1932年,罗宾斯总结许多经济学家关于经济学概念的共同实质,在《论经济科学的性质与意义》中,提出了一个经典性的经济学定义,"经济学是一门研究目的与具有可供选择的用途的稀少手段之间关系的人类行为科学"。这就说明了,经济学的产生就在于人类无尽的欲望与物品稀少性的矛盾。希克斯的《价值与资本》中,也更为明确地显示出政治经济学是研究人类行为选择的科学。美国当代著名经济学家保罗·萨缪尔森在其《经济学》中也写到,经济学是研究人和社会如何作出最终抉择的科学。

6. 宏观经济行为说

宏观经济行为说以英国著名经济学家凯恩斯为代表。凯恩斯革命以前的经济学多是分析微观经济行为,如研究单个消费品、个别市场或个别企业、个别行业的经济行为,多属微观经济学的内容。而凯恩斯在经济学的研究对象上,从微观经济行为分析转向宏观经济行为分析,凯恩斯强调的是国民收入、总就业、总需求、总供给等总量研究,着重强调的是"整个经济体系,如何使该体系中的全部资源达到最适度就业"。1936年凯恩斯的《就业、利息和货币通论》的出版标志着宏观经济学的产生。

7. 微观经济行为与宏观研究合流说

为弥补凯恩斯经济学只着重宏观经济分析,忽视微观经济分析的缺陷,当代一些经济学家,把凯恩斯宏观经济理论与新古典微观经济理论结合起来。他们以稀缺法则为起点,把经济学分为微观经济学和宏观经济学两部。微观经济学以资源配置为研究对象,因为资源是稀缺的,要对稀缺的资源配置;宏观经济学以资源利用为研究对象,因为在资源配置中会有资源的不合理利用,出现资源闲置或浪费问题,对稀缺资源的合理利用,就需要国家干预。而资源配置和利用又可以有不同的解决模式和方式,这就涉及经济体制问题。当代不少经济学者主张建立混合经济体制。在这种体制中既有市场机制发挥作用的自由市场经济,又有国家对经济生活进行干预和宏观控制的经济。综上所述,经济学的定义应该是研究在一定经济体制下,稀缺资源配置和利用的科学,该定义涉及4个问题:①稀缺资源。这是经济学产生的基础和研究的出发点。②资源配置。属于微观经济学的研究对象。③资源利用。属于宏观经济学的研究对象。④经济体制。因为无论是微观经济学还是宏观经济学都涉及经济体制问题。

8. 广义对象说

广义对象论有两种观点:①横向分析法。该观点认为经济学是一门研究经济理论、经济问题、经济政策的科学。它把经济学的研究对象规定为经济理论、经济问题、经济政策3个方面。②纵横分析法。该观点认为,经济学的研究对象包括6个方面,即渊源、流派、理论、方法、问题和政策。

2.4.2 网络经济学

网络经济学(Network Economy)作为20世纪80年代以来逐步形成的一个新兴经济学前沿学科,是经济全球化、信息化、网络化、虚拟化发展趋势的产物。其理论研究涉及经济学、管理学、社会学、心理学,以及信息科学、行为科学、系统科学、网络科学等诸多社会科学与自然科学的学科领域和相关的理论知识,并具有日益广阔的应用前景。

在这里,我们可以把网络经济概括为一种建立在计算机网络(特别是Internet)基础之上,以现代信息技术为核心的新的经济形态。它不仅是指以计算机为核心的信息技术产业的兴起和快速增长,也包括以现代计算机技术为基础的整个高新技术产业的崛起和迅猛发展,更包括由于高新技术的推广和运用所引起的传统产业、传统经济部门的深刻的革命性变化和飞跃性发展。因此,绝不能把网络经济理解为一种独立于传统经济之外,与传统经济完全对立的纯粹的"虚拟"经济。它实际上是一种在传统经济基础上产生的,经过以计算机为核心的现代信息技术提升的高级经济发展形态。深化对知识经济的研究和认识,我们不难发现,尽管目前人们对未来经济的描述有多种说法,如知识经济、信息经济、后工业经济、新经济、注意力经济等,但它们的基础是相同的,这就是计算机与计算机网络,特别是国际互联网络。

网络经济是知识经济的一种具体形态,这种新的经济形态正以极快的速度影响着社会经济与人们的生活。与传统经济相比,网络经济具有以下显著的特征:快捷性、高渗透性、自我膨胀性、边际效益递增性、外部经济性、可持续性和直接性。

1. 快捷性

消除时空差距是互联网使世界发生的根本性变化之一。首先,互联网突破了传统的国家、地区界限,被网络连为一体,使整个世界紧密联系起来,把地球变成为一个"村落"。在网络上,不分种族、民族、国家、职业和社会地位,人们可以自由地交流、漫游,以此来沟通信息,人们对空间的依附性大大减小。其次，互联网突破了时间的约束，使人们的信息传输、经济往来可以在更小的时间跨度上进行。网络经济可以 24 小时不间断运行，经济活动更少受到时间因素制约。再次，网络经济是一种速度型经济。现代信息网络可用光速传输信息，网络经济以接近于实时的速度收集、处理和应用信息，节奏大大加快了。如果说 20 世纪 80 年代是注重质量的年代，20 世纪 90 年代是注重再设计的年代，那么，21 世纪的前 10 年就是注重速度的时代。因此，网络经济的发展趋势应是对市场变化发展高度灵敏的"实时经济"或"实时运作经济"。最后，网络经济从本质上讲是一种全球化经济。由于信息网络把整个世界变成了"地球村"，使地理距离变得无关紧要，基于网络的经济活动对空间因素的制约降低到最小限度，使整个经济的全球化进程大大加快，世界各国的相互相关性空前加强。

2．高渗透性

迅速发展的信息技术、网络技术，具有极高的渗透性功能，使得信息服务业迅速地向第一产业和第二产业扩张，使三大产业之间的界限模糊，出现了第一产业、第二产业和第三产业相互融合的趋势。三大产业分类法也受到了挑战。为此，学术界提出了"第四产业"的概念，用以涵盖广义的信息产业。美国著名经济学家波拉持在 1977 年发表的《信息经济：定义和测量》中，第一次采用四分法把产业部门分为农业、工业、服务业、信息业，并把信息业按其产品或服务是否在市场上直接出售，划分为第一信息部门和第二信息部门。第一信息部门包含现在市场中生产和销售信息机械或信息服务的全部产业，如计算机制造、电子通信、印刷、大众传播、广告宣传、会计、教育等。第二信息部门包括公共、官方机构的大部分和私人企业中的管理部门。除此之外，非信息部门的企业在内部生产并由内部消费的各种信息服务，也属于第二信息部门。从以上产业分类可以看出，作为网络经济的重要组成部分——信息产业已经广泛渗透到传统产业中去了。对于诸如商业、银行业、传媒业、制造业等传统产业来说，迅速利用信息技术、网络技术，实现产业内部的升级改造，以迎接网络经济带来的机遇和挑战，是一种必然选择。

不仅如此，信息技术的高渗透性还催生了一些新兴的"边缘产业"，如光学电子产业、医疗电子器械产业、航空电子产业、汽车电子产业等。以汽车电子产业为例，汽车电子装置在 20 世纪 60 年代出现，20 世纪 70 年代中后期发展速度明显加快，20 世纪 80 年代已经形成了统称汽车电子化的高技术产业。可以说，在网络信息技术的推动下，产业间的相互结合和发展新产业的速度大大提高。

3．自我膨胀性

网络经济的自我膨胀性突出表现在 4 大定律上。

1）摩尔定律（Moore's Law）

这一定律是以英特尔公司创始人之一的戈登·摩尔命名的。1965 年，摩尔预测到单片硅晶元的运算处理能力，每 18 个月就会翻一番，而与此同时，价格则减半。实践证明，三十多年来，这一预测一直比较准确，预计在未来仍有较长时间的适用期。估计到 2010 年，一台普通计算机的运算能力是 1975 年时一台普通计算机的 1000 万倍。

2）梅特卡夫法则（Metcalf Law）

按照此法则，网络经济的价值等于网络节点数的平方，这说明网络产生和带来的效益将随着网络用户的增加而呈指数形式增长。从目前的趋势来看,互联网的用户大约每隔半年就会增加 1 倍,而互联网的通信每隔 100 天就会翻一番。目前全世界的网络用户已达到 3.5 亿,预计 4 年内就将飙升到 10 亿。这种大爆炸性的持续增长必然会带来网络价值的飞涨。这正是凯文·凯利所说的"传真效应",即"在网络经济中,东西越充足,价值就越大"。

3) 马太效应(Matthews Effect)

在网络经济中,由于人们的心理反应和行为惯性,在一定条件下,优势或劣势一旦出现并达到一定程度,就会导致不断加剧而自行强化,出现"强者更强,弱者更弱"的垄断局面。马太效应反映了网络经济时代企业竞争中的一个重要因素——主流化,"非摩擦的基本规律其实很简单,你占领的市场份额越大,你获利就越多,也就是说,富者越富"。Compuserve 和 AOL(American Online)是美国的两家联机服务供货商,1995 年之前,Compuserve 占有市场较大份额,在相互竞争中占有优势。而从 1995 年开始,AOL 采取主流化策略,向消费者赠送数百万份计算机桌面软件,"闪电般地占领了市场",迅速赶超了 Compuserve 公司。

4) 吉尔德定律(Gilder's Law)

据美国激进的技术理论家乔治·吉尔德预测:在可预见的未来(未来 10 年),通信系统的总带宽将以每年 3 倍的速度增长。随着通信能力的不断提高,乔治·吉尔德断言,每比特传输价格朝着免费的方向下跌,费用的走势呈现出"渐进曲线"(Asympototic Curve)的规律,价格点无限接近于零。

网络经济的 4 大定律不仅展示了网络经济自我膨胀的规模与速度,而且提示了其内在的规律。

4. 边际效益递增性

边际效益随着生产规模的扩大会显现出不同的增减趋势。在工业社会物质产品生产过程中,边际效益递减是普遍规律,因为传统的生产要素——土地、资本、劳动,都具有边际成本递增和边际效益递减的特征。与此相反,网络经济却显现出明显的边际效益递增性。

(1) 网络经济边际成本递减。信息网络成本主要由 3 部分构成:一是网络建设成本,二是信息传递成本,三是信息的收集、处理和制作成本。由于信息网络可以长期使用,并且其建设费用与信息传递成本及入网人数无关。所以前两部分的边际成本为零,平均成本都有明显递减趋势。只有第三种成本与入网人数相关,即入网人数越多,所需信息收集、处理、制作的信息也就越多,这部分成本就会随之增大,但其平均成本和边际成本都呈下降趋势。因此,信息网络的平均成本随着入网人数的增加而明显递减,其边际成本则随之缓慢递减,但网络的收益却随入网人数的增加而同比例增加。网络规模越大,总收益和边际收益就越大。

(2) 网络经济具有累积增值性。在网络经济中,对信息的投资不仅可以获得一般的投资报酬,还可以获得信息累积的增值报酬。这是由于一方面信息网络能够发挥特殊功能,把零散而无序的大量数据、信息按照用户的要求进行加工、处理、分析、综合,从而形成有序的高质量的信息资源,为经济决策提供科学依据。同时,信息使用具有传递效应。信息的使用会带来不断增加的报酬。例如,一条技术信息能将以任意的规模在生产中加以运用。这就是说,在信息成本几乎没有增加的情况下,信息使用规模的不断扩大可以带来不断增加的收益。这种传递效应也使网络经济呈现边际收益递增的趋势。

5. 外部经济性

一般的市场交易是买卖双方根据各自独立的决策缔结的一种契约,这种契约只对缔约双方有约束力而并不涉及或影响其他市场主体的利益。但在某些情况下,契约履行产生的后果却往往会影响到缔约双方以外的第三方(个体或群体)。这些与契约无关的却又受到影响的经济主体,可统称为外部,它们所受到的影响就被称为外部效应。契约履行所产生的外部效应可好可坏,分别称为外部经济性和外部非经济性。通常情况下,工业经济带来的主要是外部非经济性,如工业"三废",而网络经济则主要表现为外部经济性。正如凯文·凯利提出的"级数比加法重要"的法则一样,网络形成的是自我增强的虚拟循环。增加了成员就增加了价值,反过来又吸引更多的成员,形成螺旋形优势。"一个电话系统的总价值属于各个电话公司及其资产的内部总价值之和,属于外部更大的电话网络本身",网络成为"特别有效的外部价值资源"。

6. 可持续性

网络经济是一种特定信息网络经济或信息网络经济学,它与信息经济或信息经济学有着密切关系,这种关系是特殊与一般、局部与整体的关系,从这种意义上讲,网络经济是知识经济的一种具体形态,知识、信息同样是支撑网络经济的主要资源。美国未来学家托夫勒指出,"知识已成为所有创造财富所必需的资源中最为宝贵的要素……知识正在成为一切有形资源的最终替代",正是知识与信息的特性使网络经济具有了可持续性。信息与知识具有可分享性,这一特点与实物显然不同。一般实物商品交易后,出售者就失去了实物,而信息、知识交易后,出售信息的人并没有失去信息,而是形成出售者和购买者共享信息与知识的局面。现在,特别是在录音、录像、复制、电子计算机、网络传统技术迅速发展的情况下,信息的再生能力很强,这就为信息资源的共享创造了更便利的条件。更为重要的是,在知识产品的生产过程中,作为主要资源的知识与信息具有零消耗的特点,正如托夫勒指出的,"土地、劳动、原材料,或许还有资本,可以看作是有限资源,而知识实际上是不可穷尽的","新信息技术把产品多样化的成本推向零,并且降低了曾经是至关重要的规模经济的重要性"。网络经济在很大程度上能有效杜绝传统工业生产对有形资源、能源的过度消耗,造成环境污染、生态恶化等危害,实现了社会经济的可持续发展。

7. 直接性

由于网络的发展,经济组织结构趋向扁平化,处于网络端点的生产者与消费者可直接联系,而降低了传统的中间商层次存在的必要性,从而显著降低了交易成本,提高了经济效益。为解释网络经济带来的诸多传统经济理论不能解释的经济现象,姜奇平先生提出了"直接经济"理论。他认为,如果说物物交换是最原始的直接经济,那么,当今的新经济则是建立在网络上的更高层次的直接经济,从经济发展的历史来看,它是经济形态的一次回归,即农业经济(直接经济)→工业经济(迂回经济)→网络经济(直接经济)。直接经济理论主张网络经济应将工业经济中迂回曲折的各种路径重新拉直,缩短中间环节。信息网络化在发展过程中会不断突破传统流程模式,逐步完成对经济存量的重新分割和增量分配原则的初步构建,并对信息流、物流、资本流之间的关系进行历史性重构,压缩甚至取消不必要的中间环节。

2.4.3 电子商务专业课程体系中的经济学课程

在电子商务专业的课程体系中,与经济学有关的课程有:"微观经济学"、"宏观经济学"、"网络经济学"。这些课程系统地介绍了经济学的基本原理、经济学的内容以及在网络经济环境下经济学基本理论的挑战和特点。

2.5 国际贸易实务

我们先来看一篇新闻报道。

前软件工程师淘宝大卖假名牌

2012-07-04 11:16:03 来源:南方网 作者:肖友若 郭启明

据了解,6月20日,罗湖公安经侦大队接到市场监管局罗湖分局线索称,有人在阿里巴巴、淘宝等网站上销售假国际名牌项链、耳环等,其品牌涉及香奈儿、Gucci等。经侦大队对此案展开深入调查。

6月28日上午,罗湖警方联合市场监管部门兵分三路,分别前往松泉山庄、维富大厦及荷坳生产窝点。在销售点缴获各种著名品牌饰品10万件,在生产厂家缴获假冒商品2万多件,现场抓获犯罪嫌疑人10名。其中包括该案老板刘某及其丈夫吐某,以及销售员3名、网络维护工程师1名,生产厂家负责人、管理人员等4人。

经审讯,犯罪嫌疑人刘某及其丈夫吐某对其在网上售卖假国际名牌供认不讳。据本来就做外贸生意的刘某交代,其去年7月份开始经营此"生意",在其老公吐某(曾为软件工程师)的帮助下,为逃避警方打击,在国外设立服务器,在阿里巴巴、淘宝等网站开设网店。

据警方调查,刘某所售的商品,部分销往国内,部分销往海外。而其产品来源,除在荷坳厂家生产外,还从东门拿货,其成本几毛钱至几块钱不等,而在网上的售价则高达几百元,甚至上千元。

互联网的跨时空性使企业可以通过电子商务在全球范围内进行贸易活动,正如阿里巴巴创始人马云所说,"让天下没有难做的生意。在全球做生意,就要遵守国际贸易准则"。那么,国际贸易准则有哪些?在电子商务环境下,贸易准则有没有变化?大家都知道:每个国家、甚至每个地区都有自己不同的风俗、习惯和文化背景,在电子贸易的过程中,怎样尊重贸易方的习俗和文化?这些都是我们需要了解和掌握的知识。

2.5.1 贸易活动

商业贸易是指专门从事商品收购、调运、储存和销售等经济活动的部门。在我国,一般对内称商业,对外称贸易。商业贸易是商品交换的表现形式,是联系工业和农业、城市和乡村、生产和消费之间的桥梁。

商业与贸易是人类在长期生产、生活过程中产生的一种社会活动形式。它是指通过买卖方式,使货物得以流通的一类经济活动。

生产的社会分工是商业贸易能够产生的前提,而利益差别的存在却是不同生产部门和不同地区之间发生贸易往来的必要条件。一方面,由于各地在自然条件方面的差异,资源在各地分布也不平衡。资源和物产的差异性,使得各地之间交换频繁,商业贸易的界限也因此而逐渐扩大。另一方面,交通状况的优劣也是影响早期商业活动范围的一个重要因素。凡是交通便利的地方,商业通常较为发达。交通不便的地方货物运输往往不畅,交换较少。

随着社会分工的日益细化,产品的交换也愈加复杂化。商业贸易无论从交换规模、数量、次数以及手段等方面,都有了长足进步。

2.5.2 国际贸易的特点

国际贸易具有不同于国内贸易的特点,其交易过程、交易条件、贸易做法及所涉及的问题,都远比国内贸易复杂。具体表现在以下几个方面。

(1) 交易双方处在不同国家和地区,在洽商交易和履约的过程中,涉及各自不同的制度、政策措施、法律、惯例和习惯做法,情况错综复杂。稍有疏忽,就可能影响经济利益的顺利实现。

(2) 国际贸易的中间环节多,涉及面广,除交易双方当事人外,还涉及商检、运输、保险、金融、车站、港口和海关等部门以及各种中间商和代理商。无论哪个环节出了问题,都会影响整笔交易的正常进行,并有可能引起法律上的纠纷。另外,在国际贸易中,交易双方的成交量通常都比较大,而且交易的商品在运输过程中可能遭到各种自然灾害、意外事故和其他外来风险。所以通常还需要办理各种保险,以避免或减少经济损失。

(3) 国际市场广阔,交易双方相距遥远,加之国际贸易界的从业机构和人员情况复杂,故易产生欺诈活动,稍有不慎,就可能上当受骗,货款两空,蒙受严重的经济损失。

(4) 国际贸易易受政策、经济形势和其他客观条件变化的影响,尤其在当前国际局势动荡不定、国际市场竞争和贸易摩擦愈演愈烈以及国际市场汇率经常浮动和货价瞬息万变的情况下,国际贸易的不稳定性更为明显,从事国际贸易的难度也更大。

可见,国际贸易具有线长、面广、环节多、难度大、变化快的特点。因此,凡从事国际贸易的人员,不仅必须掌握国际贸易的基本原理、知识和技能与方法,而且还应学会分析和处理实际业务问题的能力,以确保社会经济效益的顺利实现。

2.5.3 国际电子商务

企业通过利用电子商务运作的各种手段从事的国际贸易活动,它反映的是现代信息技术所带来的国际贸易过程的电子化。

图 2-11 是商务部主办的国际电子商务网首页。

电子商务掀起国际贸易领域里的一场新的革命,它冲破了国家和地区间设置的各种障碍,使国际贸易走向无国界贸易,引起了世界经济贸易的巨大变革。

第一,国际贸易市场交易方式发生了重大变化。电子商务通过网上"虚拟"的信息交换,开辟了一个崭新的开放的市场空间,突破了传统市场必须以一定的地域存在为前提的条件,全球以信息网络为纽带连成一个统一的"大市场",促进了世界经济全球市场化的形成。

第二,国际贸易经营主体发生了重大变化。现代信息通信技术通过单个公司在各自的专业领域拥有的核心技术,把众多公司相互连接为公司群体网络,完成一个公司不能承担的市场功能,可以更加有效地向市场提供商品和服务。这种新型的企业组织形式,在资本关系上不具有强制各个公司发生联系的权力,而是由于承担了一定的信息搜集处理和传递功能似乎具有某种实体性。

第三,国际贸易经营管理方式发生了重大变化。电子商务提供的交互式网络运行机制,为国际贸易提供了一种信息较为完备的市场环境,通过国际贸易这一世界经济运行的纽带达到跨国界资源和生产要素的最优配置,使市场机制在全球范围内充分有效地发挥作用。国际贸易中由进出口商作为国家间商品买卖媒介的传统方式受到挑战,由信息不对称形成的委托、代理关系与方式发生动摇,贸易中间商、代理商和专业进出口公司的地位相对减弱,引发了国际贸易中间组织结构的革命。

第四,海关业务流程发生了重大变化。通过电子商务技术的应用,海关自身内部的业务管理和与外部的互联互通不断加强,优化口岸环境和加快通关速度取得了积极进展,大大方便了企业在网上办理各种进出口手续,也为政府部门联合监管提供了数据和网络支持,在促进口岸通关、提高效率、简化手续、严格管理方面都发挥了非常显著的作用。

第五,电子商务大大降低了国际贸易的经营成本。以国际互联网为核心的电子商务的应用打破了时空界限,电子商务的整合效应也简化了业务的流程,加上网络第三方服务的日趋完善,企业通过网络最大程度实现了低成本的业务沟通和商业数据交换,而且通过网络服务可以将自己的产品推广到全世界任何角落。

图 2-11　中国国际电子商务网

1. 电子商务与贸易全球化

电子商务在国际贸易中有着越来越重要的地位,它从3方面推动贸易全球化的发展。

(1) 作为一种服务业,电子商务是国际服务贸易的重要内容之一。换句话说,电子商务本身就是贸易全球化的一项内容。

(2) 作为一种高新技术的应用,电子商务是减少由各国或地区之间设置的某些非关税壁垒所带来的不利影响和促进贸易自由化的有效手段。例如,利用电子商务的信息双向沟通、交易手段灵活和达成交易迅速等特点,可以争取时间申领全球配额或进口许可证。

(3) 作为一种新的贸易方式,电子商务不仅已经成为国际贸易实务过程中不可分割的一部分,而且,它为国际贸易实务带来极大的便利。首先,各国或地区政府要求采用电子商务方式报关;其次,通过国际互联网或专门的网络,使业务人员坐在办公桌旁就能寻觅到商业良机,并且有利于建立起更多的贸易伙伴关系;最后,简化了国际贸易程序,缩短了国际贸易成交过程,从而节省了人力、物力和财力。

2. 国际电子商务的概念与分类

通过上述分析,我们可以给出国际电子商务的概念。

国际电子商务是指交易当事人或参与人利用现代信息技术和计算机网络在全球范围内所进行的各类商业活动,包括货物贸易、服务贸易和知识产权贸易;其主要研究范围包括虚拟产品(服务)市场中的国际市场部分和实体产品(服务)市场中的国际市场采用电子商务交易手段的部分。

目前,国际电子商务的应用模式可做以下分类。

(1) 从交易内容看,其应用模式可以划分为以货物买卖为主的应用模式和以服务贸易为主的应用模式。前者侧重货物所有权转让的交易情况。其无纸贸易的应用涉及传统的贸易链上的各个环节,例如交付货物、支付货款、行政审批、货物通过等,而后者则侧重以服务为主要内容的应用。

(2) 从技术实现角度看,国际电子商务应用模式可划分为专网的应用模式、开放互联网应用模式,以及移动商务模式。从这个角度来分析,可以体现国际电子商务的实施的技术路径和实现途径。

(3) 从应用领域看,可以将其应用模式划分为行政应用模式、海关通关模式,以及跨境交易模式等。有些经济体的无纸贸易偏向于行政应用模式,例如新加坡和韩国;有些经济体的无纸贸易应用偏向于海关的通关模式,例如中国香港等。另外,许多经济体,包括中国等都在探讨跨境的交易模式。因为无纸贸易的发展最终要建立起全球跨境的交易体系和交易平台,无缝地实现商业单证和商业信息在跨境范围内的有效传输。

3. 国际电子商务贸易各环节应用情况

(1) 无纸贸易在检验检疫中的应用。中国检验检疫总局建成了以检验检疫广域网主干网、改革现有检验检疫监管模式、建立健全关检协调机制为基础,以先报检后报关和数据共享、电子通关为主要内容的通关放行新体系。中国电子检验检疫业务网目前提供的服务项目包括:电子报检、产地证电子签证以及国家质量监督检验检疫总局开展的其他相关电子业务服务。国家质检总局和海关总署还开发了电子通关单联网核查系统,已于2003年1月1日在主要口岸推广应用。

(2) 无纸贸易在产地证申领中的应用。中国香港于1999年8月推出产地证电子服务,2000年9月25日起全面使用电子产地证。中国台湾也于2002年1月开始推出产地证电子服务,现在正与韩国等经济体开展双边的电子产地证的合作项目,以实现真正的电子化服务。

(3) 无纸贸易在许可证申领中的应用。为实现无纸贸易,作为"金关工程"主要项目之一,贸易许可证管理从1986年单机应用开始到全面实行网络化,不断发展和完善。目前全国62个许可证发证机关已全部实现许可证计算机联网管理和电子数据网上核查,已有27个省、4个直辖市的4922家企业参与许可证网上申领,企业通过网络申领的出口许可证证书与系统核发的出口许可证证书发证总数的比例由2002年的14.43%上升到81.73%。许可证网络化管理这一现代化的管理模式得到了发证机构和企业的普遍认可。

(4) 无纸贸易在国际物流领域的应用。我国集装箱运输EDI(Electronic Data Interchange)采用国际、国家和行业制订的代码标准。在EDI示范工程中港航企业所使用的报文中所涉及的数据元都遵照《UN/EDIFACT数据元目录》,其中代码型数据元首先采用现有的国际、国家和行业标准。各示范工程点EDI中心的管理软件均采用交通部统一选购的AMTrix软件。

(5) 无纸贸易在国际结算中的应用。海关总署与银行系统在电子口岸网上支付业务方面开展了全面合作,建立了银关通业务。银关通将进出口业务的资金流、物流与信息物有机整合,具有全辖集中式系统对接、跨关区异地报关支付、网上支付银行担保、7×24小时全天候服务等多项特色,向进出口企业提供集支付结算、融资授信、财务控制等综合化服务。

目前,中国工商银行、中国建设银行、中国农业银行、招商银行、浦发银行等12家银行都开通了银关通业务。

4. 国际电子商务平台建设

1) 中国香港贸易通和DTTN物流港单一窗口数据交换平台

中国香港约有13万家进出口商及制造商,其中98%是中小企业。为了帮助中小企业以最低的成本享受电子商务所带来的方便,特区政府和私营企业于1997年合资创办了贸易通电子贸易有限公司(中国香港政府持有44%的股份),建立了TradeLink(贸易通)电子交易平台。截至2005年4月,TradeLink的市场渗透率已经达到100%,拥有53 000家用户,年交易量为1700万宗。所有文件均具备获认可的电子认证服务许可证,拥有电子签名及加密功能,可在网络进行自由传输。

2005年开始,中国香港政府为了提高自由港的竞争实力,启动了DTTN(Digital Trade and Transportation Network)数字物流港的项目。目的是要建立一个以物流港为核心的与各种数据交换标准可以兼容和互转的商业数据交换平台。2006年该项目正式建成运作,贸易通成为DTTN的一个子系统。截至2007年6月,初期用户已经达到3000多家。该DTTN项目是使得中国香港的无纸贸易实施走向单一窗口的重要举措。

2) 中国国际电子商务平台

中国国际电子商务中心运营的"在线广交会"作为无纸贸易服务的先行者,打破时空界限,为不能参加现场广交会的企业提供网上参与广交会的机会。经过近十年的发展,"在线广交会"目前拥有全国最大的海外买家数据库,为中国供应商提供每日更新的全球采购信息。同时,向会员企业提供了以外贸交易流程为核心的系列化在线交易服务。第99届广交会 3 大站(http：//www.trade2cn.com(图 2-12)、http：//www.cantonfair.org.cn(图 2-13)、http：//ebusiness.cantonfair.org.cn)累计访问量达 5000 多万次,电子商务网上意向成交额达 3.4 亿美元;第 100 届广交会 3 大网站累计访问量达 5699 万次,比第 99 届增长 5.7%,电子商务网上意向成交额为 3.6 亿美元,增长 4.8%。

图 2-12　在线广交会

2006 年 4 月,商务部中国国际电子商务正式启动我国国际贸易企业应用电子商务平台——TradeMatics(贸自通)。第一阶段推出的企业应用电子商务平台"贸自通"包括两大核心平台:国际贸易电子商务执行平台和全球贸易交易管理协同作业平台。其中执行平台基于互联网模式,通过对国际贸易全过程的工作流程分析,可为外向型企业提供规范的国际贸易操作流程,实现从询报价、订单、信用证、质检、单证、报关、运输、保险、收汇、核销、退税等各环节的客户端浏览器操作;实现对商品、客户及国际贸易必备基础资料和报关代码的管理、查询和调用;将逐步实现与国内政务平台、其他商务平台、政府监管系统、服务企业系统等的对接。这将大大简化我国外贸业务操作流程、提高中外贸易伙伴的沟通效率、降低外贸企业的运营成本,实现外贸企业内部无纸化操作和对外电子数据的高效交换。

3) 中外经贸合作网站

自 2004 年以来,商务部已分别与俄罗斯、新加坡、印度尼西亚、越南、南非、肯尼亚和上海合作组织等国家和多边组织商务主管部门合作建立了网站。

中外双方利用信息技术在互联网上建立网站,使用中外两种语言文字,设置"经贸资讯"、"招商引资"、"贸易机会"等栏目,向中外企业特别是中小企业集中提供双方国家的经贸政策法规、贸易投资机会、经济技术合作项目、企业与产品等商务信息。

图 2-13 中国进出口商品交易会

5. 国际电子商务发展措施

1) 全面推广无纸贸易,提高国际贸易效率

(1) 以海关无纸贸易为龙头,带动无纸贸易在整个国际贸易交易链的应用。加速发展贸易许可管理、通关、商品检验等与无纸贸易发展关联密切的服务领域,提高服务质量和效率,提升企业供应链价值。以"高效率,低成本"为目标,高起点打造面向现代贸易服务业的"单一窗口服务平台"。

(2) 加快无纸贸易手段在有基础的行业中的应用,提高现代贸易服务业整体水平。例如,国际运输是无纸贸易应用起步早,相对成熟的行业,应从可持续发展的战略高度,规划和建设水上、航空为重点的现代物流信息无纸化服务。同时,重视其他关联度高,培育发展国际结算和跨国交易的无纸贸易服务工程,为未来大规模无纸贸易的发展奠定坚实基础。

(3) 促进区域经济与无纸贸易的协调发展。区域经济发展是我国经济发展的重点。在大力发展以"长三角"、"珠三角"、"环渤海"经济带的现代贸易服务过程中,注重应用无纸贸易手段,形成组合性服务产品,形成区域经济和无纸贸易相互促进发展的局面。

(4) 放宽管制,促进竞争。鼓励非国有经济在更广泛的领域参与现代贸易服务业发展。在一些具有自然垄断属性的领域,对可以实行竞争的服务环节和服务项目,应当积极地撤除进入壁垒,开放竞争(如贸易管理、海关、检验、税务等公共服务的申报服务)。逐步消除公共机构事业行为与商业行为的混淆。以政企分开、政事分开、企业与事业分开、营利性机构与非营利性机构分开为原则,加快推进适宜产业化经营领域的产业化进程。公共服务机构要逐步实行公益型服务与商业型服务的分离,形成健康的现代贸易服务竞争环境。

(5) 健全标准与法规、完善运行环境。发展无纸贸易,标准是基础。要尽快建立并形成与国际接轨的、符合中国国情的、满足实际建设需求的标准体系,在此标准体系下,规划出我国现代贸易服务建设中所需要的具体标准。同时应加强对电子提单、结汇凭证、贸易司法管辖、服务平台的法律责任等问题的研究。

(6) 加强无纸贸易领域的国际合作。积极开展与亚太经济合作组织,以及有关国际组织的合作。参与有关国际标准、公约的制订,支持和促进国际现代贸易服务的开展,保护我国企业在国际现代贸易活动中的正当权益。

2) 积极推动 B2B 国际电子商务平台的发展

目前世界电子商务 80%的交易额都是通过 B2B 交易完成的。B2B 交易涉及电子商务关键环节,搞好 B2B 电子商务,对于电子商务交易系统的建设和企业信息化的建设都具有极为重要的意义。

利用经济手段(如税收、贷款等)鼓励大型企业集团利用自己的电子商务平台开展国际电子商务,拓展对外电子商务交易;鼓励中小企业建立自己的电子商务网站,开展国际电子商务,如图 2-14 所示。

图 2-14　阿里巴巴提供的国际贸易出口通

2.5.4 "国际贸易实务"课程

"国际贸易实务"是涉外经济与贸易各专业必修的一门专业基础课程。国际贸易实务是一门专门研究国际间商品交换具体过程的学科,是一门具有涉外活动特点的实践性很强的综合性应用科学。它涉及国际贸易理论与政策、国际贸易法律与惯例、国际金融、国际运输与保险等学科的基本原理与基本知识的运用。

"国际贸易实务"课程主要研究国际货物买卖的有关理论和实际业务,具有涉外性、实践性强的特征。该课程教学的主要任务是使学生掌握开展国际货物买卖所需的基本理论、基本知识和基本技能,具备在贯彻国家方针政策和企业经营意图,符合法律规则和国际贸易惯例的前提下,结合国家和企业发展实际,在公平合理的基础上达成交易,完成进出口合同约定的本领。

本课程的教学目的是使学生初步掌握在我国对外经济贸易方针政策指导下,根据我国社会主义市场经济体制和现代化建设的需要,进行国际货物买卖的基础理论、基本知识,具备订立和履行国际货物买卖合同的基本操作技能,提高学生分析、研究和解决国际贸易实际问题的能力,为进一步学习对外经济贸易其他后续课程以及日后从事对外经济贸易实际业务工作和研究工作打下一定的基础。

本课程是一门法律惯例与业务技术相结合、理论与实际相结合的应用性很强的课程。本课程以国际货物买卖为对象,以交易条件和合同条款为重点,以国际贸易惯例和法律规则为依据,并联系我国外贸实际,介绍国际货物买卖合同的具体内容以及合同订立和履行的基本环节与一般做法。

本章小结

本章从商务活动所涉及的管理学、经济学、营销学、贸易学知识出发,介绍了电子商务专业所需具备的基础贸易理论知识和经济学、管理学知识。这些知识都会在不同学期的课程中体现。

第3章 电子商务技术知识体系

在讨论电子商务技术知识体系之前,我们先来看当前影响较大的B2C电子商务企业中电子商务技术的重要性。

电商"暗战"快递公司,智能物流决定成败。

从2010年开始,"爆仓"这个词,开始越来越多的在电子商务圈中流传,并多次在节假日期间集中爆发。

2010年的11月11日,淘宝商城一年一度的"光棍节5折大促销",单日交易额突破11亿元,在天文数字般的成交额面前,电子商务供应链也遭遇了始料未及的灾难性考验。从供应商断货到物流公司爆仓,从缺货、缺人再到最后对第三方物流"听天由命",放量的订单增长在物流瓶颈面前显得束手无策。促销期间很多消费者的收货过程甚至长达2个月,导致大量订单被取消,最后淘宝商城的单日成交额从11亿元减为了9.36亿元。

其他电子商务公司也有类似遭遇。京东商城2011年春节期间也遭遇了"爆仓",并差点引发严重后果。由此,其创始人、董事局主席兼CEO刘强东痛下决心,不惜血本大建物流渠道。中国移动积分商城由于面临年底积分清零限制,因此年底前积分换购商品的订单量是每月平均值的7倍以上。此外,再加上物流公司春节期间停止服务、破损丢单时有发生、第三方快递人员服务参差不齐等多方面原因,终于导致电子商务公司从2010年开始大面积自建物流配送平台。

京东商城融资15亿美元后,刘强东披露,融资几乎全部投入到物流和技术研发方面,将建国内单体面积最大的仓库——15万平方米。淘宝宣布投入千亿推出淘宝"大物流计划"。

传统物流企业借力突围

电子商务公司是"一手托两家",上游面对实体供应商,下游面对直接消费者,核心业务其实为"仓、运、配",即通过先进的后台支撑管理系统解决商品的仓储、运输、配送流程,所以从物流角度简化来看,电子商务公司可以被看作一个拥有 Web 网站的现代化物流公司。京东商城刘强东认为,B2C 公司发展下去实际就是物流公司,正如"当今世界上最大的物流公司是沃尔玛,而非 DHL"。

面对 B2C 公司在物流领域的快速拓展,传统物流公司显然对此状况的应对准备不足。传统物流公司目前面临同质化竞争严重,价格的过度竞争,缺乏核心竞争力,自动化程度较低。目前很多仓储订单的管理还依靠人海战术、手工作业,条码技术刚开始普及,对基于 RFID (Radio Frequency Identification)技术的智能物流了解很少,同时认为该技术离自己还很遥远。

物流行业在政府重视、行业竞争激烈的状况下,未来 3~5 年内必将有新一轮的洗牌,而最终脱颖而出的,一定是那些依赖新技术在精细物流、智能物流方面耕耘的企业,其中也包括从 B2C 转型提供社会化物流服务的企业。

精细物流的思想是,通过管理、技术等手段,消除一切浪费和无效劳动。通过 MRP 精益物流配送模式,在网络平台信息集成的基础上结合物流供应链网络结构,实现整个物流供应链的精准准时配送。

基于 RFID 技术的智能物流,可以更加高效、快速地实现物品出/入库控制,物品存放位置及数量统计,信息查询过程的自动化。例如,原来需要 20~30 分钟才能完成的入库验收工作,如果利用 RFID 技术,只需要 1 分钟左右时间即可完成验收、订单录入、订单信息传输工作,工作效率提升 30 倍。

电子商务中智能物流解决方案

现代物流企业要想提供更优质的服务,必须对仓储、运输、配送、装卸搬运等环节,实现全过程的信息化管理,实现信息的采集、存储、传输、加工分析和管理,并对业务流程进行优化、管理和控制。

而 RFID 技术的应用,使得系统具有高度的实时性,无论是后台管理人员还是现场管理人员,均可在第一时间得知数据发生的变化。同时,可以大大提升仓库管理流程的效率。

在登合科技开发的物联网仓储物流解决方案中,各种物联网终端设备包括传感器、监视器、射频识别标签、读卡器和 WiFi 分布天线组成一个内部互联网,并通过 WiFi 局域网中央控制机与外部互联网相连。一方面,工作人员可以通过内部网实现对物资的追溯、跟踪与定位、机器设备的监控与管理和访问 IP 互联网资源。另一方面,采用小型化嵌入式 Web 设备服务器,用户无论在企业内部还是外部都可通过互联网和 Web 浏览器对终端机器设备进行远程管理与控制,为用户提供更好的追查体验。

在仓储管理中,RFID 技术可广泛应用于存取货物与盘点。当贴有 RFID 标签的货物进入仓储中心时,仓库入库门禁装有读写器门禁,可以记录所有的货物入库信息,并将信息传入 WMS(Warehouse Management System),与入库单进行对比。如果货物与预入库单相符,叉车会直接将货物运到指定位置。上架车载读写器自动读取货物货架标签。

应用叉车 RFID 读写设备从移动作业 RFID 管理系统服务器中下载上架任务到手持终端上,上架人员获得上架过程的路径优化,避免空间狭小造成的时间浪费。仓库员工每日在库内巡检进行理货作业,同时可完成盘库工作。

在运输环节,通过 RFID 技术,在运输的货物和车辆上使用 RFID 标签,同时辅以 GPS (Global Positioning System)定位功能,物流企业及其客户可以比较方便地查阅货物所在位置。

资料来源：互联网

3.1 商务活动中的信息处理

要对电子商务技术知识体系有深入的了解,先要了解到底什么是商务活动中的信息处理?试想一下如果没有信息处理,传统商务中的各种信息如何能够更好地展示,如何能发挥互联网技术的优势。

3.1.1 商务活动的类别

在对商务活动中的信息处理中,首当其冲的就是要了解商务活动的类型,只有了解了商务活动的类型,才能明白如何从商务活动过渡到电子商务活动。从广义上来说,目前商务活动主要可以分为以下 3 类,囊括了电子商务的各个参与方。

1. 企业商务活动

企业商务活动的鲜明特点是,以企业当前利益和长远利益为基础,以企业当前利益为目标。企业商务活动是企业的基本社会活动。没有企业的商务活动,就没有企业的存在条件。

2. 政府商务活动

政府商务活动有两大任务,第一个任务(也是主要任务)是提供全社会的商务活动法律法规、政策和公共服务。第二个任务是完成与政府活动直接有关的、必要的直接商务活动。政府商务活动将对整个社会产生直接的影响,可以左右全社会的商务活动。例如,国家之间的商务协定是企业商务活动的基础,也将直接或间接影响本国社会商务活动结果。

3. 个人商务活动

个人商务活动一般属于直接个人社会活动。个人商务活动的第一个特点,是以满足个人生存和生活需要为直接目标。个人商务活动是社会的最终消费性行为,这是个人商务活动的第二个特点。第三个特点是,个人商务活动以个人意识为基本影响因素。第四个特点是,能够形成间接的社会生产行为。可以看出,所有社会商务活动中,个人商务活动是形成所有商务活动的直接动力。

通俗地讲,商务活动的基本运行原则是"高效、有序、灵活、完整"。高效是商务活动结果的重要保证条件。有序为商务活动提供了普遍适用的游戏规则。灵活则提供的是商务活动的基本技术和技巧。完整则体现了商务活动的阶段性目标与长远目标之间的关系。

由于商务活动是人类社会基本活动之一,必然受到不同阶段的社会环境、人文环境和技术环境的重要影响。其中最重要的是人文环境的影响,这是因为社会环境和技术环境都与人文环境直接有关。人文环境包括人文习惯、人文行为、传统习俗等,这些是影响社会商务活动的基本要素之一。

基本需求和生产需求是商务活动的原动力集合,其中基本需求是社会活动(包括商务活动)的基本动力。生产需求则是在基本需求的刺激下形成的社会第二需求,可以叫做第二动力。因此,基本需求和生产需求之间存在着的直接或间接的映射关系。这种映射关系可以通过商务目标指导下的需求分析得到。同时,商务目标也会成为具体商务行为的基本指导。商务行为的过程和结果,也将对基本需求和生产需求形成巨大的刺激和引导作用。

从信息系统的角度看,上述4项原则的实现和实行,全都以信息处理为基础。因此商务活动中的信息处理在整个电子商务技术知识体系中位于最基础的地位。充分的信息资源,是商务活动内容和行为的基本控制要素。商务活动信息环模型中的信息活动,包括信息收集、信息积累、信息处理和信息输出等4个方面的活动。从上述信息环可以看出,环中的每一部分都需要有相应的环境,才有可能起到应有的作用。

3.1.2 环境对商务活动的影响

电子商务既是一种技术,也是一种新的社会观念,还是一个新的社会发展基础。作为一种技术,电子商务提供了能满足各种信息处理和商务活动要求的几乎全部技术。

作为一种新的社会观念,电子商务将对社会的基本行为特征提出了新的要求。

建立在新的社会观念和技术之上,电子商务必然成为以信息技术为基础的知识经济时代的社会发展基础。

电子商务能否按人们所设计或想象的那样形成社会生产力,并不是一个简单的技术问题,而是一个由各种非技术因素环境所决定的社会行为。

1. 人文环境的影响

所谓人文环境主要是指人的价值观,也包括社会机制、传统风俗、人际关系等。在传统商务活动中,人文环境的影响几乎无所不在,无论是在经济发达地区还是在经济欠发达地区都是如此。信息资源与自然资源和人力资源有一个共同的"资源特性",就是"被开发性"。在传统商务活动中,从事商务活动的人所能得到的信息是十分有限的,从业人员所能得到的信息几乎全部是经过个人开发而得到的。而在电子商务中,从事商务活动的人员可以得到几乎是无限的相关信息。这就存在着是否"乐于"开发信息资源的问题。而开发相关信息资源的意愿主要取决于人的人文特征和人文环境。因此,电子商务的实施中,必须十分重视所处的人文环境。要发挥应有的作用,就必然对人的价值观,对社会机制、传统风俗和人际关系等提出要求。

2. 社会和人文环境决定了对技术的应用

Internet信息网络的实现,为商务活动提供了全新的基本运行技术环境,但不是全部运行环境。电子商务中,商务活动是依赖电子信息系统完成的。然而,电子信息系统如何工作,各种电子信息技术之间如何配合使用,决定权在社会人。因此,社会发展阶段的各种特征和人文环境必然会对社会人的电子商务行为产生重要作用,其中之一就是对电子商务技术的认可和要求。

3. 商务活动基本规则

商务活动的一种重要基础,是商务活动的基本规则,也就是所谓的游戏规则。这些规则有些是以法律形式出现的,有些是政府政策,还有一些则与地缘传统和政治形式有关。由于技术上电子商务属于"透明商务技术",而不是传统的"可见商务技术",因此,如何在电子商务中遵守现已形成的商务规则,如何形成适合于电子商务的基本活动规则,将对电子商务的实施形成重大的影响。

4. 政府行为

政府行为历来是各种商务活动的基本约束条件,政府行为不仅能决定电子商务的使用范围,还能决定电子商务能否使用。反之,电子商务也对政府行为起着巨大的刺激作用。首先,电子商务将对政府能否继续有效地监视和控制经济活动提出严重的挑战。由于电子商务的透明性,传统的监视和控制方法(例如我国先行的收据监视方法)已经无能为力了。其次,政府如何在电子商务中发挥管理、监视、协调、促进和服务的作用,将是电子商务能否成功或迅速发展的重要影响因素,甚至是决定性的因素。

3.1.3 电子商务基本环境的对策

如前所述,电子商务不仅是一个项新的信息技术,从广义上讲更是新的社会观念和社会发展基础。只有逐步形成相应的社会、人文和技术环境后,电子商务才能起到社会发展基础的作用。这种情况与信息技术发展的历程是十分相似的,没有对信息重要性和信息资源的认同,没有对信息资源开发的政府行为,信息技术就不可能在 20 世纪的最后 10 年中得到迅速发展。

在传统商务活动中,除银行外,商务行为仅与活动相关的企业或个人有关。而在电子商务中,所有的活动参加人(包括银行在内)都成为了电子商务信息系统的用户。也就是说,电子商务既然是以信息网络技术为基本工具的社会活动,就必然涉及网络服务商。作为商务活动各方之间的透明桥梁,网络和信息服务商以何种方式存在和发展,对电子商务的存在与发展是十分重要的。这种情况与 20 世纪初期电信企业的形成和发展是相类似的。电子商务在给企业带来利益时,实际上也成为 IT 产业成长和发展的基本要素。因此,电子商务的影响因素,实际上也就是有关产业存在、发展的基本条件之一。

正是由于电子商务活动所处的特殊环境,使得电子商务中信息处理显得尤为重要。电子商务中的信息处理需要综合考虑这些因素,只有这样才能使得电子商务发挥作用,并改善传统商务环境。图 3-1 给出了电子商务活动涉及的一般内容。

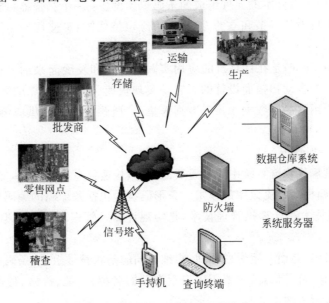

图 3-1 电子商务活动涉及的内容

3.2 信息采集技术

电子商务中最重要的就是信息,那么信息从哪里来呢?带着这个问题我们来了解信息采集技术。信息采集技术是指利用计算机软件技术,针对定制的目标数据源,实时进行信息采集、抽取、挖掘、处理,将非结构化的信息从大量的数据中抽取出来保存到结构化的数据库中,从而为各种信息服务系统提供数据输入的整个过程。正是因为通过信息采集技术,我们才能够将商务活动中涉及的信息都集中到计算机中。因此信息采集技术使得传统商务到电子商务成为了可能。

信息采集技术可按照对象的不同从两个方面进行理解。第一个是商品信息的采集,第二个是网络信息的采集。下面我们将从这两个方面进行说明。

3.2.1 商品信息的采集

商品信息是电子商务活动中最重要的信息之一,也是区别于传统商务的根本所在,从实物过渡到计算机中的虚拟物品,大大提高了电子商务处理的能力和商品的存储空间。目前的主要信息采集技术包括了条码技术、无线射频识别技术和 GPS 技术。

1. 条码技术

条码技术最早产生在风声鹤唳的 20 世纪 20 年代,诞生于 Westinghouse 的实验室里。那时候对电子技术应用方面的每一个设想都使人感到非常新奇。他的想法是在信封上做条码标记,条码中的信息是收信人的地址,就像今天的邮政编码。为此 Kermode 发明了最早的条码标识,设计方案非常的简单,即一个"条"表示数字"1",两个"条"表示数字"2",以此类推。然后,他又发明了由基本的元件组成的条码识读设备:一个扫描器(能够发射光并接收反射光),一个测定反射信号条和空的方法,即边缘定位线圈,和使用测定结果的方法,即译码器。

条码技术(Bar Code)是在计算机的应用实践中产生和发展起来的一种自动识别技术。它是为实现对信息的自动扫描而设计的。它是实现快速、准确而可靠的采集数据的有效手段。条码技术的应用解决了数据录入和数据采集的"瓶颈"问题,为供应链管理提供了有利的技术支持。

1)条形码的一般情况

条形码技术是现代物流系统中非常重要的大量、快速信息采集技术,能适应物流大量化和高速化要求,大幅提高物流效率的技术。条形码技术包括条形码的编码技术、条形符号设计技术、快速识别技术和计算机管理技术,是实现计算机管理和电子数据交换必不可少的技术。

条形码简称条码,是由一组黑白相间、粗细不同的条状符号组成,条码隐含着数字信息、字母信息、标志信息、符号信息,主要用以表示商品的名称、产地、价格、种类等,是全世界通用的商品代码的表示方法。

条码是一组黑白相间的条纹,这种条纹由若干个黑白的"条"和白色的"空"的单元所组成。其中,黑色条对光的反射率低而白色的空对光的反射率高,再加上条与空的宽度不同,就能使扫描光线产生不同的反射接收效果,在光电转换设备上转换成不同的电脉冲,形成了可以传输的电子信息。由于光的运动速度极快,所以,可以准确无误地对运动中的条码予以识别。

2) EAN 条码及我国通用商品条码

EAN(European Article Number)条码是国际上通用的通用商品代码,我国通用商品条码标准也采用 EAN 条码结构。主版是由 13 位数字及相应的条码符号组成,在较小的商品上也采用 8 位数字码及其相应的条码符号。EAN 条码由以下几个部分构成。

(1) 前缀码。由 3 位数字组成,是国家的代码,我国为 690,是国际物品编码会统一决定的。

(2) 制造厂商代码。由 4 位数字组成,我国物品编码中心统一分配并统一注册,一厂一码。

(3) 商品代码。由 5 位数字组成,表示每个制造厂商的商品,由厂商确定,可标识 10 万种商品。

(4) 校验码。由 1 位数字组成,用以校验前面各码的正误。

3) 二维码

二维码,又称二维条码,目前在手机应用中最为普遍。随着智能手机的普及,各种各样的二维码(2-Dimensional Bar Code)应用也接踵而至。二维条形码最早发明于日本,它是用某种特定的几何图形按一定规律在平面(二维方向上)分布的黑白相间的图形记录数据符号信息的,在代码编制上巧妙地利用构成计算机内部逻辑基础的"0"和"1"比特流的概念,使用若干个与二进制相对应的几何形体来表示文字数值信息,通过图像输入设备或光电扫描设备自动识读以实现信息自动处理。它具有条码技术的一些共性:每种码制有其特定的字符集,每个字符占有一定的宽度,具有一定的校验功能等。同时还具有对不同行的信息自动识别功能和处理图形旋转变化等特点。

多行组成的条形码,不需要连接一个数据库,本身可存储大量数据,应用于医院、驾驶证、物料管理、货物运输,当条形码受一定破坏时,错误纠正能使条形码能正确解码二维码。它是一个多行、连续性、可变长、包含大量数据的符号标识。每个条形码有 3~90 行,每一行有一个起始部分、数据部分、终止部分。它的字符集包括所有 128 个字符,最大数据含量是 1850 个字符。

一维条形码只是在一个方向(一般是水平方向)表达信息,而在垂直方向则不表达任何信息,其一定的高度通常是为了便于阅读器的对准。一维条形码的应用可以提高信息录入的速度,减少差错率,但是一维条形码也存在一些不足之处。

(1) 数据容量较小:30 个字符左右。

(2) 只能包含字母和数字。

(3) 条形码尺寸相对较大(空间利用率较低)。

(4) 条形码遭到损坏后便不能阅读。

(5) 在水平和垂直方向的二维空间存储信息的条形码,称为二维条形码。

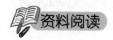

手机二维码应用实例

目前各大 B2C 电子商务企业均推出了二维码产品购买模式,二维码使得便捷购物成为了可能,图 3-2 为 1 号店"手机拍随手买"广告。

图 3-2　1 号店"手机拍随手买"广告

手机二维码是二维码技术在手机上的应用。二维码是用特定的几何图形按一定规律在平面(二维方向上)分布的黑白相间的矩形方阵记录数据符号信息的新一代条码技术,由一个二维码矩阵图形和一个二维码号,以及下方的说明文字组成,具有信息量大,纠错能力强,识读速度快,全方位识读等特点。将手机需要访问、使用的信息编码到二维码中,利用手机的摄像头识读,这就是手机二维码。

手机二维码可以印刷在报纸、杂志、广告、图书、包装以及个人名片等多种载体上,用户通过手机摄像头扫描二维码或输入二维码下面的号码、关键字即可实现快速手机上网,快速便捷地浏览网页、下载图文、音乐、视频、获取优惠券、参与抽奖、了解企业产品信息,而省去了在手机上输入 URL(Uniform Resource Locater)的繁琐过程,实现一键上网。同时,还可以方便地用手机识别和存储名片、自动输入短信、获取公共服务(如天气预报),实现电子地图查询定位、手机阅读等多种功能。随着 3G(3rd-Generation)的到来,二维码可以为网络浏览、下载、在线视频、网上购物、网上支付等提供方便的入口,图 3-3 是一个产品二维码的详细例子。

条码识别应用为用户使用手机上网提供了极大便利,省去了输入 URL 的麻烦,可一次按键即快速进入自己想看的网页,大大提高了上网的便利性。此外,条码识别应用也为平面媒体、增值服务商和企业提供了一个与用户随时随地沟通的

图 3-3　产品二维码示例

方式。

条码识别的上网应用旨在进一步为用户提供便捷、高质量的移动互联网服务,同时打造有中国特色的手机二维码产业链,为企业和行业应用开辟空间。中国移动正在大力推动手机厂商对条码识别软件进行手机出厂预装。手机二维码与手机菜单、搜索引擎并称为手机上网3大入口,我们的使命就是让用户在任何地点、通过任何媒体、获取任何内容。同时通过这种平台服务,为媒体、企业、品牌创造价值。

4) 条码识别装置

条码识别采用各种光电扫描设备,主要有以下几种。

(1) 光笔扫描器。似笔形的手持小型扫描器。

(2) 台式扫描器。固定的扫描装置,手持带有条码的卡片或证件在扫描器上移动,完成扫描。

(3) 手持式扫描器。能手持和移动使用的较大的扫描器,用于静态物品扫描。

(4) 固定式光电及激光快速扫描器。是由光学扫描器和光电转换器组成。是目前物流领域应用较多的固定式扫描设备,安装在物品运动的通道边,对物品进行逐个扫描。

各种扫描设备都和后续的电光转换、信息放大及与计算机联机形成完整的扫描阅读系统,完成了电子信息的采集。

2. 无线射频识别技术

要了解无线射频识别技术,先让我们来看看我们在学校经常接触的图书馆信息系统。大家所借阅的每本书其实都包含了无线射频识别,图3-4给出了自助图书馆系统的整体结构过程。

无线射频识别(RFID)技术,又称电子标签、无线射频识别,是一种通信技术,可通过无线电信号识别特定目标并读写相关数据,而无须识别系统与特定目标之间建立机械或光学接触。常用的有低频(125~134.2kHz)、高频(13.56MHz)、超高频、无源等技术。RFID读写器也分移动式的和固定式的,目前RFID技术应用很广,如图书馆,门禁系统,食品安全溯源等。

RFID技术的基本工作原理并不复杂,标签进入磁场后,接收解读器发出的射频信号,凭借感应电流所获得的能量发送出存储在芯片中的产品信息(Passive Tag,无源标签或被动标签),或者由标签主动发送某一频率的信号(Active Tag,有源标签或主动标签),解读器读取信息并解码后,送至中央信息系统进行有关数据处理。

RFID系统是由阅读器(Reader)与电子标签(Tag)也就是所谓的应答器(Transponder)及应用软件系统3个部分所组成,其工作原理是Reader发射一特定频率的无线电波能量给Transponder,用以驱动Transponder电路将内部的数据送出,此时Reader便依序接收解读数据,送给应用程序做相应的处理。

以RFID卡片阅读器及电子标签之间的通信及能量感应方式来看,大致可以分成感应耦合(Inductive Coupling)及后向散射耦合(Backscatter Coupling)两种。一般低频的RFID大都采用第一种方式,而较高频大多采用第二种方式。

阅读器根据使用的结构和技术不同可以是读或读/写装置,是RFID系统信息控制和处理中心。阅读器通常由耦合模块、收发模块、控制模块和接口单元组成。阅读器和应答器之间一般采用半双工通信方式进行信息交换,同时阅读器通过耦合给无源应答器提供能量和时序。在实际应用中,可进一步通过 Ethernet 或 WLAN(Wireless Local Area Network)等实现对物体识别信息的采集、处理及远程传送等管理功能。应答器是 RFID 系统的信息载体,目前应答器大多是由耦合原件(线圈、微带天线等)和微芯片组成无源单元。

沃尔玛是最早将无线射频识别技术应用的企业之一。据 Sanford C. Bernstein 公司的零售业分析师估计,通过采用 RFID,沃尔玛每年可以节省 83.5 亿美元,其中大部分是因为不需要人工查看进货的条码而节省的劳动力成本。尽管另外一些分析师认为 80 亿美元这个数字过于乐观,但毫无疑问,RFID 有助于解决零售业两个最大的难题:商品断货和损耗(因盗窃和供应链被搅乱而损失的产品),而现在单是盗窃一项,沃尔玛一年的损失就差不多有 20 亿美元,如果一家合法企业的营业额能达到这个数字,就可以在美国 1000 家最大企业的排行榜中名列第 694 位。研究机构估计,这种 RFID 技术能够帮助把失窃和存货水平降低 25%。

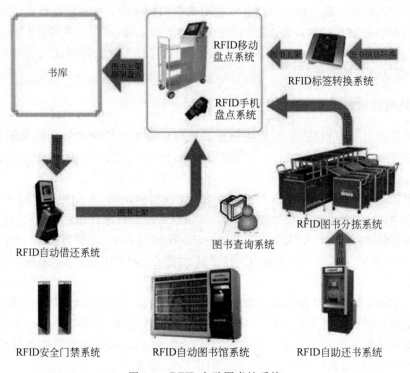

图 3-4　RFID 自助图书馆系统

3. GPS 技术

图 3-5 是大家日常生活中经常接触的导航系统,那么其中包含的技术真正的名字就是 GPS 技术,试想一下如果能将电子商务活动中商品的位置通过 GPS 表示出来,会带来什么变化呢?可喜的是 B2C 电子商务企业京东商城已经在其电子商务系统中实现了这些功能,使得客户能够及时了解商品的位置,为客户提供更好的服务。

全球定位系统是美国从 20 世纪 70 年代开始研制的,于 1994 年全面建成,具有海、陆、空全方位实时三维导航与定位能力的新一代卫星导航与定位系统。GPS 是由空间星座、地面控制和用户设备等 3 部分构成的。GPS 测量技术能够快速、高效、准确地提供点、线、面要素的精确三维坐标以及其他相关信息,具有全天候、高精度、自动化、高效益等显著特点,广泛应用于军事、民用交通(船舶、飞机、汽车等)导航、大地测量、摄影测量、野外考察探险、土地利用调查、精确农业以及日常生活(人员跟踪、休闲娱乐)等不同领域。目前 GPS 与现代通信技术相结合,使得测定地球表面三维坐标的方法从静态发展到动态,从数据后处理发展到实时的定位与导航,极大地扩展了它的应用广度和深度。载波相位差分法 GPS 技术可以极大提高相对定位精度,在小范围内可以达到厘米级精度。此外由于 GPS 测量技术对测点间的通视和几何图形等方面的要求比常规测量方法更加灵活、方便,已完全可以用来施测各种等级的控制网。GPS 全站仪的发展在地形和土地测量以及各种工程、变形、地表沉陷监测中已经得到广泛应用,在精度、效率、成本等方面显示出巨大的优越性。

图 3-5　GPS(全球定位系统)

GPS 全球卫星定位系统由 3 部分组成:空间部分——GPS 星座,地面控制部分——地面监控系统,用户设备部分——GPS 信号接收机。

1) 空间部分

在太空中有 24 颗卫星组成一个分布网络,分别分布在 6 条离地面 2 万千米、倾斜角为 55°的地球准同步轨道上,每条轨道上有 4 颗卫星。此外,还有 4 颗有源备份卫星在轨运行。GPS 卫星每隔 12 小时绕地球一周,使地球上任一地点能够观测到 4 颗以上的卫星,并能保持良好定位解算精度的几何图像。GPS 卫星产生两组电码,一组称为 C/A 码,一组称为 P 码,P 码因频率较高,不易受干扰,定位精度高,因此受美国军方管制,并设有密码,一般民间无法解读,主要为美国军方服务。C/A 码人为采取措施而刻意降低精度后,主要开放给民间使用。

2) 地面控制部分

地面控制部分由 1 个主控站,5 个全球监测站和 3 个地面控制站组成。监测站均配装有精密的铯钟和能够连续测量到所有可见卫星的接受机。监测站将取得的卫星观测数据,包括电离层和气象数据,经过初步处理后,传送到主控站。主控站从各监测站收集跟踪数据,计算出卫星的轨道和时钟参数,然后将结果送到 3 个地面控制站。地面控制站在每颗卫星运行至上空时,把这些导航数据及主控站指令注入到卫星。这种注入对每颗 GPS 卫星每天一次,并在卫星离开注入站作用范围之前进行最后的注入。如果某地面站发生故障,那么在卫星中预存的导航信息还可用一段时间,但导航精度会逐渐降低。

3) 用户设备部分

用户设备部分即 GPS 信号接收机。其主要功能是能够捕获到按一定卫星截止角所选择的待测卫星,并跟踪这些卫星的运行。当接收机捕获到跟踪的卫星信号后,即可测量出接收天线至卫星的伪距离和距离的变化率,解调出卫星轨道参数等数据。根据这些数据,接收机中的微处理计算机就可按定位解算方法进行定位计算,计算出用户所在地理位置的经纬度、高度、速度、时间等信息。GPS 模块并不播发信号,属于被动定位。初次定位的模块至少需要4颗卫星参与计算,称为3D定位,3颗卫星即可实现2D定位,但精度不佳。GPS模块通过串行通信口不断输出NMEA格式的定位信息及辅助信息,供接收者选择应用。GPS接收中心频率为1575.42MHz,接收机硬件和机内软件以及GPS数据的后处理软件包构成完整的GPS用户设备。GPS接收机的结构分为天线单元和接收单元两部分。接收机一般采用机内和机外两种直流电源。设置机内电源的目的在于更换外电源时不中断连续观测。在用机外电源时机内电池自动充电。关机后,机内电池为RAM存储器供电,以防止数据丢失。

3.2.2 网络信息的采集

电子商务活动中另一个重要信息来源是网络信息的采集,也就是我们常说的搜索引擎所依赖的基础。很多电子商务活动发起的源头都是通过搜索的方式,当电子商务网站不断增长后,海量商品带来的是海量的信息,如何从这些信息中搜索到客户需要的商品呢?这就需要能够提取网络信息,并利用这些信息进行检索。从而带来的一个影响就是如何设计更好的网页来迎合搜索引擎,对搜索引擎友好,同时获得较好的排名,如图3-6所示,在"旅游"搜索中排名靠前。这正是网络营销中的搜索引擎营销。

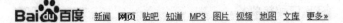

图3-6 网络营销中的搜索引擎营销

网络信息采集技术是通过分析网页的HTML(Hyper Text Markup Language)代码,获取网内的超级链接信息,使用广度优先搜索算法和增量存储算法,实现自动地连续分析链接、抓取文件、处理和保存数据的过程。系统在再次运行中通过应用属性对比技术,在一定程度上避免了对网页的重复分析和采集,提高了信息的更新速度和全部搜索率。由于网站内的资源常常分布在网内不同的机器上,信息采集系统从某个给定的网址出发,根据网页中提供的超链接信息,连续地抓取网页(既可以是静态的,也可以是动态的)和网络中的文件,将网内的信息进行全部提取。综上所述,网络信息的采集可通过两种方式获得,分别是信息采集系统和网络信息采集软件。

(1) 信息采集系统。信息采集系统以网络信息挖掘引擎为基础构建而成,它可以在最短的时间内,把最新的信息从不同的 Internet 站点上采集下来,并在进行分类和统一格式后,第一时间之内把信息及时发布到自己的站点上去。从而提高信息及时性和节省或减少工作量。

(2) 网络信息采集软件。适用于网站定向数据采集、分析、发布的实用软件。它可以对指定网站中的任意网页进行目标分析,归纳采集方案,提取数据并保存在文件和数据库中。这样的软件特别适用于网站信息的分类查询,用户可以针对不同的分类设置不同的查询条件,而不是一次性的将网站中所有信息都采集到本地,这无疑将提高信息的使用效率,避免无意义的资源消耗。

3.3 信息存储技术

当电子商务活动中的信息被采集到后,即将要面临的问题就是如何存放这些信息,只有把信息存放起来,才能为后续的电子商务活动(如展示等)提供支持。图 3-7 中产品信息展示中的相机的名称、代码、价格、图片等信息均是存放的对象,这样才能使得商品信息在电子商务中能够持久存在。

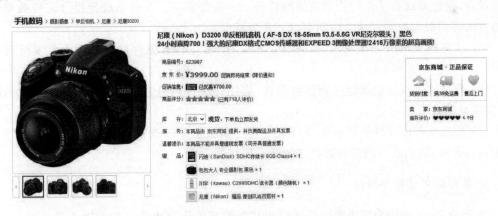

图 3-7 电子商务活动中产品的信息展示

此处所说的存放即是电子商务活动中的信息存储技术。在人类信息技术发展史上,信息存储技术是一项划时代的成就。综观电子商务技术的发展史,也就是 IT 发展史,信息存储技术已有过两次发展浪潮。

第一次是以处理技术为中心,以处理器的发展为核心动力,产生了计算机工业,特别是个人计算机工业,促使计算机迅速普及和应用。

第二次是以传输技术为中心,以网络的发展为核心动力,通过互联网,人们无论在何处都可以方便地获取和传递信息。

这两次浪潮极大地加速了信息数字化的进程,越来越多的信息活动转变为数字形式,使数字化信息爆炸性增长,从而引发了数字技术的第三次浪潮——存储技术浪潮。

实际上,数字技术在任何时候都是处理、传输和存储技术的三位一体,缺一不可。信息存储技术一直都在发展与进步,但它一直在后台,被处理技术和网络技术的光辉所掩盖,现在它终于走上了前台,成为数字化舞台的主角之一。

信息存储技术中应用最广泛的信息存储技术是数据资源管理。数据资源管理技术是指对数据的分类、组织、编码、存储、检索和维护的技术。数据资源管理技术的发展随计算机技术的发展而发展,一般分为4个阶段:人工管理阶段、文件系统管理阶段、数据库系统管理阶段、高级数据库技术阶段。

1. 人工管理阶段

20世纪50年代中期以前是计算机用于数据管理的初级阶段,计算机只相当一个计算工具没有操作系统,没有管理数据的软件。这个时期数据管理主要有以下几个特点。

(1) 主要用于科学计算,数据并不长期保存。

(2) 数据的管理由程序员个人考虑安排,迫使用户程序与物理地址直接打交道,效率低,数据管理不安全也不灵活。

(3) 数据与程序不具备独立性,数据称为程序的一部分,导致程序之间大量数据重复。

2. 文件系统管理阶段

20世纪50年代后期到20世纪60年代中期计算机有了磁盘、磁带等直接存取的外存储器设备,操作系统有了专门管理数据的软件——文件系统。文件系统使得计算机数据管理的方法得到极大改善。这个时期有以下几个特点。

(1) 计算机大量用于管理,数据需要长期保存,可以将数据存放在外存上反复处理和使用。

(2) 数据文件可以脱离程序而独立存在,应用程序可以通过文件名来存取文件中的数据,实现数据共享。

(3) 所有文件由文件管理系统进行统一管理和维护。但该方法也有其不足之处,体现在数据冗余性、数据不一致性和数据之间联系比较弱。

3. 数据库系统管理阶段

20世纪70年代初为解决多用户多应用共享数据的需要出现了数据库管理技术,它克服了文件系统的缺点,由数据库管理系统(Data Base Management System,DBMS)对所有数据实行统一、集中、独立管理。

数据库管理系统是一种操纵和管理数据库的大型软件,用于建立、使用和维护数据库。它对数据库进行统一的管理和控制,以保证数据库的安全性和完整性。用户通过DBMS访问数据库中的数据,数据库管理员也通过DBMS进行数据库的维护工作。它可使多个应用程序和用户用不同的方法在同一时刻或不同时刻去建立、修改和询问数据库。DBMS提供数据定义语言(Data Definition Language,DDL)与数据操作语言(Data Manipulation Language,DML),供用户定义数据库的模式结构与权限约束,实现对数据的追加、删除等操作。

数据库管理系统具有如下特点。

(1) 采用复杂的数据模型(结构),不仅描述数据本身的特点,还要描述数据之间的联系。

(2) 有较高的数据独立性,数据的存取由 DBMS 管理。

(3) 数据库系统为用户提供了方便的用户接口。

(4) 统一的数据控制功能,由 DBMS 提供对数据的安全性控制、完整性控制、并发性控制和数据恢复功能。

数据库管理系统是软件系统,以控制数据库的分类及数据的访问,主要包括以下几个方面。

(1) 模型语言,用以因该数据库管理系统的数据模型,来定义各数据库。

最常用的 3 大类分别为层次结构式、网络式及关系式的模型。一个数据库管理系统可提供一种、两种,甚至全部 3 种方式,也可能提供其他形式。最适合的模型要视乎个别应用程序、交易进行比率及查询经常使用的程度等。最常使用的则是 SQL(Structured Query Language)所支持,相似于关系式模型的方式。很多数据库管理系统也支持 ODBC(Open DataBase Connectivity),以支持程序编写员用标准方法访问该数据库管理系统。

(2) 优化的数据结构(字段、记录及文件),以支持在固定存储设备上存储极大量的数据。

(3) 查询语言及撰写报表的程序,让用户可以交互方式查问数据库,进行数据分析及依用户的权限来更新数据。

它必须控制数据的保安,以防止不获授权的用户观看,甚至更新数据库的数据。用户可以提供有效的密码来访问整个数据库或其中一部分。如员工数据库包括所有员工数据的数据,但某组用户可能只被批准查看薪金相关的数据,其他的又可能只可以访问工作履历及病历数据。

如果该数据库管理系统向用户提供可输入更新数据库,甚至进行查询的交互途径,则此能力可以用来管理个人的数据库。可是,它不一定提供审核或其他在多用户环境中所需要的各种控制机制。这些机制可能要整套应用程序都为数据输入或更新而修改才能提供。

(4) 交易机制(最好可以保证 ACID 特性),在多用户同时访问之下仍维持数据完整性(Data Integrity),以及提供故障排除(Fault Tolerance)。

数据库管理系统依靠不容许超过一名用户在同一时间更新同一项记录来维持数据库的完整性。数据库管理系统可以用唯一索引限制来避免重复记录。如不能有两位顾客有同一个顾客编号(主键)在数据库中存在。

作为目前使用最为广泛的数据资源管理技术,目前主流的数据库管理系统主要包括了以下几种。

(1) DB2。作为关系数据库领域的开拓者和领航人,IBM 在 1997 年完成了 System R 系统的原型,1980 年开始提供集成的数据库服务器——System/38,随后是 SQL/DS for VSE 和 VM,其初始版本与 System R 研究原型密切相关。DB2 for MVSV1 在 1983 年推出,该版本的目标是提供这一新方案所承诺的简单性,数据不相关性和用户生产率。1988

年 DB2 for MVS 提供了强大的在线事务处理（On-Line Transaction Processing,OLTP）支持，1989 年和 1993 年分别以远程工作单元和分布式工作单元实现了分布式数据库支持。最近推出的 DB2 Universal Database 6.1 则是通用数据库的典范，是第一个具备网上功能的多媒体关系数据库管理系统，支持包括 Linux 在内的一系列平台。

（2）Oracle。Oracle 前身叫 SDL，由 Larry Ellison 和另两个编程人员在 1977 创办，他们开发了自己的拳头产品，在市场上大量销售，1979 年，Oracle 公司引入了第一个商用 SQL 关系数据库管理系统。Oracle 公司是最早开发关系数据库的厂商之一，其产品支持最广泛的操作系统平台。目前 Oracle 关系数据库产品的市场占有率名列前茅。

（3）Informix。Informix 在 1980 年成立，目的是为 UNIX 等开放操作系统提供专业的关系型数据库产品。公司的名称 Informix 便是取自 Information 和 UNIX 的结合。Informix 第一个真正支持 SQL 语言的关系数据库产品是 Informix SE（Standard Engine）。Informix SE 是在当时的计算机 UNIX 环境下主要的数据库产品。它也是第一个被移植到 Linux 上的商业数据库产品。

（4）Sybase。Sybase 公司成立于 1984 年，公司名称"Sybase"取自"System"和"Database"相结合的含义。Sybase 公司的创始人之一 Bob Epstein 是 Ingress 大学版（与 System R 同时期的关系数据库模型产品）的主要设计人员。公司的第一个关系数据库产品是 1987 年 5 月推出的 Sybase SQL Server 1.0。Sybase 首先提出 Client/Server 数据库体系结构的思想，并率先在 Sybase SQL Server 中实现。

（5）SQL Server。1987 年，微软和 IBM 合作开发完成 OS/2，IBM 在其销售的 OS/2 Extended Edition 系统中绑定了 OS/2 Database Manager，而微软产品线中尚缺少数据库产品。为此，微软将目光投向 Sybase，同 Sybase 签订了合作协议，使用 Sybase 的技术开发基于 OS/2 平台的关系型数据库。1989 年，微软发布了 SQL Server 1.0 版。

（6）PostgreSQL。PostgreSQL 是一种特性非常齐全的自由软件的对象——关系性数据库管理系统（ORDBMS），它的很多特性是当今许多商业数据库的前身。PostgreSQL 最早开始于 BSD（Berkeley Software Distribution）的 Ingres 项目。PostgreSQL 的特性覆盖了 SQL-2/SQL-92 和 SQL-3。首先，它包括了可以说是目前世界上最丰富的数据类型的支持；其次，目前 PostgreSQL 是唯一支持事务、子查询、多版本并行控制系统、数据完整性检查等特性的唯一的自由软件的数据库管理系统。

（7）MySQL。MySQL 是一个小型关系型数据库管理系统，开发者为瑞典 MySQL AB 公司。在 2008 年 1 月 16 日被 Sun 公司收购。目前 MySQL 被广泛地应用在 Internet 上的中小型网站中。由于其体积小、速度快、总体拥有成本低，尤其是开放源码这一特点，许多中小型网站为了降低网站总体拥有成本而选择了 MySQL 作为网站数据库。MySQL 的官方网站的网址是 http://www.mysql.com。

4. 高级数据库技术阶段

20 世纪 80 年代以来关系数据库理论日趋完善，逐步取代网状和层次数据库占领了市场，并向更高阶段发展。目前数据库技术已成为计算机领域中最重要的技术之一，它是软件科学中的一个独立分支，正在朝分布式数据库、数据库机、知识库系统、多媒体数据库方向发展。特别是现在的数据仓库和数据挖掘技术发展，大大推动了数据库向智能化和大容量化的发展趋势,充分发挥了数据库的作用。

3.4 信息传输技术

电子商务最初起源于计算机的电子数据处理(Electronic Data Processing,EDP)技术。字处理软件和电子表格(Spread Sheet)软件的出现,为标准格式商务单证的电子数据交换开发应用提供了强有力的工具。这些软件大大加快了企业商业文件的处理,使之从手工书面文件的准备和传递,转变为电子文件的准备和传递,为电子商务提供了高效和安全的信息传输技术。

随着网络技术的发展,电子数据资料的交换从磁带、软盘等物理载体的寄送转变为通过专用的通信网络的传送。近年来又转移到通过 Internet 进行传送。银行间的电子资金转账(Err)技术与企事业单位间电子数据交换技术相结合,产生了早期的电子商务。信用卡(Credit Card)、自动柜员机(Automated Teller Machine,ATM)、零售业销售终端(Point Of Sale,POS)和联机电子资金转账技术的发展,以及相应的网络通信技术和安全技术的发展,导致今天网上持卡购物与企业之间网上交易这两种模式的电子商务得到进一步完善。

可以说,电子商务活动中的各个阶段都涉及了信息传输,正是信息传输保证了整个商务活动的信息流的顺利流转。需要注意的是,电子商务活动由于需要进行支付,因此安全问题也显得格外重要,要专门针对电子商务系统进行安全规划,图 3-8 给出了电子商务活动中有关信息传输的各个对象。

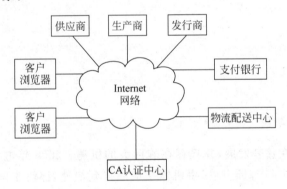

图 3-8 电子商务中参与信息传输的对象

电子商务中的信息传输主要经历了 3 个阶段。

1. 基于 EDI 的电子商务

EDI 在 20 世纪 70 年代产生于美国,当时的贸易商们在使用计算机处理各类商务文件的时候发现,由人工输入到一台计算机中的数据的 70% 来源于另一台计算机输出的文件,由于过多的人为因素影响了数据的准确性和工作效率的提高,人们开始尝试在贸易伙伴之间的计算机上使数据能够自动交换,EDI 应运而生。

EDI 是将业务文件按一个公认的标准从一台计算机传输到另一台计算机上去的电子传输方法。由于 EDI 大大减少了纸张票据,因此人们也形象地称之为"无纸贸易"或"无纸交易"。

20世纪90年代之前的大多数EDI都不是通过Internet,而是通过租用的电话线在专用网络上实现,这类专用的网络被称为VAN(Value Added Network,增值网),这样做的目的主要是考虑到安全问题。但随着Internet安全性的日益提高,作为一个费用更低、覆盖面更广、服务更好的系统,Internet已表现出替代VAN而成为EDI的硬件载体的趋势,因此有人把通过Internet实现的EDI直接称为Internet EDI。

2. 基于Internet的电子商务

EDI信息传输系统的建立需要较大投资,使得VAN的费用偏高,不适用于中小企业,限制了其应用范围,而Internet正好弥补了EDI的这一不足。20世纪90年代中后期,电子商务应用逐渐成为Internet应用的热点,从此电子商务发展到了基于Internet的电子商务阶段。

Internet电子商务是利用Internet进行电子交易活动。数字化、网络化与信息化是21世纪的时代特征。经济全球化与网络化已成为企业要面对的现实,信息技术革命与信息化建设正在使资本经济转变为信息经济、知识经济,并将迅速改变传统的交易方式和整个经济的运行,推动着我国从工业化社会向信息化社会的过渡。基于Internet的电子商务可以不受特殊数据交换协议的限制,任何商业文件或单证可以直接通过填写与传统纸面单证一致的屏幕单证来完成,不需要像EDI那样进行翻译,任何人都能看懂或直接使用。基于Internet的电子商务比基于EDI的电子商务在信息传输方式上具有如下一些明显的优势。

(1) 费用低廉
(2) 覆盖面广
(3) 功能更全面
(4) 使用更灵活
(5) 平等共享

3. 移动电子商务阶段

移动电子商务正在蓬勃发展,并且存在着巨大的机遇。2008年电信重组、手机上网资费下调及2009年初的3G牌照发放,手机网络应用得到快速发展,中国的手机上网用户目前已经达到1.55亿,而3G的发展,将会推动这一数字继续快速增长,中国迎来了3G时代,也标志着中国进入了移动互联网时代。我们有充分的理由相信,移动互联网的到来,将给移动电子商务的发展带来巨大的空间。大家的日常生活中移动电子商务所占的比重也越来越大。中国移动电子商务目前有4种主导模式,分别是通道平台、品牌运营、专注创新和软件服务,图3-9进行了说明。

移动电子商务简单地说就是指通过手机、个人数字助理(Personal Digital Assistant,PDA)和掌上电脑等手持移动终端设备与无线上网技术结合所构成的一个电子商务体系。因特网、移动通信技术和其他技术的完善组合创造了移动电子商务。移动电子商务可高效地与用户接触,在整个商务体系中用户可以在任何地方、任何时间进行电子商务活动。移动电子商务由于其快捷方便、无所不在的特点,已经成为电子商务发展的新方向。移动电子商务的模式目前主要有两种:SMS(Short Message Service)模式即短消息模式。WAP

（Wireless Application Protocol，无线应用协议）模式是在数字移动电话、因特网及其他个人数字助理、计算机应用之间进行通信的开放式全球标准，它是开展移动电子商务应用的核心技术之一。如何有效地保证信息交换的安全性和正确性，防御黑客对交换信息的截取和攻击，以及确认交易数据的可靠性，就成为了移动电子商务发展中迫切需要解决的问题。

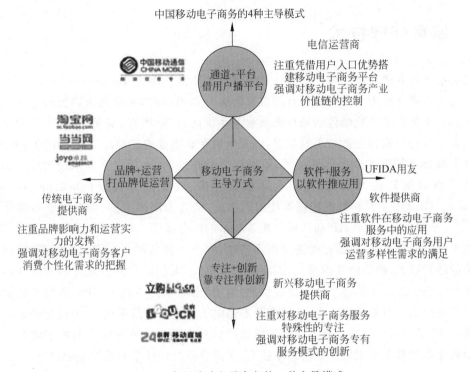

图 3-9　中国移动电子商务的 4 种主导模式

移动电子商务的信息传输方式具有以下的优势。

（1）通过个人移动设备来进行可靠的电子交易的能力被视为移动互联网业务最重要的方面。

（2）互联网与移动技术的结合为服务提供商创造了很多新的商机，使其能够提供更多种类的服务项目，并且能够根据客户的位置和个性提供服务，从而建立和加强其客户关系。

（3）由于移动电子商务本身固有的特点，移动电子商务非常适合大众化的应用。

（4）通过移动电子商务，用户可随时随地获取所需的服务、应用、信息和娱乐。

（5）服务付费可通过多种方式进行，以满足不同需求。

另一方面，由于移动电子商务必须借助于移动网络，因此在安全方面也存在严格的要求。相对于传统的电子商务模式，移动电子商务的安全性更加薄弱，传输承载的交换信息更易受到窃取和攻击。移动电子商务信息传输的安全性要求主要表现在以下几个方面。

（1）信息的保密性。保密性就是要保证双方电子商务交易有效信息的不被窃取、非法存储和使用，保证整个交易通道的严密性。

（2）身份的认证性。指交易双方都能正确鉴别对方的身份，能防止他人的假冒行为。身份认证可以鉴别通信中一方或双方的身份，从而确保只有授权的用户才能访问网络的资源与服务。

(3) 信息的正确性。指电子商务的交易数据和双方认证数据没有丢失或被篡改。

(4) 交易数据的可靠性。指交易双方对交易的内容包括合同、单据等在事后都能进行有效的确认。进行交易的双方都要能够在事后确认进行过的交易，即对交易本身及交易合同、契约，或交易的单据等文件的抗抵赖性。

3.5 信息处理技术

目前电子商务领域应用最广泛的信息处理技术是商务智能（Business Intelligence，BI）。商务智能通常被理解为将企业中现有的数据转化为知识，帮助企业做出明智的业务经营决策的工具。这里所谈的数据包括来自企业业务系统的订单、库存、交易账目、客户和供应商等来自企业所处行业和竞争对手的数据，以及来自企业所处的其他外部环境中的各种数据。而商务智能能够辅助的业务经营决策，既可以是操作层的，也可以是战术层和战略层的决策。为了将数据转化为知识，需要利用数据仓库、联机分析处理（On-Line Analytical Processing，OLAP）工具和数据挖掘等技术。因此，从技术层面上讲，商务智能不是什么新技术，它只是数据仓库、OLAP 和数据挖掘等技术的综合运用。

电子商务始于北美，目前已经遍及世界各地，作为一种新的经营模式影响着各行各业，在企业的经营模式、政府的管理模式、商业的营运模式、人们的生活方式等各方面进行着类似工业革命的一次信息革命。电子商务中的"电子"指电子商务技术，我们认为不是单纯的将电子商务技术与商务活动结合，电子商务不是电子和商务的简单相加，而是电子和商务的有效融合，电子和商务的结合并不一定必然地得到具有更高效率和效益的电子商务。电子商务信息处理技术主要包括了数据仓库技术、联机分析处理技术和数据挖掘技术。

3.5.1 数据仓库技术

目前比较通用的对数据仓库的定义是 W. H. Inmon 在 1996 年提出的，他认为数据仓库是一个面向主题的、集成的、稳定的、包含历史数据的数据集合，用于支持管理决策方案的制订。

数据仓库是实现商务智能的数据基础，是企业长期事务数据的准确汇总。数据仓库完成了数据的收集、集成、存储、管理等工作，商务智能面对的是经过加工的数据，使得商务智能能更专注于信息的提取和知识的发现。数据仓库为商务智能撷取或载入大量原始信息，归并各种数据源的数据，用于支持企业管理和商业决策。商务智能要充分发挥潜力，就必须和数据仓库的发展结合起来。

国内在该领域的研究时间较短，相关的研究集中在简单介绍和一般系统的结构设计上。目前数据仓库的供应商很多，比较著名的有 IBM、Sybase、Oracle、Microsoft 等。IBM 和 Sybase 等公司的数据仓库技术中含有不同的策略和算法。以 IBM 和 Sybase 为例，IBM 在其数据仓库系统中集成了 Intelligent Miner 能够进行典型数据集自动生成、关联发现、序列规律发现、概念性分类和可视化呈现，它可以自动实现数据选择、数据转换、数据发掘和结果呈现这一整套商务智能解决方案。Sybase 公司研发的行业数据仓库架构 IWS 是 Sybase 专家在长期实施数据仓库中所积累的知识和经验的结晶，它不仅提供了各个行业的 CRM

(Customer Relationship Management)模型,而且提供了各行业特定的绩效分析模型。它的产品可以帮助客户识别最有力的客户群,并揭示其中的特性;分析用户访问路径的规律,改善电子商务的策略;通过精确的评分机制提高客户的利润贡献度;进行欺诈检测、客户流失管理、非法侵入检测以及其他需要预测的应用。这些表明了数据仓库技术是商务智能发展的基础,其发展决定了商务智能的未来。

3.5.2 联机分析处理技术

联机分析处理是关系数据库之父 Edgar Frank Codd 博士在 1993 年提出的,它为准确定义多维模型、操纵多维立方体提供了技术基础。利用该技术可以对基于数据仓库中多维的商务数据进行在线分析处理,生成新的商业信息,又能实时监视商务运作的成效,使管理者能自由地与商务数据相互联系。该技术可用于多个领域,例如,市场利润分析、后勤分析、经济预算和预测、税收计划、成本会计等。国内关于该技术在商务智能中的应用的综述性文章较多,缺少较深入的理论研究。其中一个主要原因是由于受到国内数据仓库技术应用的发展限制,缺少具体的实现环境。国内的研究内容主要集中在对技术和概念的介绍以及简单系统的构造应用等方面,如对联机分析处理、数据立方体等基本概念和特点的介绍,对基础立方体集泛化算法的应用。

3.5.3 数据挖掘技术

随着科学技术,特别是计算机科学技术的快速发展,众多数据与信息随之产生,包括网络数据、金融与经济数据、DNA 数据等。随着硬件技术的发展,大量的数据以数字形式保存下来,如各类企业或商业领域中的交易记录与财务报表、科研领域收集的数据等,这些数据中包含着丰富的有用信息,如何处理这些规模巨大的数据,并从中获得有价值的信息与认知早已是信息领域及其他相关专业领域中研究的热点,图 3-10 给出了数据挖掘的 4 种主要任务。

利用计算机技术与数据库技术,可以支持建立并快速存储与检索各类数据库,但传统的数据处理与分析方法与手段难以对海量数据进行有效的处理与分析。利用传统的数据分析方法一般只能获得数据的表层信息,难于揭示数据属性的内在关系和隐含信息。海量数据的飞速产生和传统数据分析方法的不适用性带来了对更有效的数据分析理论与技术的需求。将快速增长的海量数据收集并存放在大型数据库中,使之成为难得再访问,也无法有效利用的数据档案是一种极大的浪费。当需要从这些海量数据中找到人们可以理解与认识的信息与知识,使得这些数据成为有用的数据,就需要有更有效的分析理论与技术及相应工具。将智能技术与数据库技术结合起来,从这些数据中自动挖掘出有价值的信息是解决问题的一个有效途径。对于海量数据与信息的分析与处理,可以帮助人们获得更丰富的知识和科学认识,在理论技术以及实践上获得更为有效且实用的成果。从海量数据中获得有用信息与知识的关键之一是决策者是否拥有从海量数据中提取有价值知识的方法与工具。如何从海量数据中提取有用的信息与知识,是当前人工智能、模式识别、机器学习等领域中一个重要的研究课题。

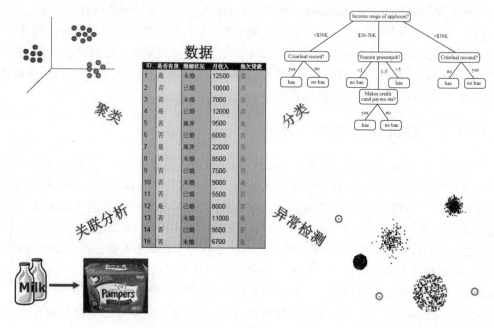

图 3-10 数据挖掘主要任务

对于海量数据,可以利用数据库管理系统来进行存储管理。对数据中隐含的有用信息与知识,可以利用人工智能与机器学习等方法来分析和挖掘,这些技术的结合导致了数据挖掘技术的产生。

数据挖掘技术与数据库技术有着密切关系。数据库技术解决了数据存储、查询与访问等问题,包括对数据库中数据的遍历。数据库技术未涉及对数据集中隐含信息的发现,而数据挖掘技术的主要目标就是挖掘出数据集中隐含的信息和知识。

数据挖掘技术的产生的几个基本条件分别是海量数据的产生与管理技术、高性能的计算机系统,以及数据挖掘算法。激发数据挖掘技术研究与应用的 4 个主要的技术因素如下。

(1) 超大规模数据库的产生,如商业数据仓库和计算机系统自动收集的各类数据记录。商业数据库正在以空前的速度增长,而数据仓库正在被广泛地应用于各行各业。

(2) 先进的计算机技术,如具有更高效的计算能力和并行体系结构。复杂的数据处理与计算对计算机硬件性能的要求逐步提高,而并行多处理机在一定程度上满足了这种需求。

(3) 对海量数据的快速访问需求,如人们需要了解与获取海量数据中的有用信息。

(4) 对海量数据应用统一方法计算的能力。数据挖掘技术已获得广泛的研究与应用,并已经成为一种易于理解和操作的有效技术。

数据挖掘从 1989 年第十一届国际联合人工智能学术会议上正式提出以来,学术界就没有中断过对它的研究。数据挖掘在学术界和工业界的影响越来越大。数据挖掘技术被认为是一个新兴的、非常重要的、具有广阔应用前景和富有挑战性的研究领域,并引起了众多学科研究者的广泛注意。经过数十年的努力,数据挖掘技术的研究已经取得了丰硕的成果。

数据挖掘作为一种"发现驱动型"的知识发现技术,被定义为找出数据中的模式的过程。这个过程必须是自动的或半自动的。数据的总量总是相当可观的,但从中发现的模式必须是有意义的,并能产生出一些效益,通常是经济上的效益。该技术是数据库、信息检索、统计学、算法和机器学习等多个学科多年影响的结果，如图 3-11 所示。

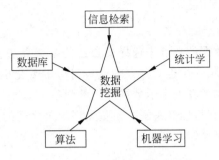

图 3-11　数据挖掘与各学科关系

数据挖掘从作用上可分预言性挖掘和描述性挖掘两大类。预言性挖掘是建立一个或一组模型，并根据模型产生关于数据的预测，可以根据数据项的值精确确定某种结果，所使用的数据也都是可以明确知道结果的。描述性挖掘是对数据中存在的规则做一种概要的描述，或者根据数据的相似性把数据分组。描述型模式不能直接用于预测。

3.5.4　数据挖掘的过程

数据挖掘的过程如图 3-12 所示，主要分为 7 个步骤，首先是定义问题，将业务问题转换为数据挖掘问题，然后选取合适的数据，并对数据进行分析理解，根据目标对数据属性进行转换和选择，之后使用数据对模型进行训练以建立模型。在评价模型对解决业务问题有效之后，将模型进行部署，清晰了每一个步骤间的正常先后顺序，但这与实际操作可能不符。Michael 认为实际中的数据挖掘过程最好视为网状循环而不是一条直线。各步骤之间确实存在一个自然顺序，但是没有必要或苛求完全结束某个步骤后才进行下一步。后面几步中获取的信息可能要求重新考察前面的步骤。

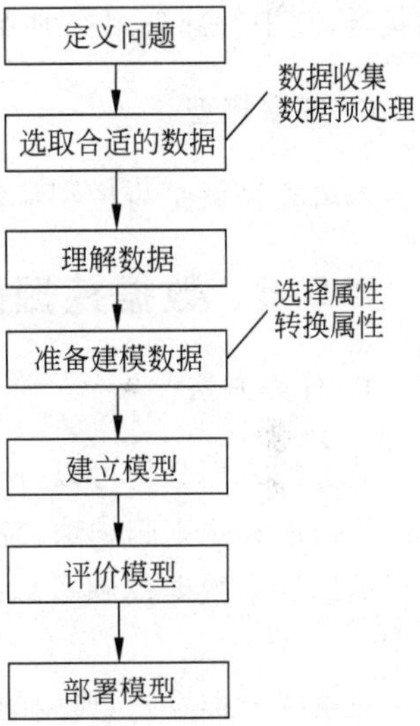

图 3-12　数据挖掘的过程

1．定义问题

数据挖掘的目的是为了在大量数据中发现有用的令人感兴趣的信息，因此发现何种知识就成为整个过程中第一个重要的阶段，这就要求对一系列问题进行定义，将业务问题转换为数据挖掘问题。

2．选取合适的数据

数据挖掘需要数据。在所有可能的情况中，最好是所需数据已经存储在共同的数据仓库中，经过数据预处理，数据可用，历史数据精确且经常更新。

3．理解数据后准备建模数据

在开始建立模型之前，需要花费一定的时间对数据进行研究，检查数据的分布情况，比较变量值及其描述，从而对数据属性进行选择，并对某些数据进行衍生处理。

4. 建立模型

针对特定业务需求及数据的特点来选择最合适的挖掘算法。在定向数据挖掘中，根据独立或输入的变量，训练集用于产生对独立的或者目标的变量的解释。这个解释可能采用神经网络、决策树、链接表或者其他表示数据库中的目标和其他字段之间关系的表达方式。在非定向数据挖掘中，就没有目标变量了。模型发现记录之间的关系，并使用关联规则或者聚类方式将这些关系表达出来。

5. 评价模型

数据挖掘的结果是否有价值，这就需要对结果进行评价。如果发现模型不能满足业务需求，则需要返回到前一个阶段，如重新选择数据、采用其他的数据转换方法、给定新的参数值，甚至采用其他的挖掘算法。目前比较常用的评估技术有两种：K-折交叉确认和保持。K-折交叉确认方法是指把样本数据分成 N 等份，第一次把其中的前 $N-1$ 份用作训练样本，剩下的 1 份用于测试。第二次把不同的 $N-1$ 份用作训练样本，剩下的 1 份用于测试，这样的训练和测试重复 N 遍。保持方法则是指把给定的样本数据随机的划分成两个独立的集合，其中一部分用作训练集，剩下的用于测试集。

6. 部署模型

部署模型就是将模型从数据挖掘的环境转移到真实的业务评分环境。

3.5.5 数据挖掘的主要算法

1. 分类方法

从大的方面分类可以分为机器学习方法、统计方法、神经网络方法等。机器学习方法包括决策树法和规则归纳法，统计方法包括贝叶斯法，神经网络方法主要是 BP 算法。分类算法根据训练集数据找到可以描述并区分数据类别的分类模型，使之可以预测未知数据的类别。

决策树分类算法，典型的有 ID3、C4.5 等算法。ID3 算法是利用信息论中信息增益寻找数据库中具有最大信息量的字段，建立决策树的一个节点，并根据字段的不同取值建立树的分支，在每个分支子集中重复建树的下层节点和分支的过程，建成决策树。C4.5 算法是 ID3 算法的后继版本。

贝叶斯分类算法是在贝叶斯定理的基础上发展起来的，它有几个分支，例如朴素贝叶斯分类和贝叶斯信念网络算法。朴素贝叶斯算法假定一个属性值对给定类的影响独立于其他属性的值。贝叶斯信念网络算法是网状图形，能表示属性子集间的依赖关系。

BP 算法构建的模型是指在前向反馈神经网络上学习得到的模型，它本质上是一种非线性判别函数，适合于在那些普通方法无法解决、需要用复杂的多元函数进行非线性映照的数据挖掘环境下，用于完成半结构化和非结构化的辅助决策支持过程，但是在使用过程中要注意避开局部极小的问题。

2. 关联方法

在关联规则发现算法中典型的是 Apriori 算法,是挖掘顾客交易数据库中项集间的关联规则的重要方法,其核心是基于两阶段频集思想的递推算法。所有支持度大于最小支持度的项集称为频繁项集,简称频集。基本思想是首先找出所有的频集,这些项集出现的频繁性至少和预定义的最小支持度一样;然后由频集产生强关联规则,这些规则必须满足最小支持度和最小可信度。它的缺点是容易在挖掘过程中产生瓶颈,需重复扫描代价较高的数据库。而在多值属性关联算法中典型的 MAGA 算法,它是将多值关联规则问题转化为布尔型关联规则问题,然后利用已有的挖掘布尔型关联规则的方法得到有价值的规则。若属性为类别属性,则先将属性值映射为连续的整数,并将意义相近的取值相邻编号。

3. 聚类方法

聚类方法包括统计分析算法、机器学习算法、神经网络算法等。在统计分析算法中,聚类分析是基于距离的聚类,如欧氏距离、海明距离等。这种聚类分析方法是一种基于全局比较的聚类,它需要考察所有的个体才能决定类的划分。

在机器学习算法中,聚类是无监督的学习。在这里,距离是根据概念的描述来确定的,故此聚类也称概念聚类。当聚类对象动态增加时,概念聚类则转变为概念形成。

在神经网络算法中,自组织神经网络方法可用于聚类,如 ART 模型、Kohonen 模型等,它是一种无监督的学习方法,即当给定距离阈值后,各个样本按阈值进行聚类。它的优点是能非线性学习和联想记忆,但也存在一些问题,如不能观察中间的学习过程,最后的输出结果较难解释,从而影响结果的可信度及可接受程度。其次,神经网络需要较长的学习时间,对大数据量而言,其性能会出现严重问题。

4. 预测序列方法

指数平滑算法是在移动平均法基础上发展起来的一种时间序列分析预测法,它是通过计算指数平滑值,配合一定的时间序列预测模型对现象的未来进行预测的。它能减少随机因素引起的波动和检测器错误。

灰色预测算法是建立在灰色预测理论的基础上的,在灰色预测理论看来,系统的发展有其内在的一致性和连续性,该理论认为,将系统发展的历史数据进行若干次累加和累减处理,所得到的数据序列将呈现某种特定的模式(如指数增长模式等),挖掘该模式然后对数据进行还原,就可以预测系统的发展变化。灰色预测法是一种对含有不确定因素的系统进行预测的常用定量方法。通常说来,在宏观经济的各行业中,由于受客观政策及市场经济等各方面因素影响,可以认为这些系统都是灰色系统,均可以用灰色预测法来描述其发展、变化的趋势。灰色预测是对既含有确定信息又含有不确定信息的系统进行预测,也就是对在一定范围内变化的、与时间序列有关的灰色过程进行预测。尽管灰色过程中所显示的现象是随机的,但毕竟是有序的,因此我们得到的数据集合具备潜在的规律。灰色预测通过鉴别系统因素之间发展趋势的相异程度(即进行关联分析),并对原始数据进行新序列生成的手段来寻找系统变动的规律,生成有较强规律性的数据序列,然后建立相应微分方程模型,以此来预测事物未来的发展趋势的状况。

回归技术中线性回归模型是通过处理数据变量之间的关系,找出合理的数学表达式,并结合历史数据来对将来的数据进行预测的。

3.6 信息系统技术

有了以上的电子商务活动中的技术后,需要一个平台来集成这些基础,这就是信息系统。电子商务的基础是信息系统,必须依靠信息系统技术支撑。在电子商务信息系统中,电子是工具,商务是本质,电子是信息系统。电子商务系统是电子商务的神经系统,是不可或缺的,没有了它,电子商务就完全不存在了。一个没有前端网站的电子商务是无法进行的,所以电子商务必须依靠电子手段,因此信息系统对于电子商务来说是至关重要的。

(1) 电子商务要为业务服务,它不是一个虚无缥缈的纯研究的课题,它是要我们的业务进行流程化、信息化,要支持企业的商务业务。这是电子商务信息系统的一个基本功能。

(2) 电子商务信息系统是提高效率、降低成本的。电子商务由于其给用户带来的价值而被认同。首先第一个价值就是价格便宜,成本低。在降低成本、提高效率方面,电子商务信息系统发挥着重要的作用。

(3) 电子商务信息系统是客户体验的保证。电子商务信息系统的好与坏对客户体验尤为重要,这个体验是宏观的,从客户登录电子商务网站到收取货物中的各个阶段,都有信息系统的参与。

(4) 电子商务信息系统是可持续发展的保障。如果一个电子商务企业在网站上通知本周开始系统维修,停业整顿一个月,对这个企业的电子商务而言是很难想象的。因此电子商务信息系统是电子商务企业可持续发展的保障。

电子商务系统是保证以电子商务为基础的网上交易实现的体系。市场交易是由参与交易双方在平等、自由、互利的基础上进行的基于价值的交换。网上交易同样遵循上述原则。作为交易中两个有机组成部分,一是交易双方信息沟通,二是双方进行等价交换。在网上交易,其信息沟通是通过数字化的信息沟通渠道而实现的,一个首要条件是交易双方必须拥有相应信息技术工具,才有可能利用基于信息技术的沟通渠道进行沟通。同时要保证能通过Internet进行交易,必须要求企业、组织和消费者连接到Internet,否则无法利用Internet进行交易。在网上进行交易,交易双方在空间上是分离的,为保证交易双方进行等价交换,必须提供相应货物配送手段和支付结算手段。货物配送仍然依赖传统物流渠道,对于支付结算既可以利用传统手段,也可以利用先进的网上支付手段。此外,为保证企业、组织和消费者能够利用数字化沟通渠道,保证交易顺利进行的配送和支付,需要由专门提供这方面服务的中间商参与,即电子商务服务商。

电子商务服务商广义上是指支持电子商务活动的电子技术手段的集合。狭义上是指狭义的电子商务系统,在Internet和其他网络的基础上,以实现企业电子商务活动为目标,满足企业生产、销售、服务等生产和管理的需要,支持企业的对外业务协作,从运作、管理和决策等层次全面提高企业信息化水平,为企业提供商业智能的计算机系统。

电子商务系统是在Internet信息系统的基础上,由参与交易主体的信息化企业、信息化组织和使用Internet的消费者主体,提供实物配送服务和支付服务的机构,以及提供网上商务服务的电子商务服务商组成。

(1) Internet 信息系统。电子商务系统的基础是 Internet 信息系统,它是进行交易的平台,交易中所涉及的信息流、物流和货币流都与信息系统紧密相关。Internet 信息系统是指企业、组织和电子商务服务商,在 Internet 网络的基础上开发设计的信息系统,它可以成为企业、组织和个人消费者之间跨越时空进行信息交换的平台,在信息系统的安全和控制措施保证下,通过基于 Internet 的支付系统进行网上支付,通过基于 Internet 物流信息系统控制物流的顺利进行,最终保证企业、组织和个人消费者之间网上交易的实现。因此,Internet 信息系统的主要作用是提供一开放的、安全的和可控的信息交换平台,它是电子商务系统的核心和基石。

(2) 企业、组织与消费者。企业、组织与消费者是 Internet 网上市场交易主体,他们是进行网上交易的基础。由于 Internet 本身的特点及加入 Internet 的网民的倍速增长趋势,使得 Internet 成为非常具有吸引力的新兴市场。一般来说,组织与消费者上网比较简单,因为他们主要是使用电子商务服务商提供的 Internet 服务来参与交易。企业上网则是非常重要而且是非常复杂的。这是因为,一方面企业作为市场交易一方,只有上网才可能参与网上交易;另一方面,企业作为交易主体地位,必须为其他参与交易方提供服务和支持,如提供产品信息查询服务、商品配送服务、支付结算服务。因此,企业上网开展网上交易,必须系统规划建设好自己的电子商务系统。

随着 Internet 的发展给传统应用软件开发带来了深刻的影响,基于 Internet 和 Web 的电子商务软件和应用系统无疑需要更为开放和灵活的体系结构,3 层体系结构的出现正好解决这些问题。

3 层体系结构中,客户请求信息、程序处理请求和数据操作被物理隔离。3 层结构能把显示逻辑从业务逻辑中分离出来,实现代码独立。业务逻辑层处理中间层,可与后端系统保持相对独立,有利于系统扩展。随着技术发展和安全需求,在传统 3 层体系结构上扩展了为数据进行持久化的数据资源层和为保证系统底层数据安全的安全体系层扩展为 5 层体系架构。以某移动通信产品电子商务系统为例,根据电子商务系统的基本需求分析,该系统 5 层体系架构如图 3-13 所示。

如果说 5 层体系架构是设计的纵向分层,那么模块划分就可以说是业务的横向分离。分销管理的组织是由不同的职能部门组合在一起的,其对应的业务也有一定程度的不同,对应到信息化平台的设计上,就要抽象出不同的业务模块,来完成不同的工作,所有业务模块的组合,就构成了整个分销管理系统的体系结构。对于模块的划分,有以下几个原则。

(1) 模块功能原子性。通过对业务需求的提炼,使具体的功能原子化,做到功能与功能之间的松耦合。一个功能进行修改,尽量不要影响到其他的功能模块。

(2) 模块功能间接口的标准化。各个模块之间进行数据交流,以便配合完成一个具体的业务流程。模块接口的标准化,对模块与模块之间的拆卸、组合提供了依据,方便业务流的调整。

5 层体系架构详细介绍如下。

(1) 应用展现层。系统用户界面元素,为系统的用户交互层,提取封装用户的交互请求,提交至应用逻辑层,得到返回信息,封装成页面元素。包括查询搜索、管理控制、信息维护、报表处理等。

（2）应用逻辑层。业务/域类，也为实体，实现应用程序里的基本域类型，根据业务划分相关的处理模块，作为一个个具备耦合或非耦合的实体沟通于应用展现层与应用服务层之间，体现了应用系统所能纳入的业务处理范围。

（3）应用服务层。提供用以支撑的服务，是应用逻辑业务得以实现的底层支持，一般包括数据交互处理的基本服务，文件处理的基本服务，安全限制的基本服务，一些公共基本服务等。

（4）数据资源层。是应用数据的持久层，包括关系型数据库、文件等使得业务数据得以持久化的服务体系，是应用得以运转实施的基本。

（5）安全体系层。贯穿应用系统，为应用系统提供可靠保障的安全控制体系。

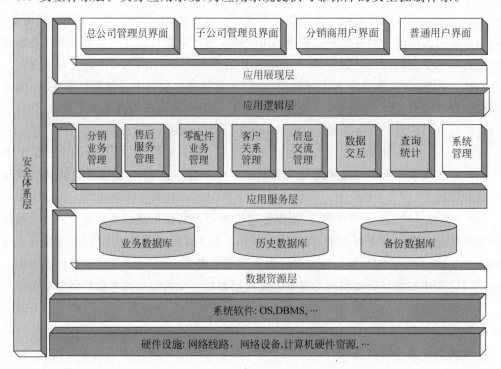

图 3-13　电子商务系统体系架构图

而电子商务信息系统主要包括计算机网络环境、计算机系统、系统集成及开发方面的有关标准以及产品的设计与选择。这一部分主要对应于电子商务系统体系结构中的基础支持层，一般对于企业而言，这一部分主要通过选用合适的产品来实现。电子商务信息系统包括 Internet、Intranet 和 Extranet 3 个组成部分，其基本的网络逻辑结构如图 3-14 所示。

总的来说一个良好的电子商务系统的网络环境应当满足以下的要求。

（1）支持网络的互联和应用的互操作。

（2）能够隔离和控制对系统的访问，保证网络设备的安全。

（3）网络环境是可以管理的。

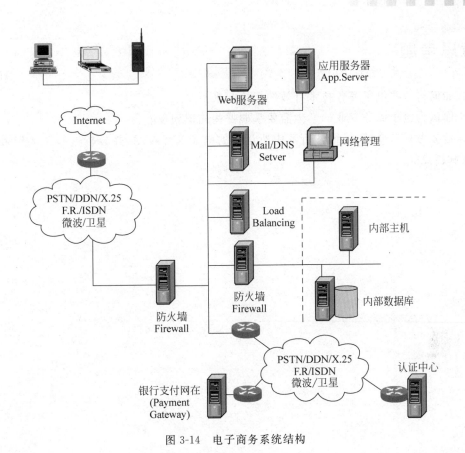

图 3-14 电子商务系统结构

本章小结

本章介绍了电子商务技术的知识化体系结构,主要包括了商务活动中的信息处理,信息采集技术,信息存储技术,信息传输技术,信息处理技术,信息系统技术。这些技术都是电子商务活动赖以存在的基础。同时伴随着移动计算和信息访问需求的日益增加,电子商务技术将出现许多新的问题。移动电子商务技术必将成为一个热点问题。下一代移动电子商务的技术必将与无线和有线通信网络实现无缝、以有利于内容开发者为无线因特网提供更多的服务。

将来我们在计算机前的时间越来越少,在手机前的时间越来越长。种种迹象都在证明移动互联网在不久的将来会超过桌面互联网。移动互联网使得用户连接网络,发布信息,分享信息,获取信息的成本降低。移动电子商务是传统的电子商务的补充,二维码是传统媒体连接到互联网的一种途径,优惠和点评信息给移动互联网用户带来实际价值。在信息繁杂的今天,"推送"用户所喜好的信息和产品将会成为未来的移动互联网的一个重要方向。

本章思考题

1. 如何将这些电子商务技术有效的衔接起来？
2. 你认为电子商务专业的学生需要掌握哪些知识和技能？
3. 请参考京东商城，仔细分析其中所运用的电子商务技术，并分析这些技术带来了哪些方便和优点。

第 4 章 电子商务专业核心知识体系

引导案例

海尔集团电子商务解决方案

海尔集团是一个以家电为主,集科研、生产、贸易及金融等领域为一体的国际化企业。目前已拥有包括白色家电、黑色家电、米色家电在内的 69 大门类 10 800 多个规格品种的产品群;在海外建立了 38 000 多个营销网点,产品已销往世界 160 多个国家和地区。

电子商务是海尔的必由之路。网络经济时代的到来,企业如何发展,是个崭新而迫切的问题。进军电子商务是海尔国际化战略的必由之路。

海尔向电子商务领域进军,是以虚实结合的策略为指导。在推进电子网络的同时,不断夯实商务基础。海尔认为,"对于电子商务,最重要的不是在于投资网络,而是在于建立自己的物流体系、商流体系、资金流体系。这样效益可以高速地增长,原来的基础在进入电子商务时可以迅速得到扩大"。

海尔从两方面为进入电子商务领域做好准备。一是准备好电子商务必备条件,配送网络和支付网络。二是调整企业内部的组织结构,使其能够适应外部电子商务的要求。

1. HAIER 的重新定义

根据新经济下的特点,海尔对 HAIER 5 个字母给予了重新定义。H:Haier and Higher;A:@网络家电;I:Internet and Intranet;E:www.ehaier.com;R:Haier 的世界名牌的注册商标。这 5 个字母的新含义,涵盖了海尔电子商务的发展战略、产品研发趋势、网络基础、电子商务平台、品牌优势 5 大方面。海尔电子商务的特色由"两个加速"来概括,首先是加速信息的增值:无论何时何地,只要用户单击 www.ehaier.com,海尔可以在瞬间提供一个 E+T>T 的惊喜;E 代表电子手段,T 代表传统业务,即传统业务优势加上电子技术手段大于传统业务,强于传统业务。其次是加速与全球用户的零距离,无论何时何地,只要用户需要马上就能满足用户需求。

2. 做与众不同的电子商务模式

海尔根据企业自身的特点,建立了具有鲜明个性和特点的垂直门户网站,通过电子商务手段更进一步增强了海尔在家电领域的竞争优势,不靠提高服务费来取得盈利,而是以提高在 B2B 的大量交易额和 B2C 个性化需求方面的创新。青岛用户徐先生是位艺术家,家里的摆设都非常富有艺术气息。徐先生一直想买台冰箱,他想,要是有一台表面看起来像件艺术品又很实用的冰箱就好了。徐先生从网上看到"用户定制"模块,随即设计了一款自己需要的冰箱。他的杰作很快得到海尔的回音:一周内把货送到。

3. 发挥海尔电子商务的优势

海尔实施电子商务凭借的是"一名两网"的优势,"一名"是名牌,"两网"即指海尔的销售网络和支付网络。海尔遍布全球的销售、配送、服务网络以及与银行之间的支付网络,是解决电子商务难题的答案。海尔在全国大城市有 40 多个电话服务中心,1 万多个营销网点,甚至延伸到 6 万多个村庄。这就是为什么有些网站对订货区域有限制而海尔可以在全国范围内实现配送的原因。

4. 搭建电子商务平台

海尔是国内大型企业中最早进入电子商务业务的公司之一,率先推出了电子商务业务平台。为进入一体化的世界经济,海尔累计投资 1 亿多元建立了自己的 IT 支持系统,为电子商务服务。目前,在集团内部有内部网、有 ERP 的后台支持体系,有 7 个工业园区,各地还有工贸公司和生产基地。相互之间的信息传递,没有内部网络的支持是难以想象的。海尔的电子商务平台即将发展为公用的平台,既可以销售海尔的产品,也能销售其他各类产品;既可为海尔自身的采购需求服务,也能为第三方采购和配送服务。

5. 利用网络放大海尔的优势

海尔将利用系统,进一步优化供应方。如果上网,就可以加快这种优化的速度。一个小螺丝钉到底世界上谁生产得最好,通过网络马上就会知道。这不仅仅是简单的价格降低,关键是找到了最好的供应方。正是这种交流,海尔在短时间内建立了两个国际工业园,引进了国际上最好的供应方到青岛建厂,为海尔配套。海尔电子商务系统还处在进一步的建设和完善中,将充分利用海尔"一名两网"的优势,通过网络连接用户,大力推进 CRM 系统的建立,以具有充分个性化的产品和特色服务保持住原有客户、挖掘新客户、关注潜在客户。

6. 大举进军网络销售

全球金融危机,给海尔集团这样以制造业为主体的企业带来不小的冲击。同时,制造企业受国美、苏宁等家电连锁卖场的渠道盘剥愈发严重。在此大背景下,海尔集团开始了以互联网、电话网、电视网三网融合的海尔电子商务升级战略,海尔在电子商务网站上的销售费用率仅仅几个百分点,远低于电器卖场。

电子商务不仅改变了海尔企业营销方式,而且推动了企业对管理理念、决策方式、业务过程等战略性的思考和变革。最为重要的是,电子商务支持并形成战略性伙伴关系和虚拟企业。尤其在今天,信息化大潮已不可逆转。正如英特尔前任董事长安迪·葛罗夫在华盛顿经济战略管理学院发表演讲时宣称那样,"5 年后将不再有互联网公司,因为那时所有的公司都将是互联网公司"。

4.1 电子商务下的核心问题

电子商务以其独特的优势已成为新世纪经济增长的引擎,目前已受到我国企业的广泛关注,这必将对我国企业的竞争力与经济增长产生重大影响。然而,我国企业发展电子商务仍存在许多阻碍和制约因素,这些问题若不获得实质性解决,必会影响我国企业发展电子商务的进程。

1. 基础设施建设

电子商务的基础是企业信息化、商业电子化和金融数字化。只有金融网和商业网互联,才能使电子货币流通成为可能。在大规模的商业电子化与金融数字化网络形成及正常运行之前,它的生存发展空间是有限的。具体而言,整个企业的局域网建设要达到一定水平;广域网形成一定规模;实现Internet和Intranet的改造升级;商业电子化与金融数字化所需基础设施完备;实现电子货币(IC卡、电子支票、电子钱包等)的流通,具备这些条件,电子商务才可成功。加强基础网络建设,形成闭合的全电子化循环,电子商务才具有现实意义。基础设施建设的关键是企业间协调,部门分割、地区封闭形成不了真正的电子商务。

2. 企业信息意识与观念的转变

观念的转变应是企业面临的首要问题,这在我国尤为重要。企业要考虑如何将传统意识向现代化信息环境转移,应充分意识到当前社会是信息化社会,其运行结构是以网络为基础的计算机环境。

电子商务的推广需要人们在观念上发生根本转变。应充分认识到电子商务是一种全新的服务模式,对传统企业的发展有巨大影响,对传统营销模式会形成强烈冲击。

3. 安全问题

安全问题始终是电子商务的一个难点和焦点。Internet的诞生并非因为商业目的,而是为了能方便地共享信息资源,所以Internet的TCP/IP协议及源代码的开放与共享是适应当时的需要,要在Internet上进行安全的电子商务显得勉为其难。因此,人们需要在现有的基础上增加一些安全技术措施,如防火墙、信息加密、数字签名、身份认证等以保证数据的保密性、完整性和不可抵赖性。

开展电子商务的另一个突出问题是解决网上购物、交易和结算中的安全问题,包括网上购物、交易、结算主体之间建立信任问题。

在我国,网络产品几乎都是"舶来品",本身就隐藏着安全隐患,加之受技术、人为等各种因素的影响,不安全因素就更显突出。目前,电子签名和认证是网上较为成熟的安全手段。而在我国,大多还处在对SSL协议的应用上,在SET协议上的应用刚刚起步,若要完全实现SET协议安全支付,就须建立CA认证中心。当前,我国CA认证权的归属问题尚未确定,在信息安全保密体制上究竟由谁管理?如何管理?管理的方法是什么?这些问题都亟待解决。

4. 电子商务相关立法相对滞后

基于互联网的企业电子商务活动是全球化、数字化、虚拟化的，它涉及税收、信息安全、知识产权、隐私权保护等诸多法律问题。在线交易当事人权利义务的认定用现行法律难以适用，因此，要确保各方当事人的合法权益，保证企业电子商务活动的健康、有序进行，必须加强电子商务的相关立法。现今，我国发展电子商务的有关政策还不够明朗，尤其是专门用于保障企业电子商务发展的相应的法律法规尚不健全，电子交易双方的法律关系与法律责任难以得到有效保障，跨地区、跨部门的协调存在较大问题。

5. 物流配送服务体系尚不完善

物流管理是保证企业生产经营持续进行的必要条件。企业的生产经营活动，表现为物质资料的流入、流出过程。一旦某个环节不能及时获取所需物资，企业正常的经营活动秩序就会被扰乱。我国电子商务发展的另一大障碍是没有一个适应电子商务需求的全国性货物配送体系。目前，在我国第三方物流体系发展不健全、配送效果不佳的状况下，多数从事电子商务的公司主要依靠其内部建立的物流平台，通常其效率不高，规模不大，且较为零散。但即使是这样的内部平台，也是许多小公司所无法企及的。由此可见，国内的物流状况与电子商务交易所需配送服务的要求还有很大差距。

6. 我国电子商务人才培养与教育

现在，电子商务已成为全球具有战略意义的一种经营管理手段。但电子商务实施又是一项庞大的系统工程，其中人才的培养和教育问题在电子商务高速发展的今天尤显突出。

电子商务所需人才可分为3个层次：技术服务层、一般管理人员层（企业中层管理人员、财务人员、中低级政府部门）和高级管理人员层。主要体现在两个层次上：一是主要管理技术层面的东西，如网站建设、系统管理，这类人才相对较充足。另一部分是高级系统管理级的人员，这一部门人员相对于需求来说比较缺乏，其管理层面的能力还有所欠缺。电子商务的教育在很大程度上忽视了这部分人员的学习需求。不过，随着电子商务的发展，这一部门的人员需求将会越来越旺盛。

7. 受传统经销商和中间商的抵触

大多数电子商务企业采取与直销相结合的销售模式，从而大大节省了因中间商产生的渠道费用，避免了商铺租赁、库存等费用，降低了成本，最终商品价格比传统经销商优惠许多，进而压缩了传统经销商和中间商的利润空间。

8. 传统购物观念的制约

网上购物的发展不仅意味着机遇和挑战，重要的是消费意识和观念的彻底改变。传统的商业观念阻碍了网上购物的发展，因此，我们应该通过各种媒体的广泛宣传和教育，转变消费者的观念。媒体不能只揭露网上购物发展中的负面问题，也要适当宣传其好的一面，通过正面积极的引导，增强人们对网上购物的信心，调动人们参与网上购物的热情，转变全民的消费观念，促进网上购物的发展。

4.2 网站开发技术

1. 为什么要建立网站？它的作用是什么？

(1) 建立企业自己的网站，树立企业在科技信息时代的完美形象。作为第四媒体的互联网，用户可以跨越时空了解企业，利用多媒体技术，企业可以向用户展示产品、技术、经营理念、企业文化、企业形象，树立现代企业形象，增值企业无形资产。

(2) 宣传企业，创造销售机会。据调查，有超过 30% 的人是通过上网查询企业的电话和地址的，这一比例和通过 114 查询的比例相接近，可见企业网站已成为许多人首次接触企业、了解相关信息的选择。

(3) 加强客户沟通宣传企业产品。企业可以通过网站建立与客户沟通的便捷渠道，全面展示企业的所有产品。网络科技足以令您的产品与品牌形象更加立体地呈现在用户面前，就算企业仅仅把网站当成电子宣传册来使用，也比传统的宣传模式更加多姿多彩、更加易于发布与传播、更加经济与环保。

(4) 丰富营销手段，扩大产品销售渠道。企业网站可以满足一部分客户网上查询与采购的需要，抓住网络商机。企业通过网站可以开展电子营销。首先，电子营销作为传统营销的补充。其次，电子营销可以拓展新的空间，增加销售渠道，接触更大的消费群体，获得更多的新顾客，扩大市场。再次，电子营销可以减少环节，减少人员，节约费用，降低成本，有利于提高营销效率。

(5) 有利于了解顾客的意见，掌握顾客的需求在不干扰顾客正常工作和生活的条件下，企业通过网站上的调查表、留言簿、定制服务以及 E-mail 可以倾听顾客的意见，了解顾客的心声，加强企业与顾客间的联系，建立良好的顾客关系。

(6) 有利于改善服务，提高企业服务质量。利用网站，通过电子沟通方式，企业开展的在线服务是传统的沟通方式不能比拟的，在线服务能够更加及时准确地掌握用户的需求，通过网站的交互式服务使得被动提供和主动获得统一起来，从而实现售前、售中、售后的全过程和全方位的服务。

(7) 降低企业销售成本。利用电子商务，降低企业销售成本及原材料采购成本，提高产品竞争力。利用电子商务与客户建立方便的联络方式进行业务洽谈。同时主动在网上查询所需原材料及配件的相关生产厂家的信息，并与其直接联系采购，从而有效降低了采购成本。

综上所述，一个好的企业网站所能起的作用是不可低估的，它既是体现现代企业形象的标志，又是企业管理非常实用的工具。对企业的宣传、营销手段上一个新的台阶。

淘宝网是中国电子商务服务业的典型代表。它已经成为中国最大的 C2C 网站，成为中国电子商务的一个符号。2010 年，淘宝网注册用户达到 3.7 亿，在线商品数达到 8 亿种，最多时每天 6000 万人访问网站，淘宝网平均每分钟售出 4.8 万件商品。2010 年 11 月 11 日，淘宝网单日交易额达到 19.5 亿元，超过北京、上海、广州 3 个国内一线城市的单日社会消费品零售总额。截止到 2010 年 12 月 31 日，淘宝网创造了超过 182.3 万的直接就业机会，为相关产业链创造了超过 500 万个就业岗位，淘宝网首页如图 4-1 所示。

图 4-1　淘宝网首页

2. 网站与网页的区别

网站是有独立域名、独立存储空间的内容集合，这些内容可能是网页，也可能是程序或其他文件，不一定要有很多网页，主要有独立域名和空间，哪怕只有一个页面也叫网站。

网页是网站的组成部分。拥有很多网页而没有独立的域名和空间也只能说是网页，企业系统里的企业页面，尽管有很多页面，功能也齐全，但都不能叫网站。

结论：网站是一个系统，它包括了若干网页、后台程序、数据库、域名等。

那么怎样建立一个企业网站？需要什么工具？下面将对网站建立常用的一些工具做一个简单的概述。

4.2.1　HTML

HTML（Hyper Text Markup Language，超文本标记语言或超文本链接标示语言）是目前网络上应用最为广泛的语言，也是构成网页文档的主要语言。HTML 是用于在 WWW 上发布超文本的标记语言，是一种结构化的描述语言。大多数的编辑工具（从最简单的文本编辑器到复杂的可视化编辑工具）都可以用来编辑或处理 HTML 文件。HTML 使用类似"＜tag＞…＜/tag＞"的结构来描述头部信息、段落、列表、超链接等所有内容。

设计 HTML 的目的是为了能把存储在一台计算机中的文本或图形与另一台计算机中的文本或图形方便地联系在一起，形成有机整体，人们不用考虑具体信息是在当前计算机上还是在网络的其他计算机。我们只需使用鼠标在某个文档中单击一个图标，Internet 就会马上转到与此图标相关的内容上去，而这些信息可能存储在网络的另一台计算机中。HTML 文本是由 HTML 命令组成的描述性文本，HTML 命令可以说明文字、图形、动画、声音、表格、链接等。HTML 的结构包括头部（Head）、主体（Body）两大部分，其中头部描述浏览器所需信息，而主体则包含所要说明的具体内容。

另外，HTML 是网络的通用语言，它允许网页制作人建立文本与图片相结合的复杂页面,这些页面可以被网上任何人浏览到,无论使用的是什么类型的计算机或浏览器。

HTML 元素是构成 HTML 文档的基本单位,它通常由起始标记、内容和结束标记 3 个部分组成。标记是由"<"和">"符号括起来的具有特定含义的字符串,例如<p>是段落标记、<img>是图片标记。每一个标记都有对应的起始标记和结束标记,结束标记与起始标记唯一区别就在于"< "后多了一个"/ "字符,如表格起始标记为<table>,结束标记为</table >。元素的内容可以是任何合法的字符串,它放在起始标记和结束标记之间,与它们一起构成完整的 HTML 元素。

下面用 Windows 记事本来制作一个最简单的网页,如图 4-2 所示。

```
< html >
< head >
< title >欢迎光临张灯结彩小店</title >
</head >
< body >
< h2 align = "left" >< font color = "red" face = "隶书" >
欢迎进入张灯结彩网</font >
< p >
< img border = "0" src = "e:\myweb\2.gif" width = "228" height = "180">
</p>
</h2>
< h5 align = "left" >< font color = "blue" face = "幼圆">有事联系我:
< a href = "mailto:张灯结彩 2012@263.com">张灯结彩 2012@263.com
</a></font></p>
</body >
</html >
```

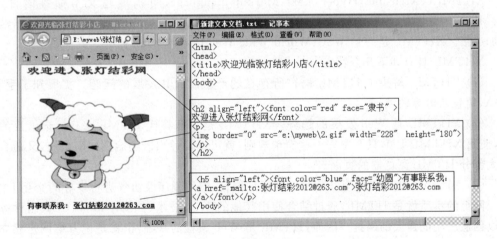

图 4-2 最简单的网页

4.2.2 XML

在国内,很多人认为 XML(eXtensible Markup Language,可扩展标识语言)是 HTML 的简单扩展,其实这是一种误解。XML 与 HTML 的设计区别是:XML 是用来存储数据的,重在数据本身;而 HTML 是用来定义数据的,重在数据的显示模式。

XML 是一种元标记语言,所谓"元标记"就是开发者可以根据自己的需要定义自己的标记,如开发者可以定义标记＜book＞、＜name＞,任何满足 XML 命名规则的名称都可以标记,这就为不同的应用程序打开了大门。HTML 是一种预定义标记语言,它只能识别诸如＜html＞、＜p＞等已经定义的标记,而不能识别用户自定义的标记。另外,XML 是一种语义、结构化语言,它描述了文档的结构和语义。

例如,在 HTML 中,要描述一本书,可以如下表示:

＜dt＞book name
＜dd＞author_name＜ul＞＜li＞publisher_name;;;＜li＞isbn_number＜ul＞

在 XML 中,同样的数据表示为:

＜book＞
＜title＞book name＜/title＞
＜author＞authorname＜/author＞
＜publisher＞publisher name＜/publisher＞
＜isbn＞isbn_number＜/isbn＞
＜/book＞

从上面的对比可以看出,XML 的文档是有明确语义并且是结构化的。XML 是一种通用的数据格式,从低级的角度看,XML 是一种简单的数据格式,100％的 ASCII 文本,而 ASCII 的抗破坏能力很强。不像压缩数据和 Java 对象,只要破坏一个数据文件数据就不可阅读。从高级的角度看,是一种自描述语言。

4.2.3 XHTML

XHTML(eXtensible Hyper Text Markup Language,可扩展超文本标签语言)以 HTML 4.0 为范本,然后按照 XML 的语法规则重新对 HTML 的规则进行了扩展,语法上更加严格。XHTML 是一个 W3C(World Wide Web Consortium)标准。

XHTML 具有如下几个特点。

(1) XHTML 解决了 HTML 语言所存在的严重制约其发展的问题。扩展到了手机、PDA、信息家电等领域。

(2) XHTML 是 Web 发展的趋势。XHTML 是当前替代 HTML 4.0 标记语言的标准,使用 XHTML 1.0,只要遵守一些简单规则,就可以设计出既适合 XML 系统,又适合当前大部分 HTML 浏览器的页面。

(3) XHTML 能与其他基于 XML 的标记语言、应用程序及协议进行良好的交互工作。

网页的本质就是 HTML,通过结合使用其他的 Web 技术(如脚本语言、CGI、组件等),可以创造出功能强大的网页。因而,HTML 是 Web 编程的基础,也就是说万维网是建立在超文本基础之上的。作为网页制作者不必详细了解 HTML,可由网页制作软件为我们自动生成 HTML 语言。

4.2.4 网页制作工具

1. Microsoft FrontPage

如果对 Word 很熟悉,那么用 FrontPage 进行网页设计会非常顺手。使用 FrontPage

制作网页,能真正体会到"功能强大,应用简单"的含义。页面制作由 FrontPage 中的 Editor 完成,其工作窗口由 3 个标签页组成,分别是"所见即所得"的编辑页、HTML 代码编辑页和预览页。FrontPage 带有图形和 GIF 动画编辑器,支持 CGI 和 CSS。向导和模板都能使初学者在编辑网页时感到更加方便。

FrontPage 最强大之处是其站点管理功能。在更新服务器上的站点时,不需要创建更改文件的目录。FrontPage 会为你跟踪文件并拷贝那些新版本文件。FrontPage 是现有网页制作软件中唯一既能在本地计算机上工作,又能通过 Internet 直接对远程服务器上的文件进行工作的软件。

2. Dreamweaver

Dreamweaver 是一个优秀的网页设计软件,它包括可视化编辑、HTML 代码编辑的软件包,并具有支持 ActiveX、JavaScript、Java、Flash、Shockwave 等的特性,而且它还能通过拖曳从头到尾制作动态的 HTML 动画,支持动态 HTML 的设计,使得页面没有 Plugin 也能够在 Netscape 和 IE 7.0 浏览器中正确地显示页面的动画。同时它还提供了自动更新页面信息的功能。

Dreamweaver 采用了 Roundtrip HTML 技术。这项技术使得网页在 Dreamweaver 和 HTML 代码编辑器之间进行自由转换,HTML 句法及结构不变。这样,专业设计者可以在不改变原有编辑习惯的同时,充分享受到可视化编辑带来的益处。Dreamweaver 最具挑战性和生命力的是它的开放式设计,这项设计使任何人都可以轻易扩展它的功能。

4.2.5 动态网页制作工具

1. ASP 介绍

ASP 是一套微软开发的服务器端脚本环境。ASP 是微软公司开发的代替 CGI 脚本程序的一种应用,它可以与数据库和其他程序进行交互,是一种简单、方便的编程工具。ASP 网页文件的格式是.asp,现在常用于各种动态网站中。ASP 是一种服务器端脚本编写环境,可以用来创建和运行动态网页或 Web 应用程序。ASP 网页可以包含 HTML 标记、普通文本、脚本命令以及 COM 组件等。利用 ASP 可以向网页中添加交互式内容(如在线表单),也可以创建使用 HTML 网页作为用户界面的 Web 应用程序。ASP 网页具有以下特点。

(1) 利用 ASP 可以实现突破静态网页的一些功能限制,实现动态网页技术。

(2) ASP 文件包含在 HTML 代码所组成的文件中,易于修改和测试。

(3) 服务器上的 ASP 解释程序会在服务器端定制 ASP 程序,并将结果以 HTML 格式传送到客户端浏览器上,因此使用各种浏览器都可以正常浏览 ASP 所产生的网页。

(4) ASP 提供了一些内置对象,使用这些对象可以使服务器端脚本功能更强。

(5) ASP 可以使用服务器端 ActiveX 组件执行各种各样的任务。

(6) 由于服务器是将 ASP 程序执行的结果以 HTML 格式传回客户端浏览器,因此使用者不会看到 ASP 所编写的原始程序代码,可防止 ASP 程序代码被窃取。

2. ASP.NET 介绍

ASP.NET 是微软力推的功能强大的编程环境,可以使用 C# 等多种高级语言及脚本语言、HTML、XML、XSL(eXtensible Stylesheet Language)等来创建基于网络的应用程序。ASP.NET 将 C# 作为一种面向对象语言,在很多方面来看,C# 将成为微软与 Java 相似的语言。C# 是 ASP.NET 开发中一个最重要的功能,微软会将 C# 发展成为 Java 的强劲对手,这也是微软.NET 框架的一个重要组成部分。C# 是微软在编程语言领域击败对手的主要工具。

ASP.NET 在面向对象性、数据库连接、大型站点应用等方面都优于 ASP 程序,ASP.NET 还提供更多的其他方面的新特性。例如:

(1) 内置的对象缓存和页面结果缓存。

(2) 内置的 XML 支持,可用于 XML 数据集的简单处理。

(3) 服务器控制提供了更充分的交互式制等。

ASP.NET 依然完全锁定在微软的操作系统中,要真正发挥 ASP.NET 潜力,要使用 C# 或 VB.NET。这两种语言将成为 ASP.NET 标准的核心的脚本语言。

ASP.NET 的主要特点如下:

(1) 执行效率得到大幅提高。ASP.NET 是把基于通用语言的程序在服务器上运行。不像以前的 ASP 即时解释程序,而是将程序在服务器端首次运行时进行编译,这样的执行效果,当然比逐条解释更好。

(2) 世界级的工具支持。ASP.NET 构架是可以用 Microsoft(R)公司最新的产品 Visual Studio.NET 开发环境进行开发,具有"所见即为所得"的编辑功能。

(3) 具有强大性和适应性。因为 ASP.NET 是基于通用语言编译运行的程序,所以它的强大性和适应性,可以使它运行在 Web 应用软件开发者的几乎全部的平台上。通用语言的基本库、消息机制、数据接口等的处理都能无缝的整合到 ASP.NET 的 Web 应用中。ASP.NET 同时也是语言独立化的(Language-Independent)。所以,可以选择一种最适合自己的语言来编写程序,或者把自己的程序用多种语言来开发。

(4) 具有简单性和易学性。ASP.NET 使运行一些很平常的任务,如表单的提交、客户端的身份验证、分布系统和网站配置等变得非常简单。例如,ASP.NET 页面构架允许建立自己的用户分界面,使其不同于常见的 VB-Like 界面。

(5) 高效的可管理性。ASP.NET 使用一种字符基础的、分级的配置系统,使服务器环境和应用程序的设置更加简单。因为配置信息都保存在简单文本中,新的设置有可能都不需要启动本地的管理员工具就能实现。这种被称为"Zero Local Administration(零本地管理)"的观念,使 ASP.NET 基于应用的开发更加具体和快捷。

3. JSP 技术

JSP 是由 Sun Microsystems 公司倡导、众多公司参与建立的一种动态网页技术标准。JSP 技术有点类似 ASP 技术,它是在传统的网页 HTML 文件(*.htm 或 *.html)中插入 Java 程序段和 JSP 标记,从而形成 JSP 文件(*.jsp)。

Web 服务器在遇到访问 JSP 网页的请求时,首先执行其中的程序段,然后将执行结果连同JSP文件中的HTML代码一起返回给客户。插入的Java程序段可以操作数据库、重新定向网页等，以实现建立动态网页所需要的功能。

JSP技术有以下特点。

（1）一次编写，到处运行。在这点上Java比PHP更出色，除了系统之外，代码不需做任何更改。

（2）系统的多平台支持。基本上可以在所有平台上的任意环境中开发，在任意环境中进行系统部署，在任意环境中扩展。相比ASP/PHP的局限性，优势是显而易见的。

（3）强大的可伸缩性。从只有一个小的Jar文件就可以运行Servlet/JSP，到由多台服务器进行集群和负载均衡，多台Application进行事务处理，消息处理，Java显示了巨大的生命力。

（4）功能强大的开发工具支持。这一点与ASP很像，Java已经有了许多非常优秀的开发工具，而且许多可以免费得到，其中许多已经可以顺利运行于多种平台之上。

4. PHP技术

PHP（Hypertext Preprocessor，英文超级文本预处理语言）是一种HTML内嵌式语言，是一种在服务器端执行的嵌入HTML文档的脚本语言，语言风格类似于C语言，现在被广泛运用。

PHP独特的语法混合了C、Java、Perl以及PHP自创新的语法。它可以比CGI或者Perl更快速地执行动态网页。用PHP做出的动态页面与其他的编程语言相比，是将程序嵌入到HTML文档中去执行，执行效率比完全生成HTML标记的CGI要高许多；PHP还可以执行编译后代码，编译可以达到加密和优化代码运行，使代码运行更快。PHP具有非常强大的功能，所有的CGI的功能PHP都能实现，而且支持几乎所有流行的数据库以及操作系统。最重要的是PHP可以用C、C++进行程序的扩展。

PHP技术有以下特点。

（1）开放的源代码。所有的PHP源代码事实上都可以得到。

（2）PHP的快捷性。程序开发快，运行快，技术自身的学习快。

（3）嵌入于HTML。因为PHP可以被嵌入于HTML语言，它相对于其他语言，编辑简单，实用性强，更适合初学者。

（4）跨平台应用性强。由于PHP是运行在服务器端的脚本，可以运行在UNIX、Linux、Windows下。

（5）运行效率高。PHP消耗相当少的系统资源。

（6）具有图像处理功能。用PHP可创建动态图像。

（7）面向对象。在PHP 4和PHP 5中，面向对象方面都有了很大的改进，现在PHP完全可以用来开发大型商业程序。

（8）扩展性好。支持访问Win32系统的COM对象。

4.2.6 网页制作辅助工具

1. Photoshop

Photoshop是Adobe公司旗下最为出名的图像处理软件之一，集图像扫描、编辑修改、图像制作、广告创意，图像输入与输出为一体的图形图像处理软件，深受广大平面设计人员和计算机美术爱好者的喜爱。

Photoshop 具有两大主要功能：图像处理功能和图像绘制功能。

（1）图像处理功能，是指用计算机对图像进行分析，以达到所需效果的技术。

（2）图像绘制功能，是要用 Photoshop 创造出全新的图片，这不仅仅要求用户掌握 Photoshop 的操作，还要具备一定的美术和绘画基础。

网络的普及是促使更多人需要掌握 Photoshop 的一个主要原因，因为在制作网页时 Photoshop 是必不可少的网页图像处理软件。

2. Fireworks

Fireworks 是 Macromedia 公司发布的一款专为网络图形设计的图形编辑软件，它大大简化了网络图形设计的工作难度，无论是专业设计人员还是业余爱好者，使用 Fireworks 都会轻松地制作出动感十足的 GIF 动画，还可以轻易地完成大图切割、动态按钮、动态翻转图等。因此，对于辅助网页编辑来说，Fireworks 将是最大的功臣。借助于 Macromedia Fireworks 8，您可以在直观、可定制的环境中创建和优化用于网页的图像并进行精确控制。Fireworks 业界领先的优化工具可帮助您在最佳图像品质和最小压缩大小之间达到平衡。它与 Macromedia Dreamweaver 和 Macromedia Flash 共同构成的集成工作流程可以让您创建并优化图像，同时又能避免由于进行 Roundtrip 编辑而丢失信息或浪费时间。利用可视化工具，无须学习代码即可创建具有专业品质的网页图形和动画，如变换图像和弹出菜单等。

3. Flash

Flash 是由 Macromedia 公司推出的交互式矢量图和 Web 动画的标准，网页设计者使用 Flash 创作出既漂亮又可改变尺寸的导航界面以及其他奇特的效果。

Flash 是一种创作工具，目前最新的版本为 Adobe Flash Professional CS 5.5。Adobe Flash Professional CS 5 为创建数字动画和交互式 Web 站点提供了功能全面的创作和编辑环境。Flash 广泛用于创建吸引人的应用程序，它们包含丰富的视频、声音、图形和动画。可以在 Flash 中创建原始内容或者从其他 Adobe 应用程序（如 Photoshop 或 Illustrator）导入它们，快速设计简单的动画。设计人员和开发人员可使用它来创建演示文稿、应用程序和其他允许用户交互的内容。Flash 可以包含简单的动画、视频内容、复杂演示文稿和应用程序以及介于它们之间的任何内容。通常，使用 Flash 创作的各个内容单元称为应用程序，即使它们可能只是很简单的动画。您也可以通过添加图片、声音、视频和特殊效果，构建包含丰富媒体的 Flash 应用程序。

4.2.7　SQL Server 介绍

SQL（Structured Query Language，结构化查询语言）的主要功能就是同各种数据库建立联系，进行沟通。按照 ANSI（American National Standards Institute，美国国家标准协会）的规定，SQL 被作为关系型数据库管理系统的标准语言。SQL 语句可以用来执行各种各样的操作，例如更新数据库中的数据，从数据库中提取数据等。绝大多数流行的关系型数据库管理系统都采用了 SQL 标准。虽然很多数据库都对 SQL 语句进行了再开发和扩展，但是包括 Select、Insert、Update、Delete、Create，以及 Drop 在内的标准的 SQL 命令仍然可以被用来完成几乎所有的数据库操作。图 4-3 为 SQL Server 2005 软件界面。

图 4-3　SQL Server 2005 软件界面

SQL Server 是一种使用灵活、语言简洁、通用的、功能强大的关系数据库语言，是基于 C/S(Client/Server，客户机/服务器)模式的新一代大型数据库管理系统。它在电子商务、数据仓库和数据库解决方案等应用中起着重要的核心作用，为企业的数据管理提供强大的支持，对数据库中数据提供有效的管理，并采用有效的措施实现数据的完整性及数据的安全性。SQL Server 应用系统示意图，如图 4-4 所示。

图 4-4　SQL Server 应用系统示意图

SQL Server 是一个关系数据库管理系统。它最初是由 Microsoft、Sybase 和 Ashton-Tate 3 家公司共同开发的，于 1988 年推出了第一个 OS/2 版本。在 Windows NT 推出后，Microsoft 与 Sybase 在 SQL Server 的开发上就分道扬镳了，Microsoft 将 SQL Server 移植到 Windows NT 系统上，专注于开发推广 SQL Server 的 Windows NT 版本。Sybase 则较专注于 SQL Server 在 UNIX 操作系统上的应用。数据库引擎是 SQL Server 系统的核心服务，负责完成数据的存储、处理和安全管理。

1. SQL Server 特点

(1) 真正的客户机/服务器体系结构。
(2) 图形化用户界面。
(3) 丰富的编程接口工具，为用户进行程序设计提供了更大的选择余地。
(4) SQL Server 与 Windows NT 完全集成。
(5) 具有很好的延伸性，可跨越 Windows 多种平台使用。
(6) 对 Web 技术的支持，使用户能够很容易地将数据库中的数据发布到 Web 页面上。
(7) SQL Server 提供数据仓库功能，此功能只在 Oracle 和其他更昂贵的 DBMS 中才拥有。

2. SQL Server 的工具集和实用程序

（1）企业管理器

（2）服务管理器

（3）查询分析器

（4）分布式事务处理协调器

（5）性能监视器

（6）导入和导出数据

（7）SQL Server 分析器

（8）服务器网络实用工具

（9）客户端网络实用工具

（10）联机帮助文档

3. SQL 作用

（1）数据定义功能（DDL 语言）

（2）数据操纵功能（DML 语言）

（3）数据控制功能（DCL 语言）

表 4-1 为 SQL 功能和命令动词。

表 4-1 SQL 功能和命令动词

SQL 功能	命令动词
数据定义（数据模式定义、删除、修改）	create drop alter
数据操作（数据查询和维护）	select insert update delete
数据控制（数据存取控制授权和收权）	grant revoke

SQL Server 2000 数据库分为两种类型：系统数据库和用户自定义的数据库。两种数据库都能创建数据库对象、存储数据以及管理数据，但只有系统数据库可用来操作和管理数据库系统。

在安装 SQL Server 2000 的同时，系统自动建立了 4 个系统数据库和两个样本数据库。

本课是一门入门引导型课程，仅简单介绍各种工具的特点。为了让学生能够很好地掌握网站的开发技术和开发工具，具体操作还需在后续课程中学习。电子商务专业后续的电子商务技术、网页设计、Java 技术等课程，将对以上介绍的大部分工具进行详细而完整的阐述，并有大量的实践、操作内容课程，可使学生很好地掌握网站开发的方法和技巧。

4.3 网络营销

互联网发展到今天已展现出巨大潜能，它不仅是销售媒体，更是普及教育、信息交流、服务支持的媒介。伴随着互联网的出现，网络营销应运而生。

网络营销（Online Marketing）又称在线营销或网上营销，是企业通过网络技术或电子商务技术达到辅助企业经营和展开市场营销活动的范畴。即以互联网为基础，协调利用各种媒体(如无线通信网、电视网、广播网、电力网等传统媒体)的综合作用,最大程度地满足顾客需求,以达到开拓市场,增加盈利能力,实现企业营销目标的营销活动过程。网络营销与电子商务的关系是什么？网络营销是电子商务的核心内容和重要组成部分,它是实现电子商务交易的基础,电子商务是网络营销发展的高级阶段。电子商务是利用互联网进行的各种商务活动的总和,其核心是商品交易的实现,围绕这一核心需要解决法律、安全、技术、认证、支付、配送等问题,而网络营销侧重研究如何利用网络信息技术,寻找市场、扩大市场、巩固市场。

案例

海尔集团网站首页(图 4-5)。

图 4-5　海尔集团网站首页

海尔是世界白色家电第一品牌、中国最具价值品牌,海尔集团也是国内大型企业中第一家进入网络营销业务的公司,它率先推出了网络营销业务平台。

通过 BBP 交易平台,海尔每月接到 6000 多份销售订单,定制产品品种逾 7000 个,采购的物料品种达 15 万种。新物流体系使呆滞物资减少 73.8%,库存占压资金减少 67%。

目前,SAP 公司为海尔集团搭建的国际物流中心正式启用,成为国内首家达到世界领先水平的物流中心。

SAP 主要帮助海尔完善其物流体系,即利用 SAP 物流管理系统搭建一个面对供应商的 BBP 采购平台,它能降低采购成本,优化分供方,为海尔创造新的利润源泉。如今,海尔特色物流管理的"一流三网"充分体现了现代物流的特征:"一流"是以订单信息流为中心;"三网"分别是全球供应链的资源网络、全球用户资源网络和计算机信息网络。"三网"同步运行,为订单信息流的增值提供支持。

在互联网时代,海尔作为国内外一家著名的电器公司,迈出了非常重要的一步。海尔公司 2000 年 3 月开始与 SAP 公司合作,首先进行了企业资源计划改造,随后便着手搭建 BBP 采购平台。从平台的交易量来看,海尔集团已是中国最大的一家电子商务公司。

海尔集团首席执行官(CEO)张瑞敏在评价该物流中心时说:"在网络经济时代,一个现代企业如果没有现代物流,就意味着没有物可流。对海尔来讲,物流不仅可以使我们实现 3 个零的目标,即零库存、零距离和零营运资本,更给了我们能够在市场竞争中取胜的核心竞争力。"

通过 SAP 成功实施的 ERP 和 BBP 项目,海尔物流"一流三网"的同步模式可以实现以下 4 个目标。

(1) 仓库不再是储存物资的水库,而是一条流动的河,河中流动的是按订单采购的生产必需品,从根本上消除了呆滞物资,消灭了库存。

(2) 海尔通过整合内部资源,优化外部资源,使供应商由原来的 2336 家优化至 978 家,国际化供应商的比例上升了 20%,建立了强大的全球供应链网络,有力地保障了海尔产品的质量和交货期。

(3) 通过海尔的 BBP 采购平台,所有的供应商均在网上接受订单,并通过网络查询计划与库存,及时补货,实现准时生产(Just-in-Time,JIT)采购;货物入库后,物流部门可根据次日的生产计划利用 ERP 信息系统进行配料,实现 JIT 配送;生产部门按 B2B 和 B2C 订单的需求完成订单以后,满足用户个性化需求的定制产品通过海尔全球配送网络送达用户手中。

(4) 在企业外部,海尔客户关系管理和 BBP 电子商务平台的应用架起了与全球用户资源网沟通的桥梁,实现了与用户的零距离。目前,海尔 100% 的采购订单由网上下达,使采购周期由原来的平均 10 天缩短到 3 天;网上支付已达到总支付额的 20%。在企业内部,计算机自动控制的各种先进物流设备不但降低了人工成本、提高了劳动效率,还直接提升了物流过程的精细化水平,达到质量零缺陷的目的。计算机管理系统搭建了海尔集团内部的信息高速路,能将电子商务平台上获得的信息迅速转化为企业内部的信息,以信息代替库存,达到零运营资本的目的。

资料来源:《海尔网络营销的成功案例》,中国网络营销网,http://www.tinlu.com/n2907c44.aspx。

4.3.1 网络营销概述

1. 网站事务日志

网站事务日志记录用户在网站上的活动,而事务日志挖掘是对用户访问网络的行为进行分析和预测,其分析结果可以应用于优化网站结构等诸多方面。研究者已经开发了一些可用于日志分析的软件工具。

Cookie 是能够让网站服务器把数据存储在客户端的硬盘或是由客户端的硬盘读取数据的一种技术。Cookie 是在 HTTP 协议下,服务器或脚本可以维护客户工作站上信息的一种方式,是由 Web 服务器保存在用户浏览器(客户端)上的文本文件,它可以包含有关用户的信息,它记录了客户端的用户 ID、密码、浏览过的网页、停留的时间等信息。无论何时用户连接到服务器,Web 站点都可以访问 Cookie 信息。Cookie 文件可以被 Web 浏览器读取。

2. 数据库及数据挖掘

为了研究网络日志等来源的数据，网络营销者需要大量功能强大且容量大的数据库、数据库管理系统和数据建模工具。数据仓库是一种对多个分布式的、异构的数据库提供统一查询的技术。数据库管理系统把企业原始数据和来自外部的数据汇集整理成数据库，在此基础上通过通畅、合理、全面的信息管理，使最终用户可以直接从数据仓库提取数据，进行相关数据分析。

数据挖掘技术在企业市场营销中得到了比较普遍的应用，它是以市场营销学的市场细分原理为基础，其基本假定是"消费者过去的行为是其今后消费倾向的最好说明"。

通过收集、加工和处理涉及消费者消费行为的各类信息，分析特定消费群体或个体的兴趣、消费习惯、消费倾向和消费需求，进而推断出相应消费者下一步的消费行为，以此为基础，对所识别出来的消费群体进行特定内容的定向营销，这与传统的不区分消费者对象特征的大规模营销手段相比，大大节省了营销成本，提高了营销效果，从而为企业带来更多的利润。

应用数据挖掘技术分析隐含在数据库中的客户信息，是以改善客户关系为目的，可以集中精力于重要的和潜在的客户，制订更好的市场战略，增强竞争优势。

在市场经济比较发达的国家和地区，许多公司都开始在原有信息系统的基础上通过数据挖掘对业务信息进行深加工，以构筑自己的竞争优势，加强客户关系管理，提高企业的营业额。

3. 客户关系管理

客户关系管理系统是一种重要的网络营销技术，是选择和管理最有价值客户关系的一种商业策略。客户关系管理是以客户为中心的一种营销、销售以及客户服务策略，其目的在于理解、预测和管理企业现有或潜在的客户。客户关系管理帮助企业甄别不同价值的客户，并实现企业和客户之间的"双赢"。客户关系管理坚持以客户为中心、为客户创造价值。这对于以盈利为中心、追求利润最大化的企业来说并非是损失，而恰恰是其存在和发展的宗旨。为客户创造的价值越多，越可能增强客户的满意度，提高客户忠诚度，从而有利于增加客户为企业创造的价值，使企业收益最大化。

CRM 虽然是企业的一项商业策略，但只有通过网络技术，才能不受时空限制，及时了解客户的需求；只有通过信息技术，才能对大量的客户需求进行快速、准确地分析。所以，CRM 与信息技术密切相关。

4.3.2 网络营销策略

企业网络营销的 10 项基本策略如下。

1. 以网络营销为导向的企业网站建设和维护

建立一个网络营销导向的企业网站。也就是以网络营销策略为导向，从网站总体规划、内容、服务和功能设计等方面为有效开展网络营销提供支持。

2. 网站有效的推广策略

常用的方法包括搜索引擎营销、网络广告、电子邮件营销、博客营销、资源合作、信息发布、病毒性营销等。

3. 网络品牌策略

与网络品牌建设相关的内容包括专业性的企业网站、域名、搜索引擎排名、网络广告、电子邮件、会员社区等。

4. 服务信息发布策略

掌握尽可能多的网络营销资源，并充分了解各种网络营销资源的特点，向潜在用户传递尽可能多的有价值的信息，是网络营销取得良好效果的基础。

5. 网上促销策略

在以网上销售为标志的电子商务还没有普及之前，网上促销，即对整体销售提供支持，是网络营销的主要作用之一。

6. 网上销售策略

网上销售的实现包括建设完整在线销售管理系统的企业网站，以及通过专业电子商务平台开展在线销售等方式。

7. 顾客服务策略

在线服务的主要手段包括常见问题解答、电子邮件、在线表单、即时信息、论坛等，其中既有事先整理出供用户自行浏览的信息，也有用户提出问题征求企业解答信息。

8. 顾客关系策略

顾客关系是与顾客服务相伴产生的一种结果，良好的顾客服务能带来稳固的顾客关系，因此顾客服务策略和顾客关系策略是一致的。

9. 网上市场调研策略

主要实现方式包括通过企业网站设立的在线调查问卷、通过电子邮件发送的调查问卷，以及与大型网站或专业市场研究机构合作开展专项调查等。

10. 网站流量统计分析策略

对企业网站流量的跟踪分析不仅有助于了解和评价网络营销效果，同时也为发现其中所存在问题提供依据。

4.3.3 网上调研

数字 100 网上调查公司

数字 100 市场咨询有限公司(http://www.data100.com.cn,以下简称数字 100 市场研究公司)成立于 2004 年 2 月,是一家将现代调查工具、专业模型产品与市场调查工具和客户行业特点三者有机结合的专业市场调查机构。总部设立在中国北京,在上海和广州设有分公司。在中国 300 多个城镇拥有访问能力。其主页如图 4-6 所示。

图 4-6 数字 100 调查公司

Surveycool™ 专业在线调查系统:数字 100 在传统调查服务基础上,为企业客户提供在线调查平台租用服务和基于在线可访问样本库的数据收集服务。

Assuredsample™ 样本库:数字 100 借助传统调查、专业在线调查系统,以及态度 8 调查网会员活动,在严格质量控制的前提下,形成了百万级高质量在线可访问样本库。包括:金融、母婴、高收入人群、大学生等特色样本库。

市场进入研究,是新产品在进入一个市场之前的准备性研究工作。市场进入研究是许多企业经常使用的一种初期的调研方法,也是进入市场前的必要环节。中国经济高速发展,由于经济形势的高涨,投资机会非常多,如何在新机会来临之前更好地评估?如何减少盲目进入的风险？这就需要进行专业的评估，最终汇集成研究报告，能够更好地进入市场。

数字 100 市场调查研究公司推出 Surveycool^R 在线调查系统和在线样本库，为市场推出的便捷版本调查软件，就是为了帮助企业划分和定位市场，识别市场的风险、机会和潜力，判断如何进入市场，并制订出适合企业的营销策略。在市场决策上，针对不同的购买者群体，通过特定的目标营销策略与战术可以获得最佳收益。因此，市场研究对企业来说有着重要的意义。

网上调研有如下几个特点。

(1) 客观、真实性较强。由于调查是在网上进行，参与调查者基本是自愿参加。因此，所填写的调查问卷是个人真实思想的流露。此外，由于网上市场调查不受时空、地域限制，还能大量占有信息，因此可在更大范围内把握和获取市场的深层次信息，能最大限度地保证调查结果的客观公正性。

(2) 信息传播地域广泛。传统调查由于受地域限制，其调查结论往往只能覆盖一个较小的区域市场。而网上市场调查，可以突破地区、省份、国界的限制，能广泛收集到所需的相关信息。这种调查外延的广泛性是传统调查无法比拟的。

(3) 及时性强。世界经济一体化的发展，市场的动态性越来越大。因此，以往那种人工进行市场调查，几个月做不出一个调查结果的情况，已经不适应当今经济的飞速发展和市场的急剧变化。通过计算机技术，可以方便制成多维的动态统计图表。

(4) 便捷性。网上调查的便捷性表现在，被调查者只要单击鼠标就可以完成全部调查问卷。

(5) 互动性。充分地倾听被调查者的相反意见、另类看法。这种鼓励多向思维、倾听多方意见的做法，不仅使网上市场调查更真实，而且这种交互的过程中收集到的多方面信息可以使我们更准确、更全面地把握市场动态，避免和减少决策中的失误。

(6) 调研结果共享性。调查结果的共享性是网络调查的最大特色之一。它既能使每个参与者共享，又可以使关注调查结果的部门或组织在线查看或购买，这种大信息量、实时、动态、迅速本身就极具诱惑力。

4.3.4 网络营销绩效评估

对于开展网络营销的企业，在实施网络营销后，总是希望有个标准来衡量网络及相关信息技术的效益，但至今尚无一套较为可靠的方法，因为网络营销可以量化的评价标准不多。下面将重点介绍网站建设及其效益方面的评价。

(1) 对网站设计效果的评估。网站外观是企业在网络市场上的形象化身。为此，应把网站设计的评估放在首位。在网站设计方面，除了要对网站的功能、整体设计风格、视觉效果进行评估外，还要把网站主页的下载时间、是否存在无效链接、不同浏览器的兼容性、使用是否方便等作为评估的因素。

(2) 对网站推广效果的评估。网站推广的深度和广度决定了网站在网民中的知名度，从而也反映了网站的访问量。网站推广评估可以采用定量或定性评估指标，主要包括登记搜索引擎的数量和排名、与其他网站链接的数量、注册的用户数量等。

(3) 对网站流量统计的评估。网站的流量代表了一定时期内访问其网站的网民数量。

流量大说明企业在网站设计和网站推广两方面的成功。通过这些统计，信息网络营销部门能有针对性地开展促销活动。

本节对电子商务网络营销仅做了概念性的介绍，主要是一些定义和概念。网络营销现在已是电子商务专业方面的核心课程，各种网络营销模式层出不穷，网络营销的方法和技术也在不断完善和推新，已形成一个完整的体系。因此，在后续教学中的"网络营销"课程，将完整、系统地介绍网络营销的理论、发展、方法、形式，结合淘宝网、京东商城等成功案例，使学生很好地了解网络营销的特点和技巧，使网络营销的成功经验与理论知识完美的结合。

4.4 客户关系管理

客户关系管理（Customer Relationship Management，CRM）是一种旨在改善企业与客户之间关系，提高客户忠诚度和满意度的新型管理机制。

CRM 的产生是市场与科技发展的结果。在社会的进程中，客户关系管理一直就存在，只是在不同的社会阶段其重要性、具体的表现形式不同而已。现代企业理论经历了几个发展阶段，从以生产为核心到以产品质量为核心，再到现在的以客户为中心，这些变化的主要动力就是社会生产力的不断提高。在以数码知识和网络技术为基础、以创新为核心、以全球化和信息化为特征的新经济条件下，企业的经营管理进一步打破了地域的限制，竞争也日趋激烈。如何在全球贸易体系中占有一席之地、如何赢得更大的市场份额和更广阔的市场前景、如何开发客户资源和保持相对稳定的客户队伍已成为影响企业生存和发展的关键问题，CRM 为解决这些问题提供了思路，并正在成为企业经营策略的核心。

4.4.1 客户关系管理的概念

在全球市场竞争日益激烈的今天，企业关注的重点逐步由过去的生产等环节转向市场和客户，客户资源成为企业最重要的核心资源。为了有效管理和使用客户资源，出现了客户关系管理概念。客户关系管理的概念最初由 Gartner Group 提出，迄今为止仍未形成国际统一的定义，不同学者从各自的关注点对其进行描述，从而形成了多种 CRM 的定义。下面选择两种描述，说明 CRM 的含义。

描述 1：CRM 是企业的一项商业策略，它按照客户的分割情况有效地组织企业资源，培养以客户为中心的经营行为以及实施以客户为中心的业务流程，并以此为手段提高企业的盈利能力、提高利润以及客户的满意度。

具体做法是如下。

(1) 客户概况分析（Profiling）。包括客户的层次、风险、爱好、习惯等。

(2) 客户忠诚度分析（Persistency）。指客户对某个产品或商业机构的忠实程度、持久性、变动情况等。

(3) 客户利润分析（Profitability）。指不同客户所消费的产品的边缘利润、总利润额、净利润等。

(4) 客户性能分析（Performance）。指不同客户所消费的产品按种类、渠道、销售地点等指标划分的销售额。

(5) 客户未来分析(Prospecting)。包括客户数量、类别等情况的未来发展趋势、争取客户的手段等。

(6) 客户促销分析(Promotions)。包括广告、宣传等促销活动的管理。

描述1体现的是一种管理思想,并不涉及IT技术。而CRM若要真正按照客户的分割情况有效地组织企业资源,就必须借助于IT技术。通过技术手段对现实的和潜在的客户关系以及业务伙伴关系进行多渠道管理。

描述2：CRM是企业在营销、销售和服务业务范围内,对现实的和潜在的客户关系以及业务伙伴关系进行多渠道管理的一系列过程和技术。

CRM的目标是缩减销售周期和销售成本、增加收入、寻找扩展业务所需的新的市场和渠道,提高客户的价值、满意度、盈利性和忠实度。CRM应用软件将最佳的实践具体化并使用先进的IT技术来协助各企业实现这些目标。CRM在整个客户生命期中都以客户为中心,这意味着CRM应用软件将客户当作企业运作的核心。CRM应用软件简化协调了各类业务功能(如销售、市场营销、服务和支持)的过程,并将其注意力集中在满足客户需求上。CRM应用还将多种与客户交流的渠道,如面对面、电话接洽以及Web访问协调为一体,这样,企业就可以按客户的喜好使用适当的渠道与之进行交流。

IBM公司认为,客户关系管理包括企业识别、挑选、获取、发展和保持客户的整个商业过程。IBM把客户关系管理的内容划分为3类：关系管理、流程管理和接入管理。客户关系管理是将市场营销的科学管理理念通过信息技术的手段集成在软件上面,得以在全球大规模的普及和应用。作为解决方案的客户关系管理,它集合了当今最新的信息技术,包括Internet和电子商务、多媒体技术、数据库和数据挖掘、专家系统和人工智能、呼叫中心等。作为应用软件的客户关系管理,凝聚了市场营销的管理理念。市场营销、销售管理、客户关怀、服务和支持构成了CRM软件的基石。

客户关系管理包括3层含义。

(1) 体现新型企业管理的指导思想和理念。

(2) 创新的企业管理模式和运营机制。

(3) 企业管理中信息技术、软硬件系统集成的管理方法和应用解决方案的总和。

CRM的核心是客户价值管理,它将客户价值分为既成价值、潜在价值和模型价值,通过一对一营销原则,满足不同价值客户的个性化需求,提高客户忠诚度和保有率,实现客户价值持续贡献,从而全面提升企业盈利能力。尽管CRM最初的定义为企业商务战略,但随着IT技术的参与,CRM已经成为应用管理软件、企业管理信息解决方案的一个类型。因此著名咨询公司盖洛普(Gallup)将CRM定义为：策略＋管理＋IT。强调了IT技术在CRM管理战略中的地位,同时,也从另一方面强调CRM的应用不仅是IT系统的应用,也是和企业战略和管理实践密不可分的。

4.4.2 电子商务环境下客户关系管理的新特点

在传统条件下实现客户关系管理有较大的局限性,主要表现在客户信息的分散性以及企业内部各部门业务运作的独立性,基于因特网客户关系管理是个完整的收集、分析、开发和利用各种客户资源的系统,其新特点如下。

(1) 集中企业内部原有分散的各种客户数据,经整合形成正确、完整、统一的客户信息为各部门所共享。

(2) 客户与企业任一个部门沟通,都能得到一致的信息。

(3) 客户选择电子邮件、电话、传真、呼叫中心等多种方式与企业联系都能得到满意的答复,因为在企业内部的信息处理是高度集成的。

(4) 客户与公司交往的各种信息都能在对方的客户数据库中得到体现,能最大限度地满足客户个性化的需求。

(5) 公司可以充分利用客户关系管理系统,准确判断客户的需求特性,以便有效地开展客户服务,提高客户忠诚度。

4.4.3 客户关系管理系统功能

客户关系管理系统功能如图 4-7 所示。

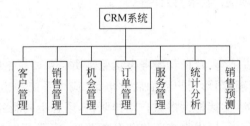

图 4-7 客户关系管理系统功能

(1) 客户管理:对客户信息进行管理与分析。

(2) 销售管理:销售过程的信息管理和分析。

(3) 机会管理:捕捉潜在的销售机会和线索。

(4) 订单管理:对订单过程进行管理与分析。

(5) 服务管理:对客户服务的过程管理与分析。

(6) 统计分析:对历史数据进行统计与分析。

(7) 销售预测:基于历史数据对销售额预测。

CRM 的功能可以归纳为 3 方面,即对销售、营销和客户服务 3 部分业务流程的信息化;与客户进行沟通所需要的手段(如电话、传真、网络、E-mail 等)集成和自动化处理;对前两部分功能所积累的信息进行加工处理,产生客户智能,为企业战略战术的决策提供支持。

1. 销售模块

销售是销售模块的基础,用来帮助决策者管理销售业务,其主要功能包括额度管理、销售力量管理和地域管理。现场销售管理,为现场销售人员设计,主要功能有联系人和客户管理、机会管理、日程安排、佣金预测、报价、报告和分析。现场销售/掌上工具,是销售模块的新成员,该组件包含许多与现场销售组件相同的特性,不同的是,该组件使用的是掌上型计算设备。电话销售,可以进行报价生成、订单创建、联系人和客户管理等工作。还有针对电话商务的功能,如电话路由、呼入电话屏幕提示、潜在客户管理及回应管理。销售佣金,它允许销售经理创建和管理销售队伍的奖励和佣金计划,并帮助销售代表了解各自销售业绩。

2. 营销模块

营销模块对直接市场营销活动加以计划、执行、监视和分析。营销,使营销部门实时跟踪活动的效果,执行和管理多样、多渠道的营销活动。针对电信行业的营销部件,在上面的基本营销功能基础上,针对电信行业的 B2C 的具体实际增加了一些附加特色。其他功能,可帮助营销部门管理其营销资料、列表生成以及管理、授权和许可、预算、回复管理。

3. 客户服务模块

目标是提高与客户支持、现场服务和仓库管理相关的业务流程的自动化并加以优化服务。可完成现场服务分配、现有客户管理、客户产品全生命周期管理、服务技术人员档案、地域管理等。通过与企业资源计划的集成,可进行集中式的雇员定义、订单管理、后勤、部件管理、采购、质量管理、成本跟踪、发票、会计等。

4. 呼叫中心模块

目标是利用电话促进销售、营销和服务电话管理员。主要包括呼入呼出电话处理、互联网回呼、呼叫中心运营管理、图形用户界面软件电话、应用系统弹出屏幕、友好电话转移、路由选择等。开放连接服务,支持绝大多数自动排队机,语音集成服务。支持大部分交互式语音应答系统。报表统计分析,提供很多图形化分析报表,可进行呼叫时长分析、等候时长分析、呼入呼叫汇总分析、座席负载率分析、呼叫接失率分析、呼叫传送率分析、座席绩效对比分析等。提供与 Internet 和其他渠道的连接服务,充分利用话务员的工作间隙,收看 E-mail、回信等。

5. 电子商务模块

电子商店,此部件使企业能建立和维护基于互联网的店面,从而在网络上销售产品和服务。电子营销,与电子商店联合,电子营销允许企业创建个性化促销和产品建议,并通过 Web 向客户发出。电子支付,这是电子商务的业务处理模块,它使企业能配置自己的支付处理方法。电子货币与支付,利用这个模块后,客户可在网上浏览和支付账单。电子支持,允许顾客提出和浏览服务请求、查询常见问题、检查订单状态。电子支持部件与呼叫中心联系在一起,并具有电话回拨功能。

4.4.4 客户关系管理系统核心价值

1. 降低运营成本

(1) 降低客服人员及培训成本。
(2) 降低客户信息采集、分类成本,有效提高精准营销。
(3) 降低客服响应、提高服务质量。

2. 提升转化率

(1) 后台操作前端化,提高客服效率。

(2) 对接后端知识库与客户信息,提高客户体验。

3. 提高客户忠诚度

(1) 售前服务专业化、系统化、精细化。
(2) 售后服务及时、主动、周到、家庭化。

4. 提高销售额

(1) 转化率的提高。
(2) 新客户的培养。
(3) 老客户的维护。
(4) 市场的渗透。

5. 提高管理水平

(1) 各部门绩效考核:客服、销售、客户等。
(2) 对各部门进行流程化管理。

客户关系管理已成为企业管理的重要组成部分。也是企业信息化的核心子系统。客户关系管理就是现阶段最火爆的大型企业管理系统——企业资源计划中的一个子系统。在后续课程"ERP企业资源规划",将对客户关系管理进行系统、全面的讲授,包括客户关系管理的思想、理论、实施方法等。同时对企业资源计划进行讲授和上机实践,学生可很好地掌握客户关系管理理论,掌握 ERP 系统的理论体系和使用方法。

4.5 电子商务物流体系

近年来,物流专家和企业管理人员意识到尽管物联网正在被大肆宣传,但成功的企业仍必须有效地管理客户订单履行环节,来建立和保持竞争优势和盈利能力。一些著名公司的倒闭事件足以证明了对优秀的、基本的物流系统的需要。事实上,订单速度受互联网及其他技术的影响,更加需要一个能够合理控制库存、解决客户订单履行速度、管理退货的有效的物流系统。经常引用的谚语"成功的物流即是企业力量"是十分恰当的,因为它有助于建立竞争优势。

物流,沃尔玛在美国的成功之道

沃尔玛集团于 2011 年荣登世界 500 强企业首位。除了其在全世界拥有众多店铺进行规模化发展外,还有一个决定性的因素就是其拥有一个强大的物流配送与支撑系统。这种强大的后勤支撑系统大大降低了沃尔玛运营成本,扩大了其利润空间,是沃尔玛达到最大销售量和低成本存货周转的核心。沃尔玛前任总裁大卫·格拉斯曾说过:"配送设施是沃尔玛成功的关键之一,如果说我们有什么比别人干得好的话,那就是配送中心。"沃尔玛每年在物流方面的投入都超过1000亿美元,可见物流在传统企业,尤其是电子商务企业的运作中起到决定性的作用。

在美国,沃尔玛有100%完整的物流系统,是24小时运作的,并且采用最新的技术。另外,还有13个地区分销中心、7个配送中心。沃尔玛有不同样式的配送中心,它们的价格非常低廉,工作效率也很高。例如沃尔玛的服装配送中心,就侧重于高档的服装产品业务。沃尔玛还使用产品返还的方式提高物流效率,通过退回某些产品,促使供货商降低成本。

自1996年沃尔玛悄然登陆中国以来,这个世界零售业的老大在中国并未显示出咄咄逼人的发展态势。究竟是什么阻挠了沃尔玛前进的步伐!

沃尔玛在全世界很多国家的成功,都源自于对其美国模式的复制,那就是"提高劳动生产率,压低工资和供应商的利润率,统一采购、统一配送,使所有商品价格都低于对手"。

而在中国,最大阻碍来自于配送环境的差异。经济专家分析说,中国的交通状况逊于美国,这大大影响了沃尔玛的统一配送,进而也影响了它的统一采购。同时,沃尔玛在美国引以为荣的信息化管理在中国还难以实现,这些都使它降低成本的努力打了折扣。

另外,我国物流行业发展滞后,使得沃尔玛很难找到一家令其满意的第三方物流服务商。这样,沃尔玛先进的物流信息管理系统很难与第三方物流接轨,使沃尔玛物流配送的效率大打折扣。

4.5.1 物流的概念及定义

物流这一概念最早出现在美国,1915年在阿奇·萧的《市场流通中的若干问题》一书中就提到了物流一词,并指出"物流是与创造需求不同的一个问题",是将商品的流动综合起来加以处理的功能。

20世纪60年代,美国物流学会(Council of Management,CLM)将物流定义为,"物流是以满足顾客需要为目的,对货物、服务及相关信息从起源地到消费地的有效率、有效益的流动和存储进行计划、执行和控制的过程"。

电子商务物流相对于传统物流而言,是在传统物流的基础上,引入高科技手段,如通过计算机进行信息联网,并对物流信息进行科学管理,从而使物流速度加快,准确率提高,库存减少,成本降低,延伸并扩大了传统物流功能,包括物流规划、物流设计、包装、装卸、搬运、储存、运输、流通加工、配送、各种增值服务、信息活动等,如图4-8所示。

现代物流与电子商务的关系十分密切。一方面,现代物流是电子商务不可或缺的支撑体系,网上完成交易的货物需通过现代物流系统送到购买者手中。另一方面,现代物流的信息交换和组织管理要借助电子商务的手段实现,使现代物流效率更高、物流资源利用更充分。物流在未来的发展与电子商务的影响密不可分,这种关系可以理解为:物流本身的矛盾促使电子商务发展,而电子商务又恰恰提供了解决物流的手段;反之,电子商务本身矛盾的解决也需要物流提供手段,新经济模式要求新的物流模式。

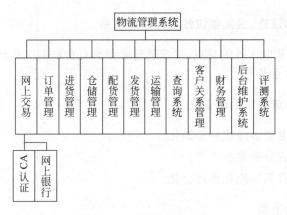

图 4-8 物流管理系统功能

1．改变传统的物流观念

（1）物流系统中的信息变为整个供应链运营的环境基础。网络是平台，供应链是主体，电子商务是手段。

（2）企业的市场竞争将更多表现为企业联盟的竞争。

（3）市场竞争的优势不再是企业拥有多少物质资源，而在于它能调动、协调、整合多少社会资源来增强其市场竞争力。由此，企业的竞争将是以物流系统为依托的联盟竞争。

（4）物流系统面临的基本问题是如何在供应链成员之间有效分配信息资源，使全系统的客户服务水平最高。

（5）物流系统由供给推动变为需求拉动。

2．改变物流的运作方式

电子商务下的物流运作以信息为中心，信息既决定了物流的运动方向，也决定物流的运作方式。在实际运作过程中，通过网络上信息传递，可有效地实现对物流的实时控制，实现物流的合理化。

在传统的物流活动中，尽管也依据计算机对物流实时控制，但这种控制都是以单个运作方式进行的。

3．改变物流系统的结构

网上客户可以直接面对制造商并可获得个性化服务，所以传统物流渠道中的批发商和零售商等中介将逐步淡出，而区域销售代理则受制造商委托逐步加强其在渠道和地区性市场中的地位，成为制造商产品营销和服务功能的直接延伸。

4．改变物流企业的经营形态

电子商务将改变物流企业对物流的组织和管理。电子商务要求物流以社会的角度实行系统的组织和管理，以打破传统物流分散的状态。

5. 改善物流基础设施、提高物流技术与管理水平

电子商务高效率和全球性的特点,要求物流必须具有良好的交通运输网络、通信网络等基础设施,这是最基本的保证。

6. 电子商务下物流需求的新变化

(1) 销售的商品更加多样化和复杂化。

(2) 消费者的地区分布更加广泛。

(3) 物流服务需求多功能化和社会化。

7. 对客户服务的影响

(1) 企业与客户间的即时互动。

(2) 客户服务个性化。

(3) 高速度、高服务水平、低价格。

8. 物流服务空间的拓展

电子商务经营者需要的是增值性的物流服务,主要体现在服务的便利性、成本的低廉性、物流的快速性、业务的延伸性、配送中心的多功能性。

9. 供应链管理的变化

(1) 提高供应链对市场变化的适应能力。实现管理自动化、高效作业、优化供应链管理过程。电子商务使企业及整个供应链能在最短时间内对复杂多变的市场做出快速反应。

(2) 提高供应链管理信息透明度。电子商务对商品从原材料、半成品到成品,经过运输、仓储、配送、销售、直接回收等全过程进行实时监控,随时获取商品信息,提高自动化程度,降低出错率,使供应链管理透明化。

(3) 使供应链管理实现敏捷化和集成化。基于电子商务的供应链管理信息系统可以将企业之间的生产活动进行整合,通过完成自动化生产运作,实时了解生产状况,根据生产进度及时发出补货信息,实现流水线均衡,使生产变得更柔性化。

10. 电子商务将物流业提升到前所未有的高度

随着绝大多数的商店、银行虚拟化,商务事务处理信息化,整个市场只剩下实物物流处理工作,物流企业也就成为代表所有生产企业及供应商向用户进行实物供应的唯一最集中、最广泛的供应者,是进行区域市场实物供应的唯一主体。可见,电子商务把物流业提升到了前所未有的高度。物流企业应认识到,电子商务为他们提供了一个空前发展的机遇。

4.5.2 电子商务物流系统功能

物流信息系统,通俗地讲就是指物流企业或者企业的物流部门所使用的信息系统,目的是通过信息化手段实现物流作业和管理的高效性。

而根据我国物流业目前的实际状况,没有信息化管理系统的支持,发展现代物流业还是纸上谈兵。"物流"这个概念引入中国已经有十余年了,但是我国物流业的发展仍处于初级阶段。从发达国家来看,现代物流的功能是设计、执行以及管理客户供应链中的物流需求,其特点是依据信息和物流专业知识,以最低的成本提供客户需要的物流管理和服务。

物流管理系统的特征如下。

(1) 标准化。管理的本质就是标准化、流程化。系统全面协调整个物流供应链系统的控制和管理能力,大大提高工作的效率和规范性,快速提升管理水平。

(2) 一体化。系统为客户提供了一体化多层次的集约管理,能统一资源配置、统一物流作业过程、统一整合物流资源、统一规范物流费用,实现数据全局共享、清晰全程透视订单物流过程。

(3) 精细化。系统对企业物流业务和管理的细节做到最大程度的准确化、精细化。实现中心公司、供应商、客户和合作伙伴的供应链组织管理,缩短企业管理垂直间隔,实现高度透明的精细化运营管理模式。

(4) 定量化。企业对业务的掌控程度要求越来越高,需要物流供应链管理软件能提供量化的数据信息,把供应链量化为指标以便考核,使物流供应链管理软件更为准确地为企业提供支持和决策服务。

(5) 智能化。就是自动判别,随着企业要处理的业务越来越复杂,个性化需求越来越多,就要求系统的智能化、自动化水平不断提高。智能化主要体现于独特的引擎机制,通过多种订单规则独创订单引擎,指导订单的决策调度,完成复杂的订单处理,对订单进行全生命周期跟踪。

(6) 业务优化。优化的系统是高效协作的物流供应链系统,提供了最佳的企业优化策略,提高了协作效率,大大提升了企业的核心竞争力。

 案例

物流,亚马逊电子商务的成功动力

在电子商务中,信息流、商流、资金流的活动都可以通过计算机在网上完成,唯独物流要经过实实在在的运作过程。因此,作为电子商务组成部分的物流便成为决定电子商务效益的关键因素。在电子商务中,如果物流滞后、效率低、质量差,则电子商务经济、方便、快捷的优势就不复存在。所以完善的物流系统是决定电子商务生存与发展的命脉。分析众多电子商务企业经营失败的原因,在很大程度上是缘于物流上的失败。而亚马逊的成功也正是得益于其在物流上的成功。亚马逊虽然是一个电子商务公司,但它的物流系统十分完善,一点也不逊色于实体公司。由于有完善、优化的物流系统作为保障,它才能将物流作为促销的手段,并有能力严格地控制物流成本和有效地进行物流过程的组织运作。

在电子商务中,亚马逊将其国内的配送业务委托给美国邮政和UPS,将国际物流委托给国际海运公司等专业物流公司,自己则集中精力去发展主营和核心业务。这样可以减少投资,降低经营风险,又能充分利用专业物流公司的优势,节约物流成本。

在电子商务举步维艰的日子里,亚马逊推出了创新、大胆的促销策略——为顾客提供免费的送货服务,并且不断降低免费送货服务的门槛。到目前为止,亚马逊已3次采取此种促销手段。前两次免费送货服务的门槛分别为 99 美元和 49 美元,2002 年 8 月亚马逊又将免费送货的门槛降低一半,开始对购物总价超过 25 美元的顾客实行免费送货服务,以此来促进销售业务的增长。免费送货,极大地激发了人们的消费热情,使那些对电子商务心存疑虑、担心网上购物价格昂贵的网民们迅速加入亚马逊消费者的行列,从而使亚马逊的客户扩大到了 4000 万人。由此产生了巨大的经济效益:2002 年第三季度书籍、音乐和影视产品的销量较上年同期增长了 17%。"物流是企业竞争的工具"在亚马逊的经营实践中得到了最好的诠释。

4.5.3 物流供应链管理

物流供应链管理的特点表现在它与传统物流管理不同。传统的物流管理只追求单个企业内部的最优协调,追求运输、仓储、包装、搬运、装卸、流通加工和信息处理的有机结合,从而达到在满足用户需求的前提下使总成本最低。而供应链管理则是物流管理的超集,其思想出发点是整条供应链上所有企业总成本最低,运用系统论观点对链中所有企业物流活动进行管理和优化。供应链管理特点还表现在系统集成性、信息共享性、快速响应性、利益共同性、组织虚拟性等方面。供应链系统的功能是将顾客所需产品能以正确的时间,按照正确的数量和正确的质量送到正确的地点,且使总成本最小。

物流供应链管理的基本原则如下。
(1) 根据客户所需的服务要求来划分客户群。
(2) 根据客户需求和企业可获利情况,设计企业的后勤网络。
(3) 倾听市场的需求信息。
(4) 缩短供应链的时间间隔。
(5) 与供应商建立双赢的合作策略。
(6) 不断优化供应链的信息系统。
(7) 建立整个供应链的绩效考核准则。

物流供应链管理的步骤如下。
(1) 将企业的业务目标与现有能力及业绩进行比较,首先发现现有供应链的突出弱点,经过改善,迅速提高企业竞争力。
(2) 与关键客户和供应商一起探讨、评估全球化新技术和竞争局势,建立供应链的远景目标。
(3) 制订从现实过渡到理想供应链目标的行动计划,同时评估企业实现这种过渡的现实条件。
(4) 根据优先级安排上述计划,并且承诺相应的资源。供应链管理的运营机制包括合作机制、决策机制、激励机制和自律机制。

实现物流供应链管理可带来的效益有可有效实现供求的良好结合;可使企业采用现代化手段,达到现代化管理;可降低社会库存,降低成本;可有效减少流通费用。实现供应链管理可带来的外部效益有:可实现信息资源共享;可提高服务质量,刺激消费需求;可产生规模效应,有效的提高供应链上各企业的竞争力。总之,供应链管理的实现,可为企业带来巨大的效益。

物流是电子商务业务中唯一的实体流程，物流的成败直接关系到电子商务的成败（当然对实体商务同样如此），因此大型的电子商务企业都在着力打通物流这一瓶颈。如沃尔玛 3 年投入 1000 亿美元提高它的物流水平，京东商城近几年也投入数百万打造现代化的物流平台。三年级教学内容中有“电子商务物流系统”课程，它将对物流的概念、功能、特点、发展趋势、与电子商务关系、物流系统、中外物流现状等进行系统的分析和介绍，让学生对物流、电子商务物流及电子商务物流系统有一个全面的了解，对物流对电子商务的影响和支持有一个深刻的认识。

4.6　电子支付

【案例】 事件：李先生在淘宝网上购物，由于对网上支付的安全性存有怀疑，选择了货到付款的支付方式。当商品送达付款时，除商品和配送费用外，还被收取了一定数额的服务费。这样，使李先生的购物成本比应用网上支付提高了，淘宝网货到付款服务费说明如图 4-9 所示。

常见问题 > 我是买家 > 购买商品 > 货到付款（买家） > 帮助内容

货到付款服务费介绍

使用货到付款服务，买家收到货，验货后确认无误，**当面付款**给物流公司时，还需要支付一定的服务费，该服务费是付给物流公司的，买家支付给物流公司的金额（货款+运费+服务费）会四舍五入按元取整。

受宅急送公司服务费涨价影响，只有一邦速递支持3元服务费，请卖家及时设置默认的物流公司。

注意：由于一邦速递只能支持到珠三角地区，请不处于珠三角地区的卖家不要选择该档服务费，以免影响到您的交易。

货到付款服务费最新分档：

服务费3元　（递送时间约2~7天，服务公司：一邦）

按应收（货款+运费）的1%比率收取，服务费最低不低于3元，50元封顶；实收金额（货款+运费+服务费）四舍五入按元取整。

服务费5元　（递送时间约2~6天，服务公司：宅急送）

按应收（货款+运费）的1.5%比率收取，服务费最低不低于5元，100元封顶；实收金额（货款+运费+服务费）四舍五入按元取整。

服务费10元　（递送时间约2~5天，服务公司：顺丰速运，联邦快递）

按应收（货款+运费）的3%比率收取，服务费最低不低于10元，上不封顶；实收金额（货款+运费+服务费）四舍五入按元取整。

快捷货到付款服务费5元/笔

图 4-9　淘宝网货到付款服务费说明

在各种安全机制不断完善的今天，信用卡网上支付功能，使网上购物也可以享受先消费后划款的便利快捷，信用卡网上支付功能，让您的网上购物更加方便、快捷、经济。

电子商务作为一种全新的商务模式，对传统支付结算模式的冲击很大。传统的支付结算系统是以手工操作为主，以银行的金融专用网络为核心，通过传统的通信方式（邮件、电报、传真等）进行凭证的传递，从而实现货币的支付结算。其中使用的支付工具不管是现金，还是支票都是有形的，在安全性、认证性、完整性和不可否认性上都有较高保障，尽管存在效率低下、成本较高等问题，但已有一套适合其特点的较成熟的管理运行模式。而电子商务带来的网络化让有形的东西无形化了，在网上支付系统中，无论是将现有的支付模式转化为电子形式，还是开发出网络环境下新的支付工具，都具有无形化特征，货币可以是智能卡芯片中的一组数据、硬盘中的一个文件、网络中的一组数字化流，在一次支付中，甚至可能不会产生任何实体的东西,只是生成了若干文件而已。

网上支付系统因借助于 Internet 而获得了快速、便捷、低成本、全球连通性等诸多优点,但这也引发了安全及信用方面的问题。一个网上支付系统要实现在公共网络上传输敏感的支付信息就必须采取先进、可行的安全技术。另外,网上支付系统在将支付工具、支付过程无形化的同时,将原来面对面的信用关系也虚拟化。代表支付结算关系参与者的不过是网络中的某些电子数据,怎样确认这些电子数据所代表的身份以及这些身份的真实可信性,就需要建立 CA 认证体系,以确保这个无形世界中存在真实的信用关系,这也是网上支付得以进行的基石。此外,在电子商务中的各种支付手段也要依托于某种信用形式,如信用卡是银行提供的银行信用,电子支票也是依托银行信用,电子现金是用来模拟现金交易的,它涉及持有电子钱包的群体向发放电子钱包的群体提供了信用,网络银行涉及面更广,没有信用更无法运行。

对于网上支付,银行的参与是必需的,网上支付体系需借助银行支付工具、支付系统及金融专用网才最终得以实现。以 B2C 为例,参与方通常包括消费者(持卡人)、商户和银行。交易流程一般有这样几个步骤,即消费者向商户发送购物请求,商户把消费者的支付指令通过支付网关送往商户开户行(收单行);收单行通过专用网络从消费者开户行或发卡行取得支付授权后,把授权信息送回商户;商户取得授权后,向消费者发送购物回应信息。若支付获取与支付授权不是同时完成,商户则要通过支付网关向收单行发送支付获取请求,以把该笔交易的金额转账到商户账户中;银行之间则通过自身的支付清算网络完成最后的行间清算。因而可看出,支付结算环节是由包括支付网关、收单行、发行卡以及金融专用网络完成的,离开了银行,就无法完成网上支付。因此,电子商务中的网上支付体系是融购物流程、支付工具、安全技术、认证体系、信用体系以及现在的金融体系为一体的综合大系统。

4.6.1 网上支付系统的基本构成

网上支付系统的基本构成如图 4-10 所示,主要包括客户、商家、客户的开户行、商家开户行、支付网关、金融专用网、认证机构等。

其中,客户是指与某商家有交易关系并存在未清偿的债权债务关系的一方,客户用自己拥有的支付工具(如信用卡、电子钱包、数字现金等)支付,是支付体系运作的起因。

商家是拥有债权的商品交易另一方,它能根据客户发起的支付令向金融体系请求获取货币给付,商家一般准备了优良的服务器来处理这一过程,包括认证以及不同支付工具的处理。

客户的开户行是指客户在其中拥有了账户的银行,客户所拥有的支付工具就是由开户行提供的,客户开户行在提供支付工具的时候也同时提供了一种银行信用,即保证支付工具的兑付。在信用卡支付体系中客户开户行又被称为发卡行。

商家开户行是商家拥有其账户的银行,其账户是整个支付过程中资金流向的地方,商家将客户的支付令提交给其开户行后,就由其进行支付授权的请求以及银行间的清算等工作。商家的开户行是依据商家提供的合法账单(客户的支付指令)来工作的,因此又称为收单行。

支付网关是公用网和金融专用网之间的接口,支付信息需通过支付网关方能进入银行支付系统,从而完成支付的授权与获取。电子商务交易中同时传输了两种信息:交易信息与支付信息,必须保证这两种信息在传输过程中不能被无关的第三者阅读,包括商家不能看到其中的支付信息(如信用卡号、授权密码等),银行不能看到其中的交易信息(如商品种类、商品总价等),这就要求支付网关必须由商家以外的银行或其委托的信用卡组织来建设,同时,网关不能分析交易信息,对支付信息也只起保护传输作用,即这些保密数据对网关而言是透明的。

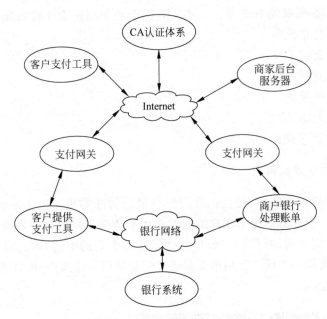

图 4-10　网上支付系统结构

金融专用网则是银行内部及行间进行通信的网络,具有较高的安全性,包括中国国家现代化支付系统(China National Automatic Payment System,CNAPS)、中国人民银行电子联行系统、商业银行电子汇兑系统、银行卡授权系统等。

认证机构为参与交易的各方(包括客户、商家与支付网关)发放数字证书,以确认各方身份,保证网上支付的安全性,认证机构必须确认参与者的资信状况(如通过在银行的账户状况,与银行交往的历史信用记录等来判断),因此也离不开银行的参与。

除以上参与各方外,网上支付系统的构成还包括支付中使用的支付工具以及遵循的支付协议,是参与各方与支付工具、支付协议的结合。其中,目前经常被提及的网上支付工具有银行卡、电子现金、电子支票等。

在网上交易中,消费者发出的支付指令,在由商户送到支付网关之前,是在公用网上传送的,这一点与持卡 POS 消费有着本质的区别,因为从 POS 机到银行之间使用的是专线。而 Internet 交易就必须考虑公用网上支付信息的流动规则及其安全保护,这就是支付协议的责任所在。目前,已出现了一些成熟的支付协议(如 SET、SSL)。一般一种协议针对某种支付工具,对交易中的购物流程、支付步骤、支付信息的加密、认证等方面均做出约定,以保证在复杂的公用网中的交易双方能快速、有效、安全地实现支付与结算。

4.6.2　网上支付系统的种类

虽然网上支付系统发展的方向是兼容多种支付工具,但事实上做到这点是比较困难的。

因为各种支付工具之间有较大的差异，在支付流程上也各不相同。从目前已开发出来的各种支付系统看，一般也只是针对某一种支付工具设计的。如 SET 协议针对的是信用卡，FSTC(Financial Services Technology Consortium，美国金融服务技术联合会研制的电子支票支付系统)针对的是电子支票，Mondex(英国银行界研制的智能卡电子现金支付系统)针对的是电子现金。根据系统中使用的支付工具不同，可以将网上支付系统大致分为 5 类。

（1）信用卡支付系统。
（2）电子转账支付系统。
（3）电子现金支付系统。
（4）第三方支付系统。
（5）移动支付系统。

这 5 类网上支付系统的特点如下。

1. 信用卡支付系统的特点

每张信用卡对应一个账户，资金的支付最终通过转账实现。由于在消费中实行"先消费，后付款"的办法，因此对信用卡账户的处理是后于货款支付的。亦即购物支付是通过银行提供消费信贷来完成的，对信用卡账户的处理还是事后的事情，因此属于"延时付款"一类，与电子转账有实质的不同。信用卡支付系统需要采用在线操作，可以透支。信用卡支付示意图如图 4-11 所示。

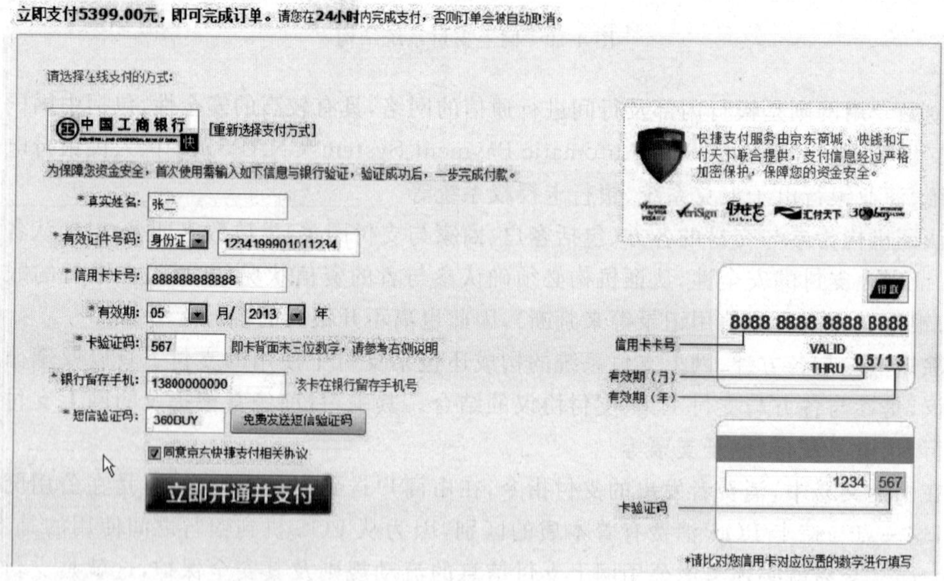

图 4-11　网上支付示意图

2. 电子转账支付系统的特点

支付过程中的操作直接针对账户，对账户的处理即意味着支付的进行，是一种"即时付款"的支付办法。在支付过程中因发起人不同又可分为付款人启动的支付和接收人启动的支付。在此系统中，付款人对支付的确认意义十分重要，这就需要一些确认手段，如支票。

于是这一系统又包括直接转账的支付系统和电子支票支付系统。由于涉及账户,此系统也须在线操作,但不许透支。

3. 电子现金支付系统的特点

支付过程中不直接对应任何账户,持有者须事先预付资金,方可获得相应货币值的电子现金(智能卡或硬盘文件),因此可以离线操作,是一种"预先付款"的支付系统。在我国尚未采用。

4. 第三方支付系统的特点

支付过程中买方使用第三方平台提供的账户进行货款支付,并由第三方通知卖家货款到账,要求发货;买方收到货物并检验商品进行确认后,就可以通知第三方付款给卖家,第三方再将款项转至卖家账户上。淘宝网使用的第三方支付平台如图 4-12 所示。

在线支付平台		
支付平台名称		
支付宝	支付宝	网上支付帮助
财付通	财付通	网上支付帮助
快钱	快钱	网上支付帮助
环讯支付	环讯支付	网上支付帮助
盛付通	盛付通	网上支付帮助
万隆卡支付	万隆支付	网上支付帮助
汇付天下	汇付天下	网上支付帮助
在线支付	在线支付	网上支付帮助

图 4-12 淘宝网使用的第三方支付平台

5. 移动支付系统的特点

移动支付,就是允许用户使用其移动终端对所消费的商品或服务进行账务支付的一种服务方式,是将客户的手机号码与银行卡账号进行绑定,通过手机短信息、语音等操作方式,随时随地为拥有银行卡的手机用户提供方便的个性化金融服务和快捷的支付渠道。

支付灵活便捷,用户只要申请了移动支付功能,便可足不出户完成整个支付与结算过程。交易时间

图 4-13 淘宝网移动支付平台

和成本低，可以减少往返银行的交通时间和支付处理时间。利于调整价值链，优化产业资源布局。移动支付不仅可以为移动运营商带来增值收益，也可以为金融系统带来中间业务收入。淘宝网移动支付平台如图4-13所示。

4.6.3　网上支付系统的功能

虽然货币的不同形式会导致不同的支付方式，但安全、有效、便捷是各种支付方式追求的目标。对于一个支付系统而言（可能专门针对一种支付方式，也可能兼容几种支付方式），它应具备以下功能。

（1）使用数字签名和数字证书实现对交易各方的认证。为实现交易的安全性，对参与交易的各方身份的有效性进行认证，通过认证机构或注册机构向参与各方发放数字证书，以证实身份的合法性。

（2）使用加密技术对业务数据进行加密。可以采用单钥体制或双钥体制进行信息加密，并采用数字信封、数字签名等技术来加强数据传输的保密性，以防止未被授权的第三者获取信息的真正含义。

（3）使用消息摘要算法以保证业务的完整性。为保护数据不被未授权者建立、嵌入、删除、篡改、重放，而是完整无缺地到达接收者，可以采用数据杂凑技术。通过对原文的杂凑生成消息摘要与原文一起传送到接收者，接收者就可以通过摘要来判断所接收的消息是否完整，否则，要求发送方重发以保证其完整性。

（4）当交易双方出现异议、纠纷时，需要保证对交易的不可否认性。这用于保护通信用户对付来自不合法用户的威胁，如发送用户对他所发消息的否认，接收者对他接收消息的否认等。支付系统必须在交易的过程中生成或提供足够充分的证据来迅速辨别纠纷中的是非。可以采用仲裁签名、不可否认签名等技术来实现。

（5）能够处理贸易业务的多边的支付问题。由于网上贸易的支付要牵涉客户、商家和银行等多方，其中传送的购物信息与支付信息必须连接在一起，因为商家只有确认了支付信息后才会继续交易，银行也只有确认了支付信息后才会提供支付。但同时，商家不能读取客户的支付信息，银行不能读取商家的订单信息，这种多边支付的关系可以通过双联签字等技术来实现。

本节仅对电子商务网上支付的现状、特点和种类作了简要的介绍，但网上支付涉及的内容十分巨大，如银行、网络、第三方支付平台、安全、交易协议、政策法规等。这些内容都将在专业课程"网上银行与网络支付"、"电子商务信息安全"等中详细阐述。让学生对网上支付的方法、种类及应用的技术有所掌握。

4.7　交易安全技术

案例

事件：2008年，某大学的大一女生王某突然发现，自己工商银行卡上莫名其妙地少了700元钱。她随即于当天到公安局报案。

回校后,王某联想到自己曾经使用该卡网上支付购物,便打印了银行卡的近期交易账单,发现 11 月 13 日 18 时 05 分,有人通过某电子商务有限公司的在线支付平台,划走了她卡上的 700 元钱。

记者致电这家电子商务有限公司,客服解释:他们只是提供客户与网上银行间的连接服务,卡号和密码认证都在网上银行进行,建议记者与工行网上银行联系。拨打工行 95588 热线,客服解释道"只要输对了卡号和密码,网上银行就能完成支付"。

网上支付是否安全,主要是看信息被窃取时是否可追溯。记者了解到,目前世界上确保网上支付信息不被窃取主要靠 4 种身份认证手段:一是用户名和密码,二是动态密码,三是多因子的论证,四是证书认证,其中,证书认证被认为是最安全和最方便的。

安全专家介绍说,到目前为止,无论国际还是国内,用数字证书进行的网上交易没有发生过一例信息被窃取的。就是说,如果用数字证书进行网上支付,即使卡号和密码泄露,别人也没办法支走你的钱。因为数字证书常用的 RSA 密钥长度为 2048 位以上,想要破译简直是天方夜谭。

4.7.1 电子商务的安全需求

针对电子商务交易过程中可能发生的安全问题,保证电子商务系统的安全、可靠,充分考虑电子商务过程中涉及的个人、企业和银行等商务各方的安全需要,电子商务交易安全需求主要体现在以下 5 个方面。

1. 信息的保密性

信息的保密性是指信息在传输过程或存储中不被他人窃取。电子商务作为贸易的一种手段,其信息直接代表个人、企业或国家部门的商业机密。维护商业机密是电子商务全面推广应用的重要保障。传统的纸面贸易都是通过邮寄封装的信件或通过可靠的通信渠道发送商业报文,达到保守机密的,如外交邮件有专门的外交信使。而 Internet 崇尚开放与互联,它使电子商务建立在一个较为开放的网络环境上,因此,需要预防通过搭线和电磁泄漏等手段造成信息泄露,或对业务流量进行分析,从而获取有价值的商业情报等一切损害系统机密的行为。

2. 信息的完整性

信息的完整性是指信息在传输过程或存储中不被他人篡改。电子商务简化了贸易过程,减少了人为的干预,同时也带来维护贸易各方商业信息完整性、统一性的问题。尽管信息在传输过程中被加了密,能保证第三方看不到真正的信息,但并不能保证信息不被修改。例如,发送的信用卡号码是"9881",接收端收到的却是"9887"。这样,信息的完整性就遭到了破坏。信息被篡改还有多种情况,数据输入时的意外差错或欺诈行为;通过攻击网络非法进入网站修改或破坏信息;数据传输过程中信息的丢失、信息重复或信息传送的次序差异等,都会导致交易各方信息的不同。因此,要预防对输入和存储的信息的未经允许的随意生成、修改和删除,还要防止数据在传送过程中的丢失和重复,保证信息传送次序的统一。

3. 信息的不可否认性

信息的不可否认性是指信息的发送方不能否认已发送的信息，接收方不能否认已收到的信息。由于商情的千变万化，交易达成后是不能否认的，否则损害一方的利益。但是，当贸易一方发现交易行为对自己不利时，就有可能否认电子交易行为。例如，买方向卖方订购原油，订货时世界市场的价格较低，收到订单时价格上涨了，如果卖方否认收到的订单的时间，甚至否认收到订单，那么买方就会受到损失。再如，买方在网上买了图书，不能说没有买，谎称寄出的订单不是自己的，而是信用卡被盗用。这就要求网络交易系统具备审查能力，以使交易的任何一方不能抵赖已经发生的交易行为。

4. 交易者身份的真实性

交易者身份的真实性是指交易双方确实是存在的，不是假冒的。网上交易的双方相隔很远，互不了解，要使交易成功，必须互相信任，确认对方是真实的。准确确定网上的远程交易方的身份，是贸易双方所期望的。它也是保证电子商务顺利进行的关键。在传统的纸面贸易中，贸易双方通过在交易合同、契约或支付单据等书面文件上手写签名或使用签章来鉴别贸易伙伴，确定合同、契约、支付单据的可靠性并且预防抵赖行为的发生，这也就是人们常说的"白纸黑字"。在无纸化的电子商务方式下，通过手写签名和使用印章进行贸易方的鉴别是不可能的。因此，需要在交易信息的传输过程中为参与交易的个人、企业或国家组织等电子商务实体提供可靠的电子标识，通过网络传输、检验并证明交易者身份。

5. 系统的可靠性

电子商务系统是计算机系统，其可靠性是指防止计算机失效、程序错误、传输错误、自然灾害等引起的计算机信息失误或失效。网络故障、操作错误、应用程序错误、硬件故障、系统软件错误以及计算机病毒都能导致系统不能正常工作。因而要对此所产生的潜在威胁加以控制和预防，以保证贸易数据在特定的时刻、特定的地点是有效的。

4.7.2　电子商务安全体系

电子商务系统是一个人机系统，其安全性是一个系统的概念，不仅与计算机系统结构有关，还与电子商务应用的环境、人员素质和社会因素有关。为满足电子商务系统安全需求，电子商务系统安全体系包括物理安全、系统安全、网络安全、信息安全和安全立法。

1. 物理安全

物理安全是指在物理介质层次上对存储和传输的电子商务信息的安全保护。也就是保护计算机系统硬件（包括主机、外部设备和网络设施以及其他媒体）的安全，保证其自身的可靠性和为系统提供基本安全机制。物理安全是电子商务安全的最基本保障，是整个安全系统不可缺少和忽视的组成部分。

物理安全的内容包括：环境安全、设备安全和媒体安全。所谓环境安全就是对系统所在的环境进行安全保护，如区域保护和灾难保护，避免遭受地震、水灾、火灾等环境事故。设备安全就是对设备进行保护，避免人为操作失误或错误及各种计算机犯罪行为导致的破坏过程，防止丢失、毁坏、电磁信息辐射泄漏、线路截获、电磁干扰等。媒体安全包括媒体数据的安全和媒体本身的安全。

2．系统安全

系统安全是指保护系统软件和数据不被篡改、破坏和非法复制。系统软件安全的目标是保证计算机系统逻辑上的安全，主要是使系统中信息的存取、处理和传输满足系统安全策略要求。根据计算机软件系统的组成，软件安全可分为操作系统安全、数据库安全、网络软件安全和应用软件安全。

3．网络安全

电子商务的网络平台包括客户端网络环境、商家 Intranet 网络环境、银行内部网络以及将三者联系在一起的 Internet。网络安全是指保护商务各方网络端系统之间通信过程的安全性。保证网络安全方法主要包括访问控制机制、网络安全检测、入侵窃取、审计分析等，防火墙是常用的网络安全措施。

4．信息安全

信息安全是保证信息在传输和存储过程中的安全，避免信息泄露、被修改等问题，主要采用的技术有数据加密、信息内容审计和用户身份认证等技术。

5．安全立法

电子商务安全立法是对电子商务犯罪的约束，它是利用国家机器，通过安全立法，体现与犯罪斗争的国家意志。安全立法基本上不属于技术上的系统设计问题，它与电子商务应用的社会环境和人员素质有关。

综上所述，电子商务交易安全是一个复杂的系统问题。鉴于现代计算机系统的庞大和复杂性，网络安全和信息安全成为电子商务系统安全的关键问题。

4.7.3 防火墙技术

1．防火墙的含义

Internet 是一个开放的世界，它在拥有丰富信息的同时也存在着许多不安全因素。当内部网连上 Internet ，它的用户能访问 Internet 上服务的同时，非内部网用户也能通过 Internet 访问内部网用户，实现一些非法操作，如盗取重要资料、破坏文件等。这对于没有受到任何保护的内部网用户来说无疑是一种灾难。人们经常在建筑物之间修建一些墙壁，以便在火灾发生时，火势不会从一幢建筑物蔓延到其他建筑物，这些墙被称为"防火墙"。与此类似，可以在内部网和 Internet 之间设置一堵"防火墙"以保护内部网免受外部的非法入侵。在网络世界中，防火墙是被配置在内部网和外部网之间的系统（或复合系统），通过控制内外网络间信息的流动来达到增强内部网络安全性的目的。防火墙决定了内部的哪些服务可以被外部用户访问，哪些外部服务可以被内部用户访问。

2. 防火墙分类

1) 包过滤型防火墙

在 Internet 网络上，所有往来的信息都被分割成许多一定长度的信息包，信息包中包含发送者的 IP 地址和接收者的 IP 地址信息。当这些信息包被送上 Internet 时，路由器读取接收者的 IP 地址并且选择一条合适的物理线路发送出去，信息包可能经由不同的路线抵达目的地，当所有的包抵达目的地后重新组装还原。

包过滤型防火墙，就是在信息包传输过程中检查所有通过的信息包中的 IP 地址，按给定的过滤规则进行过滤，这属于网络级防护。包过滤型防火墙可以使用过滤路由器来实现，对接收的每个数据包做允许或拒绝的决定。路由器审查每个数据包以便确定其是否与某一条包过滤规则匹配。包过滤型防火墙的优点是：因为包过滤型防火墙由标准的路由器软件来实现，所以成本低，处理速度快；包过滤型路由器对用户和应用来讲是透明的，用户不用改变客户端程序或改变自己的行为。包过滤型防火墙也存在明显的不足，因为定义数据包过滤比较复杂，所以配置繁琐，维护比较困难；有的不支持用户身份认证；无法提供有用的日志，且对网络上流动的信息无法实现全面的监控，不能记录进出网络的用户情况；随着过滤数目的增加，路由器的处理速度会大大下降，因此，单纯的包过滤型防火墙提供的安全防护功能很有限。

2) 代理防火墙

代理防火墙，也就是通常提到的应用级网关（应用级防火墙）。包过滤技术是在网络层拦截所有的信息流。与包过滤技术完全不同，代理技术是针对每一个特定的应用都有一个代理程序，在应用级别上提供安全防护服务。代理防火墙适用于特定的 Internet 服务，如电子商务活动中主要采用的 HTTP 及 FTP 服务等。代理服务器通常运行在两个网络之间，它对于客户来说像一台真的服务器，而对于 Web 服务器来说，它又是一台客户机。代理防火墙（即应用级网关）的代理应用过程是双向的。代理服务器在执行内部网络向外部网络申请服务时起中间转接作用，当其接收内部用户对自己代理的某 Web 站点的访问请求后，就检查该请求是否符合规定；如果规则允许用户访问该站点时，代理服务器代理客户去那个站点取回所需要的信息，再转发给客户，体现"应用代理"的角色。

对外部网络来说，外部网络见到的只是代理服务器，因为它收到的请求是从代理服务器发来的。对内部网络来说，客户机所能直接访问的只是代理服务器，它的请求首先发给了代理服务器。另一种情况是，外部网络通过代理访问内部网。代理服务器接受外部网络节点提出的对内部网络的访问请求，首先对用户身份进行验证，若为合法用户，则把访问请求发给真正的内部网络主机，内部主机的相应结果也要通过代理服务器发送出去。在整个过程中，代理服务器一直监控并记录着用户的操作，一旦发现用户非法操作，就要进行干预。若是非法用户，则拒绝访问。

代理防火墙能够实现比包过滤型防火墙更严格的安全策略，主要优点体现在：提供可靠的用户认证，并提供详细的注册信息；代理工作在客户机和真实服务器之间，完全控制会话，所以可以提供很详细的日志和审计功能；可以隐藏内部网的 IP 地址，保护内部主机免受外部主机的进攻。而且相对于应用层的过滤规则来说，对代理服务器配置和测试更容易。然而，代理防火墙也有明显的缺点，主要包括：一种应用的代理服务器只能代理一种服务，因此为了提供多种代理服务，必须配置多种代理服务器，每种应用升级时，代理服务器程序也要升级,操作繁琐;对每类应用服务需要使用特殊的客户端软件,同时还要进行一些相关设置,透明性较差;不能为无连接状态的远程过程调用和用户数据报以及其他一些基于通用协议族的服务提供代理;由于需要代理服务,使网络访问速度变慢,应用层实现的防火墙性能明显下降。

3) 状态监测防火墙

状态监测防火墙是在网络层上实现所有需要的防火墙功能。状态监测防火墙,使用一个在网关上执行网络安全策略的软件模块,称为监测引擎,它是第三代防火墙技术。状态监测防火墙的应用原理是用监测引擎软件在不影响网络正常运行的前提下,采用抽取有关数据的方法对网络通信的各层实施监测,抽取状态信息,并动态地保存起来,作为执行安全策略的参考。当用户访问请求到达网关的操作系统前时,由状态监视器抽取有关数据进行分析,然后结合网络的安全配置和安全规定做出接纳、拒绝、身份认证、报警或给该通信加密等处理动作。任何安全规则都没有明确的数据包,一旦违反某个网络访问的安全规定,它就会拒绝该访问,并且报告有关状态并做日志记录。

状态监测防火墙与包过滤、代理技术相比,有很多优点,体现在以下几方面:状态监测防火墙的监测引擎支持多种协议和应用程序,且可很容易地实现应用和服务的扩充,所以这种防火墙具有非常好的安全特性;状态监测防火墙会监测无连接状态的远程过程调用和用户数据报之类的端口信息,而包过滤防火墙和应用级网关都不支持此类应用;状态监测防火墙不区分每个具体的应用,只是根据从数据包中提取的信息、对应的安全策略和过滤规则来处理数据包,当增加应用时,它能动态地产生应用的新规则,而不用另外写代码,所以具有很好的伸缩性和扩展性。

状态监测防火墙的缺点是,会降低网络访问的速度,而且配置比较复杂。有关防火墙厂商已经注意到这一问题,最新的防火墙产品的安全策略规则是通过面向对象的图形界面定义,以简化配置过程。

4.7.4 数据加密技术

加密技术是最基本的安全技术,是实现信息保密性的一种重要的手段,目的是为了防止合法接收者之外的人获取信息系统中的机密信息。所谓信息加密技术,就是采用数学方法对原始信息(通常称为"明文")进行再组织,使得加密后在网络上公开传输的内容对于非法接收者来说成为无意义的文字(加密后的信息通常称为"密文")。而对于合法的接收者,因为其掌握正确的密钥,可以通过解密过程得到原始数据(即"明文")。

由此可见,在加密和解密的过程中,都要涉及信息(明文、密文)、密钥(加密密钥、解密密钥)和算法(加密算法、解密算法)这3项内容。

数据加密技术是对信息进行重新编码,从而达到隐藏信息内容,使非法用户无法获得信息真实内容的一种技术手段。可见,数据加密技术是实现网络安全的关键技术。

我们通过一个例子来理解加密、解密、算法和密钥。例如,将字母 a、b、c、d、…、w、x、y、z 的自然顺序保持不变,但使之与 E、F、G、…、Z、A、B、C、D 分别对应,即相差 4 个字母。这条规则就是加密算法,其中的 4 为密钥。若原信息为 How are you,则按照这个加密算法和密钥,加密后的密文就是 LSAEVICSY,不知道算法和密钥的人,是不能将这条密文还原成 How are you 的。从这个例子中我们看到,算法和密钥在加密和解密过程中缺一不可。在实际加密过程中,加密算法是不变的,存在的加密算法也是屈指可数的,但是密钥是变化的。也就是说,加密技术的关键是密钥。这一道理的好处是:由于设计算法很困难,因此基于密钥的变化就解决了这一难题;简化了信息发送方与多个接收方加密信息的传送,即发送方只需使用一个算法,不同的密钥向多个接收方发送密文。如果密文被破译,换一个密钥就能解决问题。

1. 对称密码加密技术

对称密码技术就是加密密钥和解密密钥相同的密码体制,它采用的解密算法是加密算法的逆运算。该体制的特点是在保密通信系统中,要求发送者和接收者之间的密钥必须安全传送,而双方通信所用的密钥必须妥善保管。

对称密码技术的安全性主要依赖于以下两个因素:①加密算法必须是足够强的,仅仅基于密文本身去解密信息在实践上是不可能的;②加密方法的安全性依赖于密钥的秘密性,而不是算法的秘密性。因此,我们没有必要确保算法的秘密性,而只需要保证密钥的秘密性,对称密码技术的算法实现速度极快,这些特点使其具有广阔的应用前景。因为算法不需要保密,所以制造商可以开发出低成本的芯片以实现数据加密。这些芯片有着广泛的应用,适合于大规模生产。对称密码技术最大的问题是密钥的分发和管理非常复杂、代价高昂。

对称密码加密技术的加密算法主要有以下两种。

1) DES 算法

DES(Data Encryption Standard)即数据加密标准,1977 年美国国家标准局宣布用于非国家保密机关的数据保护。这种加密算法由 IBM 研究提出,它综合运用了置换、代替、代数多种密码技术,把信息分成 64 位的数据块,使用 56 位密钥,迭代轮数(加密次数)为 16 轮的加密算法。

2) IDEA 算法

IDEA(International Data Encryption Algorithm)即国际信息加密算法。它是 1991 年在瑞士由 James Massey 和 Xuejia Lai 发明,于 1992 年正式公开,是一个分组大小为 64 位、密钥为 128 位、迭代轮数为 8 轮的迭代型密码体制。此算法使用长达 128 位的密钥,这么长的密钥在今后若干年内应该是安全的。

2. 非对称密码加密技术

在使用对称密码技术进行秘密通信时,任意两个不同用户之间都应该使用互不相同的密钥。如果一个用户网络中有 n 个客户,他们进行秘密通信,这时网络中共需 $n(n-1)/2$ 个密钥,如此巨大的密钥量给密钥分配和密钥管理都带来了极大的困难。另外,随着计算机网络技术的发展,特别是互联网的发展,网络上互不相识的用户都有可能需要进行保密的通信。例如,网上政府、VPN、电子商务、移动通信、电子邮件、网上聊天都需要保密通信。这些需求都需要数量巨大的密钥,因此密钥分配成了最大的障碍,而对称密码技术很难解决这些问题。另外,对称密码技术也难以解决签名验证问题。

非对称密码技术也称为公钥密码技术,其研究的思路不再像对称密码技术那样是代换和置换,而是数学函数。在实践应用当中,公钥密码技术成功地解决了计算机网络安全的身份认证、数字签名等问题,推动了包括电子商务在内的一大批网络应用的不断深入和发展。采用非对称密码技术的每个用户都有一对密钥:一个是可以公开的(称为公钥),可以像电话号码一样进行注册公布;另一个则是秘密的(称为私钥,它由用户严格保密保存)。非对称密码技术的主要特点是将加密和解密能力分开,因而可以实现多个用户加密的信息只能由一个用户解读,或一个用户加密的信息可以由多个用户解读。前者可以用于实现公共网络中的通信保密,而后者可以用于实现对用户的认证。公钥密码技术的最大优势在于针对密钥管理方法的改进,因为公钥密码系统在信息的传输过程中,采用彼此不同的加密密钥与解密密钥,使密码技术摆脱了必须对密钥进行安全传输的束缚,密钥在处理和发送上更为方便而且安全。特别是在当今具有用户量大、消息发送方与接收方存在明显的信息不对称特点的应用环境中,公钥密码技术表现出令人乐观的前景。

公开密钥加密算法主要是 RSA 加密算法。此算法是美国麻省理工大学的 Rivest、Shamir 和 Adleman 于 1978 年提出的。它是第一个成熟的、迄今为止理论上最为成功的公开密钥体制,它的安全性基于数论中的欧拉定理和计算复杂性理论中的下述论断:求两个大素数的乘积是容易的,但要分解两个大素数的乘积,求出它们的素因子则是非常困难的。RSA 加密、解密过程由密钥生成、加密过程和解密过程组成。

4.7.5 认证技术

在电子商务交易中必须解决以下两个问题。

(1) 身份验证。在网上的交易中,买卖双方是不见面的,即使某一方知道他所收到的数据是完整、保密、未经篡改的,但仍有一点无法知道,那就是对方是否以假冒身份在进行交易诈骗,这就需要对交易各方进行身份验证。

(2) 交易的不可抵赖。由于交易双方互不见面,并且是一些不带有本人任何特征的数据在交换,因此有可能造成对一些交易的抵赖。

为解决这两个问题,就必须引入一个公正的裁判——交易双方均信任的第三方,对买卖双方进行身份验证,以使交易的参与者确信自己确实是在与真实的对方在交易。同时,在公开密钥体系中,公开密钥的真实性鉴别也是一个重要问题。而证书授权中心为用户发放的证书是一个包含该用户的公开密钥及个人信息并经证书授权中心认证的数字签名的文件。由于 CA 的数字签名使得攻击者不能伪造和篡改证书,因此,证书便向接收者证实某人或某机构对公开密钥的拥有。与其进行交易不必怀疑其身份,对方传来的数据是带有其身份特征且是不可否认的。在这里,这个各方均信任的裁判就是我们所说的 CA 安全认证机构。

CA 认证中心是检验管理密钥是否真实、有效的第三方机构,具有权威性、公正性和可依赖性,专门检验交易双方的身份。CA 具有 4 大职能:证书发放、证书更新与查询、证书验证和证书撤销。

电子商务 CA 体系包括两大部分,即符合 SET 标准的 SET CA 认证体系和其他基于 X.509 的 CA 认证体系。

基本认证技术如下。

1. 数字信封

数字信封技术结合了对称密钥和公开密钥加密技术的优点,并能克服对称密钥加密中对称密钥分发困难和公开密钥加密中加密时间长的问题,它采用两个层次的加密,从而既有公开密钥技术的灵活性,又有对称密钥技术的高效性。数字信封技术在外层使用公开密钥加密技术,享受公开密钥技术的灵活性,内层的对称密钥长度通常较短,使得公开密钥加密的相对低效率被限制在最低限度内。

2. 数字签名

数字签名是公开密钥加密技术的另一类应用,用哈希函数和RSA算法实现。它的主要方式是:报文的发送方从报文文本中生成一个128b的报文摘要。之后用自己的私有密钥对这个散列值进行加密来形成发送方的数字签名。这个数字签名将作为报文的附件和报文一起发送给报文的接收方。报文的接收方首先从接收到的原始报文中计算出128b的报文摘要,再用发送方的公开密钥来对报文附加的数字签名进行解密。如果两个散列值相同,接收方就能确认该数字签名是发送方的。通过数字签名能够实现对原始报文的鉴别,保证信息传输过程中信息的完整和提供信息发送者的身份认证和不可抵赖性。

3. 身份认证

身份认证是指对电子商务业务参与者的认证。在公共网络上的认证,主要是请求认证者在网上传送口令认证方式和数字签名方式。

利用口令来进行用户身份的认证是目前最常用的技术,在几乎所有需要对数据加以保密的系统中都引入了口令认证机制,其主要优点是简单易行。通常,每当用户需要登录时,系统都要求用户输入用户名和口令,登录程序利用用户名去查找一张用户注册表或口令文件注册表,每个已注册的用户都有一个表项,记录着用户对应的用户名和口令。登录程序从中找到匹配的用户名后,再比较用户名对应的输入口令,是否与注册表或口令文件中对应的口令一致。结果一致,系统便认为该用户是合法的,并允许进入该系统,否则将拒绝该用户登录。

4. 数字时间戳

在电子交易中,需对交易文件的日期和时间信息采取安全措施,而数字时间戳服务(Digital Time-stamp Service,DTS)就能提供电子文件发表时间的安全保护。数字时间戳服务是网上安全服务项目,由专门机构提供。数字时间戳(Time-stamp)是经加密后形成的凭证文档,包括3个部分:需加时间戳的文本摘要、DTS收到文件的日期和时间及DTS的数字签名。

5. 数字证书

数字证书(Digital Certificate,Digital ID)是用电子手段来证实一个用户的身份和对网络资源的访问权限。在网上的电子交易中,如双方出示了各自的数字凭证,并用它来进行交易操作,那么双方不必为对方身份的真伪担心。数字证书可用于电子邮件、电子商务、电子基金转移等多种用途。数字证书的内部格式是由CCITT X.509国际标准所规定的。它包含以下几部分内容。

(1) 凭证拥有者的姓名;
(2) 凭证拥有者的公共密钥;
(3) 公共密钥的有效期;
(4) 颁发数字凭证的单位;
(5) 数字凭证的序列号。

电子商务环节数字证书主要有两种类型。

(1) 个人证书(Personal Digital ID)。它仅仅为某一个用户提供凭证,以帮助个人在网上进行安全交易操作。

(2) 企业(服务器)证书(Server ID)。它通常为网上的某个 Web 服务器提供凭证,拥有 Web 服务器的企业就可以用具有凭证的万维网站点(Website)来进行安全电子交易。数字证书如图 4-14 所示。

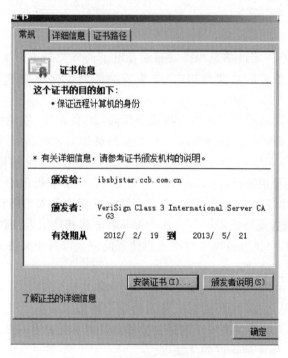

图 4-14　中国建设银行数字证书

4.7.6　安全技术协议

前面介绍了为保证安全网络交易而研发应用的各种安全技术,如防火墙技术、密钥加密技术、数字信封、数字摘要、数字签名、数字证书及其颁发管理机构 CA 等,这些技术基本上都分别叙述了保证网络支付某个方面安全的应用手段。如何将电子商务的各参与方与这些先进的信息网络安全技术充分地结合起来,以保证安全、有序、快捷地完成网络交易流程,需要一个协议来规范各方的行为与各种技术的运用。这个协议就是安全的网上交易协议,目前国际上比较有代表性的是 SSL 与 SET 两种安全交易协议机制。

1. SSL 协议

安全套接层协议(Secure Socket Layer Protocol,SSL 协议),提供在 Internet 上的安全通信服务,也是目前电子商务业务广泛应用的安全通信协议。本质上 SSL 协议是一种在持有数字证书的客户端浏览器和远程 Web 服务器之间构造安全通信通道并且传输数据的协议。

SSL 协议解决了目前 IPv4 版 TCP/IP 协议难以满足的网络安全通信要求,它运行在 TCP/IP 层之上而在其他高层协议(如 HTTP 等)之下。SSL 协议的优势就在于它是与应用层协议独立无关的,高层的应用层协议能"透明"地建立在 SSL 协议之上。也就是说,SSL 协议在应用层协议通信前已经完成加密算法、通信密钥的协商以及服务器认证工作,在此之后应用层协议所传送的数据都会被加密,从而保证通信的私密性。

2. SET 协议

SSL 协议毕竟存在一定的信息泄露问题。在电子商务交易中为了保护商家、客户等参与方的隐私信息以及各方的真实身份,一个更安全的网上交易协议被研发出来,这就是 SET 协议。

为了避免 SSL 协议应用中存在的一些安全风险,20 世纪 90 年代中期 VISA 等国际信用卡组织会同一些计算机供应商,开发了一个新型的更加安全可靠的网络安全交易协议,即 SET 协议,并于 1997 年 5 月 31 日正式推出 1.0 版。所谓安全电子交易协议(Secure Electronic Transaction,SET)是为使用银行卡在 Internet 上安全进行交易而提出的一套完整的安全解决方案。主要安全采用数字证书方式,用数字证书证实在网上开展商务活动的确实是持卡者本人,以及向持卡人销售商品或服务并收钱的参与各方包括持卡人、商家、银行等,保证交易的安全。可以说,SET 协议涉及整个网络支付流程的安全以及相关各方的安全。

3. SSL 协议和 SET 协议的比较

在 SET 协议出现之前,网上交易所采用的安全措施主要是 SSL 协议。到目前为止,SSL 协议还是保证网上交易系统安全的最主要手段。以下通过对 SSL 协议和 SET 协议的比较,可以更清楚地了解两种协议的优缺点。

(1) 采用的技术。SSL 与 SET 协议都采用了公开密钥加密法、私有密钥加密法、数字摘要等加密技术与数字证书等认证手段。

(2) 安全性。对信息传输的机密性来说,两者的功能是相同的,都能保证信息在传输过程中的保密性及完整性。

(3) 网络中的作用层次。SSL 与 SET 两种协议在网络中的层次是不一样的,SSL 是基于传输层的协议,而 SET 则是基于应用层的协议。SET 在建立双方的安全通信通道之后,所有传输的信息都被加密,而 SSL 则会有选择地加密部分敏感信息。

(4) 数字证书的使用。SET 协议要求参与各方都要申领数字证书,在信息传输的每个过程中都要进行数字证书的验证。而 SSL 协议,一般只要求商家传输数字证书,向客户证明自己是一家真实存在的商家。有些系统也向客户发放数字证书,但这证书是发给浏览器软件的。从这方面来看,SET 机制更安全。

(5) 协议的应用范围。SET 协议是信用卡组织发起的,主要针对信用卡应用而开发的网上安全交易协议。而 SSL 则支持较多的电子商务系统安全。当今市场上,已有许多 SSL 相关产品及工具,而有关 SET 的相关产品却相对较少。

(6) 保护个人隐私。SSL 有一个很大的缺点,就是当信息经过商家中转时,不能保证商家看不到客户的其他如信用卡账户等信息。而 SET 协议则在这方面采取了强有力的措施,用网关的公开密钥加密持卡人的敏感信息,采用双重签名方法,保证商家无法看到持卡人传送给网关的信息,也使银行看不到客户的需求商品信息,从而保护了客户的隐私权。

(7) 使用的方便性上。SSL 已被大部分 Web 浏览器和 Web 服务器所内置,因而容易被接受,各方面应用也比较简单,应用过程是透明的;SET 要求在银行建立支付网关,在商家的 Web 服务器上安装服务器端软件,在客户的计算机上安装客户端软件等,且 SET 还必须向交易各方发放数字证书,既麻烦,成本也较高。但 SET 的高成本换来的是严密的安全防范机制,只是速度比简单的 SSL 协议机制慢一些。

总之,SET 系统给银行、商家、持卡客户带来了更多的安全,使其进行网上交易时更加放心,但实现复杂、成本高;而 SSL 则相应简单快捷,但存在一定的安全漏洞。因而 SSL 的应用面比 SET 广泛。随着 Internet 宽带接入的大规模应用,越来越多的商家追求更加安全的交易手段,SET 协议机制将逐步被更多的企业、商家与客户所接受,因此仍然具有良好的应用前景。

本节对互联网、电子商务中主要使用的安全技术和协议,进行了逐项的介绍,但它们的原理、使用方法、应用场合都未作阐述,这需要后续专业课程的详细论述。教学计划给学生提供了"网络技术及应用"和"电子商务信息安全"两门课程,对电子商务交易安全进行系统分析,掌握交易安全技术的原理、适用场合,使学生了解安全技术是如何保障电子商务正常运行的,让学生明白电子商务的交易是安全的。

4.8 电子商务伦理与对策

事件:2012 年 9 月 4 日,苏某从淘宝网一家名叫"通讯产品次世代"的网店上购买了一部摩托罗拉 A1200e 手机。3 天后手机来了,看手机表面很新,当时觉得很高兴。可是 20 号外出时麻烦来了,只要离开移动的发射塔一千米以上就没有信号。想联系退货,可淘宝网规则提示:已过了 7 天维权期,不能受理!自认倒霉吧,找到一家维修点,维修人员打开机器,你想不到的一幕发生了,卖家信誓旦旦保证的正品原装 7 天无条件退货的手机竟然是翻新机,不仅主板颜色发黑,两侧按键的地方竟然都加了黄色的纸片,因为去掉纸片按键就不管用了!于是苏某联系卖家,卖家要苏某先把手机邮寄过去给换新机,苏某没同意,能用假货信誓旦旦的冒充行货的卖家我不敢相信,你能相信吗?假如手机邮寄过去又是一台翻新机,甚至连机器也不给你寄回,按照淘宝网的规则那是一点办法也没有。于是苏某便没有答应。看来淘宝网的规则也存在问题。因为有些产品不是 7 天就能发现问题的。

4.8.1 电子商务伦理问题的概述

电子商务代表了人类文明发展的潮流,是传统经济活动转型和发展的方向。它作为网络技术在商贸领域的应用,以其快速、安全、准确、高效和低成本等优势显示出越来越强的生命力,得到了迅速发展,大批网络公司如雨后春笋般应运而生,传统企业也纷纷开始与电子商务"亲密接触"。但与其他任何新生事物一样,电子商务在发展中也逐渐暴露出其不成熟的一面,新的问题也层出不穷。

相对而言,硬件或技术方面的问题解决起来会较容易。因为随着计算机技术的发展,这些问题和困难将会逐渐被克服。而由于网络世界的虚拟性、无国界性和自由性,加之网络技术和网络法律体系的不完备,使得很多企业在进行电子商务活动中出现越来越严重的伦理问题,这一问题已经严重制约了电子商务的健康发展。在我国要大规模地开展电子商务,使其确实成为一种能够产生经济效益的商业模式,一个最大的制约因素就是在伦理方面。这种无形的伦理因素影响到电子商务运作的各个方面,不仅影响着人们对电子商务这一新模式的信任和信心,而且直接影响电子商务企业本身的经济效益和经营规模的扩大。与传统的商务活动相比,电子商务对交易过程提出了更高的伦理要求。

首先,电子商务的数字化使交易安全承担更大的风险,其中很大程度是由网络各方参与人员的伦理素质的局限导致的。在传统的商务活动中,消费者和商家是面对面接触,而电子商务交易是在公开的网上进行,订货、支付、商务往来等大量交易信息在计算机系统中存储、传输和处理,从而使安全风险大大增加。作为一个电子商务系统,必须首先保证客户机和服务器的信息安全,防止黑客闯入盗取信息,还必须具有一个安全可靠的通信网络,以保证交易信息安全迅速地传递,更重要的是要保证网上支付的安全性。

其次,电子商务的虚拟性要求交易主体必须信守诚信法则。传统商务活动中,生产者直接面对的是现实的人和物,他们要受到直面的道德、冲突约束、固定财物(如店铺、门面、房地产等)的拖累。而电子商务是以计算机、网络和通信技术为基础,生产者和消费者在网上进行直接交易,双方互不谋面。因此,直面的道德舆论约束,近距离人身安全威胁及固定财物拖累等现实制约因素基本不存在。这就为一些心怀不轨的商家实施欺诈行为提供了土壤。所以电子商务的交易过程更要求商家的道德自律,信守诚信法则才能赢得信誉。

再次,电子商务的直接性使商家信誉直面在消费者眼前。传统商务活动中,生产者和消费者之间存在许多中间环节,即使生产者有某种欺诈行为,也会因层层中间环节的时空阻隔而化解。在电子商务活动下,生产者和消费者直接发生关系,没有中间环节的存在,生产者的一言一行、一举一动都将直接暴露在消费者目光之下。生产者的善意举动消费者看得一清二楚,生产者的不轨言行消费者也能了如指掌。善意举动将直接得到消费者的热情回报,不轨言行也能即刻遭到消费者的有力回应。

另外,电子商务的自由性和开放性使网络伦理环境面临更大的挑战。在网络空间,进入同一信息系统后,每人都有可能隐藏自己的用户标识和计算机地址,通过假名、匿名的方式加入网上洽谈、报价、询价、签订合同甚至伪造支付等。而现在,我国对电子商务的规范、立法还是一片空白,网络伦理的规范工作迫在眉睫。

4.8.2 电子商务伦理问题的表现

1. 电子商务运作中的伦理障碍

在网络这一新兴媒体中,发布信息不像在传统媒体上会受到那么多制约。而且由于网络的虚拟性,消费者即使觉察到信息的错误,也很难向发布信息的企业进行追究,甚至根本就不知道网络企业的地址。因此一些网络企业便表现得肆无忌惮,在网上发表各类的信息,或者制造出各种各样的新闻,吸引消费者或者创造所谓的点击率,以扩大自己的商业影响,谋求经济效益,使广大消费者对于网上发布的诸多信息都心存疑虑,丧失了起码的信任。

2. 商品品质的问题

我国目前还处于计划经济向市场经济的转型时期,这种转型,不仅仅是一种经济体制的变化,更是一种文化的转型。由于法律法规的不健全,与市场经济相配套的法律还很不完善。不少企业不讲信誉,制造假冒伪劣产品以牟取暴利。这使消费者在购买时,对商店和商品产生不信任。许多消费者即使直接去商店买物品,往往也会买到假货,造成很多纠纷。电子商务由于其虚拟的特点,这一问题就更为严重。虽然足不出户,轻点鼠标,便可通过计算机屏幕浏览网上商店的各种商品,然后再输入自己的家庭地址和购买数量等资料,便会有人将选定的商品送上门。但由于交易过程的虚拟化,消费者事前无法看到商品的实样又不能当面交易,其暴露出来的问题就日益严重。有人称之为"网络广告满天飞,货送上门面目非"。

据媒体报道,有位家住上海的消费者,通过浏览网页,从一家网站设计得相当美观的电子商店选购了一台喷墨打印机。两天后这家电子商店派人将一台包装得十分精美的打印机送上,该先生收到打印机后,即拆箱检查,见型号、色泽正是自己早先选定的那种,就欣然付款,对方则给他一张计算机打印的价格单。开始几天,打印机工作正常,半个月后却出了毛病,除了卡纸外,喷出的字迹也深浅不均。该先生按照说明书上的号码打电话与这家公司联系,却被告之为空号。他找到消费者协会投诉,却因为没有正式发票,消费者协会表示爱莫能助。

中国的工业目前尚处于比较幼稚的时期,很多产品还缺乏相当的竞争力,因此产品质量也是参差不齐。外加部分企业经营者的商业道德水平低下,造成市场秩序混乱,消费者对商品的信任度很差。所以很多消费者宁愿多费些时间到商店去购买东西,信奉"耳听为虚,眼见为实"的观念,对于在网上购物缺乏信心。这一因素严重制约了电子商务的开展。

3. 信用与支付手段的问题

利用电子商务进行交易必然会涉及信用与支付问题。由于电子商务的"无纸化"和"无址化",对参加交易的各方提出了更高的信用要求。处于转型期的中国社会,传统的"义理社会"价值体系的约束作用正在日趋削弱,而基于法制基础之上的"契约社会"还远未形成。信用的概念在不少人眼中更是淡薄,由此,对与电子商务密切配套的支付手段造成很多不利影响。目前国内所进行的电子商务交易,其支付手段可以说是土洋结合。信用卡、借记卡、储蓄卡、邮局汇款和货到付款等多种支付方式混合使用,有的甚至使用网上查询、网下交易的方法。虽然现在有一些银行开始进行在线支付和开办网上银行业务等方面的试点工作,但在中国的信用制度还很不完善的情况下,单凭银行的力量也很难解决这一问题。况且,由于人与人间的信任度较差,很少有人愿意贸然通过网络形式将自己的信用卡账号等个人资料告诉企业,因为稍不留神就会发生意想不到的严重后果。现实中也确实发生过这样的情况,有人把信用卡账号等个人资料在网上告诉了企业,被一些不良企业将货款划走,等消费者发现为时已晚。现在大多数从事电子商务的企业,都选择了货到付款这种比较可靠的方式,以解决在货款支付中双方互不信任的问题。

但是,电子商务活动进行的最终目的,就是为了进行快捷、方便、安全的交易,使资金使用和货物流向趋于合理。如果我们仍然沿用传统的交易方法,使用现款支付的方式来实行网上交易,必然会制约企业电子商务的运作规模,而且违背了电子商务活动的初衷。

4. 物流配送的问题

物流配送是电子商务的一个重要环节,如果没有相应的物流配送,电子商务就不能进行有效的运作,也不能产生规模效应,不能为消费者提供满意的服务,最终使消费者对电子商务这样一种先进的商业运作方式产生怀疑和失去信任,最终对它丧失信心。

在物流配送这一环节中,技术因素是一个方面的问题,而是否具有良好的商业伦理,对消费者实行一种真正负责的态度,也是物流配送当中一个非常重要的因素。它在某种程度上保证了物流配送的及时和准确。上海某报的几位记者曾经做过一次亲身体验。他们向一家号称"网上销品茂"的大型商业网站定购了几件货物。这家网络公司原来宣称所订货物半天内送到,而实际情况是两天都没有回音,更谈不上送货。这几位记者不禁感叹,网上购物犹如麦哲伦远航,"网海茫茫彼岸难寻,购物不比上街轻松"。

5. 虚假信息泛滥

电子商务以发达的网络为基础,网络的开放性使企业和个人能自由地在网上发布和搜集信息。网上信息内容丰富,传递量也大。也正因如此,网民面对真假难辨的信息有种窒息感。信息发达是社会文明、人类进步的标志,作为思想的载体,信息就是无形的财富,是商家的战略资源,是社会每个公民与时代共同进步的工具。而信息的泛滥则会变成人们的沉重负担,人们会在无力消化的信息面前感到焦虑和恐慌。在网络中,这种虚假信息的泛滥带来很多不良影响。一是垃圾信息,如不良读物和音像节目以及宣传暴力犯罪的信息大肆泛滥,严重影响了人们的正常生活。二是过时信息、无用信息占用了大量网络资源,大大降低了网络运行速度。三是虚假信息充斥于互联网中,一般网民很难分辨信息的真假,就算觉察到信息错误后,也很难向发布错误信息的人追究责任。因为信息真假难辨,所以许多网民在购物时宁愿辛辛苦苦满街跑,也不愿坐在计算机前耐心等待。

6. 诚信问题

随着社会信息化的建设发展,尽管人们看好电子商务的发展前景,但对电子商务的大规模、大范围的使用却顾虑重重。其实,人们顾虑的根源在于电子商务诚信度不够。在国家工商局公布的2003年消费者申诉举报的十大热点之一就有网上购物欺诈问题。诚信问题影响了人们的消费心理,阻碍了电子商务的健康发展。业内人士普遍认为电子商务发展瓶颈不是技术问题,而是网络诚信。所谓网络信任危机是指计算机网络中人与人之间缺乏必要的信任,人们对网络安全、网络信用体系缺乏足够的信任,从而导致网络人际交往和电子商务发展的困境。

4.8.3　电子商务活动中的伦理对策

伦理学认为,道德的作用机制主要有两方面:一是社会的道德舆论,二是主体的道德良心。后者作为一种内在机制,使其能自主自觉地选择正确的道德行为。对于自己的不道德行为,则能予以内心的谴责而产生羞愧,从而纠正、放弃道德上错误的行为取向。网络世界的弱约束性使社会舆论的力量较为无力,因此主体的道德良心约束机制尤为重要。在电子商务活动中,应秉承无害、诚信、公正、尊重的原则,建立道德伦理体系。

(1) 无害原则。电子商务道德主体应尽可能避免对他人造成不必要的伤害,应该提供安全而无害的商品、信息及服务。这是电子商务伦理体系必须严格遵守的最低道德标准,它可以简单地概括为"无论如何不要伤害"的强制命令。因此,它要求行为者在事先应存有无害他人的意图,并以此为标准及时调整自己的行为,杜绝那些可能对他人造成严重道德伤害的行为。只有坚守无害原则,商品的品质和信息的安全才可能得到基本的保障,消费者才可能逐步建立对电子商务的信任感。

(2) 诚实信用原则。这是民商法领域的"帝王条款",是市场经济交易当事人应严格遵循的基本商业道德。目前,我国电子商务遭遇信用危机,以致先进的电子商务模式难以取代传统的商业模式,症结在于交易双方的信任度不够。因此,必须消解信用障碍,建立和强化诚实信用的道德规范。

(3) 公正原则。电子商务道德主体的权利分配应体现社会平等,表现为参与电子商务交易的双方在权利和义务上是对等的。具体表现为在行为准则、技术应用、信息拥有、文化尊重等方面的公正。

(4) 尊重原则。在电子商务活动中,尊重原则具体化为对电子商务主体的人格权、隐私权、知识产权以及物权等方面的尊重。尊重是指电子商务参与各方之间的相互尊重,但居于优势的一方,尤其应当尊重弱势一方的各项权利。

行政手段、法律制裁和道德伦理保障是规范电子商务发展的有效手段。电子商务的生命力在于快速、便捷和全天候,与行政手段和法律干预相比,道德伦理的保障主要是能创造一种可信赖的商业环境,既具有法律制裁所难以具备的防患于未然的功效,又不会面临行政手段难以解决的交易安全性与便捷性的矛盾,是一种灵活且最有可能与电子商务本身形成良性互动的规范手段。

本章小结

本章从电子商务发展的角度出发,介绍了电子商务环境下的核心问题。通过对这些问题的分析,使学生对电子商务的发展以及面临的困难,有更深的认识。对应用何种技术克服和解决这些问题有一个初步了解。本章还对电子商务网站开发工具,进行了介绍。电子商务网站开发是一个复杂的过程,需要大量的开发工具,选择一个好的工具会让无码的工作效率事半功倍。本章只进行简单学习,其中大部分电子商务核心业务问题及网站开发工具则在后续课程(电子商务各分论)中详细介绍。

本章思考题

1. 电子商务下的核心问题有哪些？
2. 网络营销的作用有哪些？
3. 什么是客户关系管理？管理的内容是什么？
4. 为什么说物流是电子商务的基础？
5. 电子商务面临的安全威胁有哪些？
6. 动态网页设计有哪些开发工具？

第5章 电子商务专业实践教学体系

5.1 电子商务专业技能培养与实践教学体系

由于电子商务具有高度商业实践性和专业的综合性,电子商务专业的教学概念不断受到电子商务实践的影响而更新。电子商务专业教学不宜沿用传统的单一的课堂讲授模式,而应紧密结合专业特点,开设电子商务实验,以提高学生实践应用能力和创新能力。所以构建一个合理的实践教学体系显得十分重要。

5.1.1 建立实践教学体系的必要性

电子商务是一门交叉型学科,具有实践性强、发展速度快等特点,仅仅凭电子商务理论教学很难对日新月异的电子商务活动进行有效的指导,必须通过补充相关的实践教学来提高教学效果,因此构建一套完善的电子商务专业实践课程知识体系,是完善电子商务教学的有效手段和必要方式。电子商务专业实践课程知识体系的建立符合以下几点要求。

1. 适应教育政策和方向

早在2007年,教育部财政部就共同下发了文件,正式实施"高等学校本科教学质量与教学改革工程",在该质量工程中,6项主要工作的其中一项就是"实践教学与人才培养模式改革创新",这说明国家的教育政策非常重视实践教学,而作为经济管理类学科,在目前的状况下,通过建设实验室进行实践教学是最合适最有效的一种方式。

2. 符合学科建设及专业教学的需要

电子商务专业培养目标有明确指导意见,要培养学生的动手操作能力及创新能力,对于讲授相关课程的教师来说,目前的教学方式比较单一,主要是在课堂上进行理论的讲解,最多就是加入一些案例、教学课件,这种教学方式有一个很大的缺点,就是把抽象的理论知识进行抽象的表达,与实际结合的程度很低,不利于学生对理论知识的理解,也就导致教师上课时不能最好地表达理论知识的意义,学生不能真正理解理论知识的内容。如果能结合实践教学,老师可以将理论知识与现实情况结合,形象地将理论知识传授给学生,并带领学生在实验室利用软硬件进行仿真操作,让学生将所学的理论知识在实践中进行对照和论证,这样起到的教学效果远比课堂上枯燥的理论讲解要好得多。

3. 满足学生的实践要求

目前学生对知识的要求也更高,学生现在也更注重实践内容,在他们中间,最容易产生的一个问题就是我学了这个能做什么,实际上学生更需要对所学知识与实际情况进行对照,学生接触实际工作、进行实践操作的意愿也非常强烈。部分学生已经开始利用网络,自己去网上寻找一些与实际工作相关的信息,但是学生的这种信息查找没有明确的方向,盲目的信息查找还容易让学生产生误解。建立专业的实验室,我们可以利用实践课程来引导学生,使用专业的教学软件和手段对学生进行教学,来满足学生的这种求知欲望。

通过与其他开设电子商务专业的院校、实验室建设供应商、实验课程供应商等各个单位进行详细的交流和调研,根据电子商务专业的具体情况,提出了电子商务专业实践课程知识体系,构建一套较为完善的电子商务实践实训体系。

5.1.2 电子商务实践课程体系的层次和类型

实验教学知识体系的编制是电子商务专业建设的一个重要组成部分,对电子商务专业实验教学和课程体系设置的规范化建设具有重要意义。实践教学体系的设计充分考虑了电子商务专业人才知识和能力的需求,在基于网络环境的信息流、资金流和物流管理服务的知识体系基础上,根据教育部高等学校电子商务专业教学指导委员会编制的普通高等学校电子商务本科专业"知识体系"、"能力体系"、"素质体系"的教学需求。从而辅助学校培养既掌握现代商业流程,又掌握计算机应用技能,从事电子商务系统的商务运营和电子商务网站的开发和管理的复合型、创新型、创业型人才。

(1) 实验课程体系相对独立。这有利于建立与多学科的理论课程结构相结合的、系列化的实验课程,体现学科交叉以及学科综合应用的特色。

(2) 建立多层次的电子商务实验体系。开设多种类型的实验,设计丰富多样的实验项目,从而能充分发挥实验教学在培养学生观察理解、综合应用、创意创新等方面的作用,并可满足对电子商务不同领域所形成的专业特色的需求。

(3) 重视创新能力的培养。在各门实验课程和各层次的实验项目中,应培养学生的创造精神和创新能力,将这些创造力在以后综合性课程和高层次的实验项目中得以集中地体现。

5.1.3 电子商务专业实践教学体系的构建

在实验类型设计方面,提供验证型、设计型和综合型等多种类型的实验,强调学生的自学能力、实践能力、设计和创新能力,让学生在学习和实践中发现问题、分析问题、解决问题,满足电子商务教学中的创意、创新和创业的培养需求。在实验内容设计方面,实验内容体系构建强调以计算机技能和现代商务知识并重,突出理论教学与实践教学的统一。在实验教学模式方面,通过"理论教学"、"案例教学"和"实验教学"三位一体的教学模式,全方位辅助学校培养商务型、技术型、商务型和技术型并重的电子商务综合型人才。

在实验体系设计中,采用"三位一体"的立体化教学模式(图5-1),即把理论教学、案例教学和实验教学相互结合,把传统教学模式的优点与现代教学模式特点结合起来,形成一套既有利于培养学生的理论素养,又有利于培养学生动手能力,并且支持学生个性化发展的新型教学模式。同时,通过对真实案例的分析,把案例中的理论与技能知识形成教学任务,给学生营造出一种虚拟商务环境,使学生在完成任务的过程中掌握商务知识和计算机相关技术。

现将实践教学体系划分为 7 类实验,7 类实验需要循序渐进、分步实施。

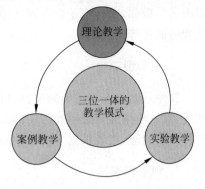

图 5-1　三位一体教学模式

1. 演示型实验

教师进行演示和示范操作或者播放生动活泼的课件。通过生动形象的演示实验,帮助理解抽象的概念,复杂的现象;帮助讲授困难的知识点和比较复杂的程序步骤。例如,学生通过网上购物、网上支付、信息搜索等流程的操作演示理解电子商务的本质和特征。

2. 操作型实验

对于那些难以通过课堂教学使学生理解的知识,可以通过操作型实验让学生加深理解。例如通过动手连接计算机网络及 Internet,安装配置管理域名服务器、文件传输服务器和电子邮件服务器等,加深对因特网的原理及基础应用的理解和掌握;申请电子邮箱并发送邮件、使用搜索引擎进行信息搜索、申请数字证书等,通过这一系列的具体操作,提高学生的动手能力,使学生能够对所学知识形成感性认识。

3. 制作型实验

制作型实验是在一定环境条件下,让学生使用给定的工作平台及工具,按照规定的制作步骤,完成指定的习作或仿制性项目。在这个过程中,一般是老师先给出一定的示范操作,学生通过模仿或者书上的提示进行操作。例如网页设计和一般的程序设计实验,学生刚开始都无法独立地进行实验,这时就可以通过模仿老师的操作,或者模仿书上的例子进行实验。如果通过模仿能够得到预期的实验效果,会增加学生学习的兴趣,久而久之,学生逐渐理解和消化了相关知识,就能达到应用自如、自我创新的程度。

4. 模拟型实验

模拟型实验是电子商务专业实验最典型的一种形式,功能多且使用普遍。模拟认知型实验就是利用电子商务模拟软件,在一种虚拟的场景中,由学生分别扮演不同的角色,模拟进行电子商务交易活动。在这种模拟认知型实验中,教师事先将学生分成若干组,每组都代表一个特定的电子商务活动参与者角色,然后进行仿真电子商务运营。为了掌握 EDI 的基本原理,可以模拟在真实环境下的贸易过程和流程操作;为了理解电子商务物流,可以进行如供应链上供应商、生产商、分销商、零售商和消费者等角色的模拟等。

5. 设计型实验

搜集特定的数据资料,构思设计流程和步骤,完成个性化的设计实验。设计型实验能够有效地开发学生的个性化思考、综合应用能力和创造能力,这些都是直接构成创新能力的重要因素。例如,进行电子商务网站前后台的设计和实现、开发一些小型应用系统,包括工作流程的设计等。

6. 创新型实验

教师只给出应该达到的实验目标要求,而实验的内容、方案、步骤、方法完全由学生自主确定,激发学生独立思考和创新的意识。创新实验的实施一般是学生参与到教师的科研中,进行发明创造,或者根据生活工作的实际,提出一些科研设想进行创新。

7. 创业型实验

创业实验是以商业计划为教学目标进行的训练和活动。例如比较容易实现的 C2C 电子商务的实践教学,就可以建立一个基于校园网的 C2C 电子商务网站,让学生参与网站的开发、设计、管理和实际的运营,把课堂中学到的知识应用到其中,并发挥自己的能力。在理论与实践结合的同时,不但大大激发了学生学习的热情,也可以为今后的工作打下一个良好的基础。

上述实践可以融入电子商务专业的相关课程中(如相应课程的课程设计),也可以单独设立实践课程。我们把专业课程从低年级到高年级依次分为专业基础课、专业方向课和综合性专业课 3 个层次,大部分的实验项目由课程提出,确定具体的实验项目内容。具体实验课程所涵盖的实验类型参见 5.2.2 节(具体类型由每门课程的实验大纲确定)。

5.2 实践项目设置

5.2.1 实践教学目的

通过本组实践,要求学生掌握电子商务必备的基本技能,达到具备初步从事电子商务实际工作的业务能力。

5.2.2 实践教学内容与安排

实践类别	序号	项目名称	实践内容	推荐课时
注册与基础	1	注册与基础	任务一:基础信息设置; 任务二:网上银行支付初步; 任务三:支付通支付初步	2
电子商务模型	2	B2B	任务一:B2B 交易模型; 任务二:服务商后台管理; 任务三:供应商、采购商业务维护; 任务四:诚信通业务; 任务五:供应商、采购商网上交易	5

续表

实践类别	序号	项目名称	实践内容	推荐课时
电子商务模型	3	B2C	任务一：B2C 交易模型； 任务二：B2C 前台（消费者）业务流程操作； 任务三：B2C 后台（服务商）业务流程操作	3
	4	C2C	任务一：C2C 交易模型； 任务二：买家卖家交易初步； 任务三：买家卖家交易深入； 任务四：C2C 后台（服务商）业务管理	5
	5	G2B	任务一：G2B 商业模型； 任务二：招投标项目的建立； 任务三：招投标项目的评审与中标； 任务四：招投标项目的后期业务处理	4
	6	网络广告平台	任务一：实践准备； 任务二：网络广告交易市场实践初步； 任务三：网络广告交易市场实践深入	3
电子商务环境	7	局域网搭建	任务一：学习构成局域网的基本部件； 任务二：掌握网络的接入方式及以太网的构成方法	1
	8	网页设计与制作	任务一：根据功能设计数据表； 任务二：创建 Access 数据库，并确认各数据表字段； 任务三：版面布局设计以及页面流程设计； 任务四：确认代码框架以及代码开发	3
	9	数据库设计	任务一：需求确定； 任务二：设计数据流程图及数据字典； 任务三：设计 E-R 图及 E-R 向关系模型的转化； 任务四：创建数据库表、视图及索引	4
网络营销	10	域名服务	任务一：服务商后台设置； 任务二：域名、主机申请	1
	11	网站优化	任务一：基础构建； 任务二：各优化手段学习	2
	12	搜索引擎	任务一：搜索引擎前台（用户）业务流程操作； 任务二：搜索引擎后台（服务商）业务流程操作	2
	13	网络广告	任务一：服务商环境设置和用户账户管理； 任务二：申请核心流程； 任务三：申请效果管理和其他功能	3
	14	邮件推广	任务一：邮件推广模型； 任务二：邮件发布订阅； 任务三：邮件推广的深入	2
	15	网络调研	任务一：账号角色和环境设置； 任务二：发布调研核心流程	2

续表

实践类别	序号	项目名称	实践内容	推荐课时
电子商务金融	16	网上银行	任务一：个人银行账户通知存款实现； 任务二：购买基金； 任务三：购买外汇； 任务四：企业银行账户代发工资； 任务五：企业银行自助贷款； 任务六：企业银行委托贷款	3
电子商务金融	17	支付通	任务一：买家卖家会员注册； 任务二：支付通交易实现； 任务三：红包管理和联系人管理； 任务四：提现金以及申请网站集成支付通服务	2
电子商务安全	18	CA认证	任务一：安装CA根证书，申请CA证书； 任务二：颁发CA证书，并安装CA证书	1
电子商务安全	19	信用认证	任务一：信用认证前台(用户)业务流程操作； 任务二：信用认证后台(服务商)业务流程操作	2
电子商务安全	20	电子签章	任务一：甲方合同签章并发送合同； 任务二：乙方合同签章使合同生效	1
电子商务物流	21	仓储实践	任务一：仓储基础环境设置； 任务二：仓储主要核心流程； 任务三：仓储预警分析和财务管理	4
电子商务物流	22	运输实践	任务一：运输基础环境设置； 任务二：运输订单管理； 任务三：车辆调度和运输管理； 任务四：运输公司日常工作处理； 任务五：运输公司财务管理	3

5.2.3　实践详细内容

项目一：注册与基础实践

【实践目的】

初步掌握电子支付流程与功能，为进一步进行电子商务实践做好基础信息的准备及数据的支持。

【实践流程图】

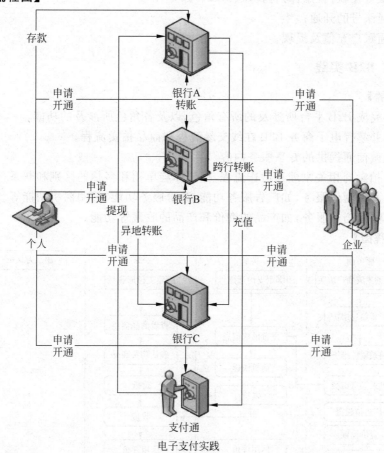

电子支付实践

【实践内容】

任务/课时	目的	内容
任务一：基础信息设置/1	基础信息设置，为进一步实验打好基础	(1) 基础信息维护，包括个人信息和企业信息； (2) 申请个人银行账号(至少3个，并跨行)，并通过银行柜台审核； (3) 申请企业银行账号(至少两个)，并通过银行柜台审核
任务二：网上银行支付初步/0.5	熟悉网上银行基础功能	(1) 个人银行存款、转账、跨行转账； (2) 企业银行存款、转账、开通付款通道
任务三：支付通支付初步/0.5	熟悉支付通基础功能	(1) 开通支付通账户； (2) 进行支付通账户充值及提现

【实践考核点】

- 个人信息设置；
- 企业信息设置；
- 个人网上银行的开通；
- 企业网上银行的开通；

- 个人银行存款、转账、跨行转账、跨域转账;
- 支付通账号的开通;
- 支付通账户充值及提现。

项目二:B2B 实践

【实践目的】

(1) 了解完成 B2B 平台所涉及的所有角色,以及各角色所涉及的功能。
(2) 了解并掌握电子商务 B2B 在线交易流程和商品拍卖流程。
(3) 掌握诚信通提供的专享服务内容。
(4) 了解拍卖的相关原理和运作流程,深刻体会单拍和多拍的区别和联系。
(5) 掌握卖家增值服务,如广告服务功能、竞价服务功能、订阅商机功能等。
(6) 了解买家增值服务,如产品的询价和产品的收藏等功能。

【实践流程图】

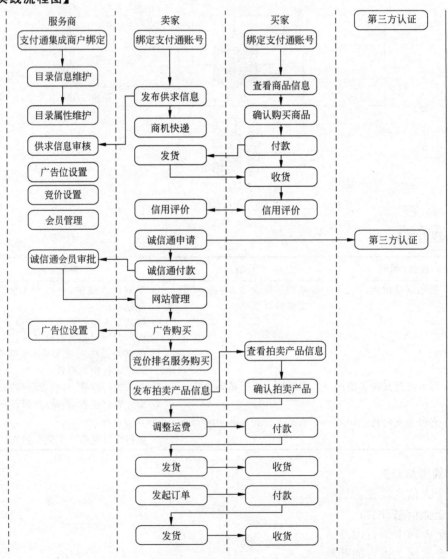

【实践内容】

任务/课时	目　　的	内　　容
任务一：B2B 交易模型/1	初步掌握 B2B 交易中涉及的角色及其业务关系	(1) 服务商账户绑定； (2) 注册供应商账号，发布供应信息，管理供应信息； (3) 注册采购商账号，发布求购信息，管理求购信息
任务二：服务商后台管理/1	掌握 B2B 服务商后台管理流程和内容	(1) 服务商账号设置，完成与支付通对接； (2) 商品类别管理，商品属性管理； (3) 会员管理，对采购商及供应商发布的信息审核； (4) 竞价管理，拍卖管理； (5) 广告及资讯的发布与管理
任务三：供应商、采购商业务维护/1	掌握供应商与采购商在 B2B 平台中的基本功能	(1) 供应商：订阅、管理商机，进行留言管理，维护公司简介； (2) 采购商：发布商品询价，收藏商品； (3) 维护会员资料（联系信息、密码信息和手机验证），绑定支付通
任务四：诚信通业务/1	了解诚信通业务功能，建立企业商铺	(1) 开通诚信通； (2) 使用诚信通专享服务（网站建立、诚信通档案维护、参加竞价、广告投放等）
任务五：供应商、采购商网上交易/1	掌握商家间的网上交易功能	(1) 发布拍卖（单拍和多拍两种），发起订单； (2) 进行商品在线交易，参加商品竞拍

【实践考核点】

- 服务商账户绑定；
- 注册供应商账号，发布供应信息，管理供应信息；
- 注册采购商账号，发布求购信息，管理求购信息；
- 服务商账号设置，完成与支付通对接；
- 商品类别管理，商品属性管理；
- 会员管理，对采购商及供应商发布的信息审核；
- 竞价管理，拍卖管理；
- 广告及资讯的发布与管理；
- 订阅、管理商机，进行留言管理，维护公司简介；
- 发布商品询价，收藏商品；
- 维护会员资料（联系信息、密码信息和手机验证），绑定支付通；
- 开通诚信通；
- 使用诚信通专享服务（网站建立、诚信通档案维护、参加竞价、广告投放等）；
- 发布拍卖（单拍和多拍两种），发起订单；
- 进行商品在线交易，参加商品竞拍。

项目三：B2C 实践

【教师讲解 10 分钟】（配套 ppt）
- 什么是 B2C；
- 涉及的概念；
- 涉及的角色；
- 实践中的注意事项；
- 实践后的深入学习和思考。

【实践目的】

（1）学习 B2C 商务平台的交易模型及交易环境。

（2）了解个人消费者如何在网上选择商品，订购商品，填写订单。

（3）了解 B2C 的结构功能特点。

（4）理解消费者在 B2C 流程中的应用。

（5）掌握电子商务中有关 B2C 的相关知识。

【实践流程图】

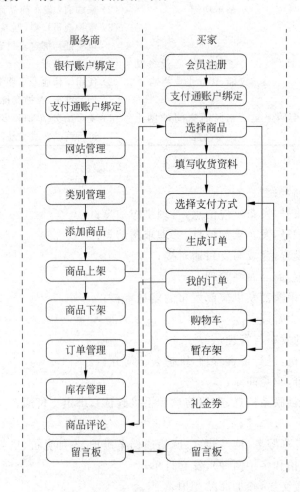

【实践内容】

任务/课时	目　　的	内　　容
任务一：B2C 交易模型/1	初步掌握 B2C 交易中涉及的角色及其业务关系	（1）消费者注册 B2C 平台会员； （2）服务商进行商品类别和品牌管理，添加发布商品； （3）服务商添加物流公司,礼金券管理,添加商品的入库,网站基础数据维护等
任务二：B2C 前台（消费者）业务流程操作	掌握网上购物环境和基本购物流程及不同支付工具在网络购物中的使用	（1）消费者添加收货地址； （2）搜索、浏览商品,购买与付款,查看订单； （3）给服务商留言,查看留言回复,评论购物商品； （4）维护会员信息,维护密码
任务三：B2C 后台（服务商）业务流程操作	掌握 B2C 网上商店的构建过程及 B2C 后台的进销存管理	（1）服务商查看会员信息,查看发布中的商品,商品编辑,商品下架或删除； （2）订单管理； （3）商品批发,服务商回复留言,查看商品评论信息； （4）管理商品库存,维护公司和菜单信息

【实践考核点】

- B2C 平台会员的注册；
- 服务商进行商品类别和品牌管理,添加发布商品；
- 服务商添加物流公司,礼金券管理,添加商品的入库,网站基础数据维护等；
- 消费者添加收货地址；
- 购买与付款,查看订单；
- 给服务商留言,查看留言回复,评论购物商品；
- 维护会员信息,维护密码；
- 服务商查看会员信息,查看发布中的商品,商品编辑,商品下架或删除；
- 订单管理；
- 商品批发,服务商回复留言,查看商品评论信息；
- 管理商品库存,维护公司和菜单信息。

项目四：C2C 实践

【教师讲解 10 分钟】（配套 ppt）

- 什么是 C2C；
- 涉及的概念；
- 涉及的角色；
- 实践中的注意事项；
- 实践后的深入学习和思考。

【实践目的】

（1）熟悉并了解 C2C 交易模式的运营环境。

(2) 了解并掌握电子商务 C2C 在线购物流程和商品出售流程。
(3) 掌握通过第三方支付平台来完成交易支付的方法。
(4) 了解拍卖的相关原理和运作流程。
(5) 掌握通过卖家增值方式,如购买直通车来推广自己的商品。
(6) 了解通过消费者保障服务来保障消费者合法权益的操作流程。

【实践流程图】

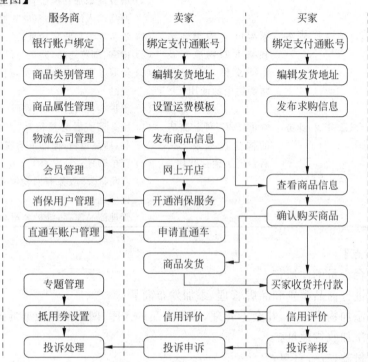

【实践内容】

任务/课时	目的	内容
任务一:C2C 交易模型/1	初步掌握 C2C 交易中涉及的角色及其业务关系	(1) 服务商绑定账户; (2) 服务商后台进行商品类别管理,商品属性管理,物流公司添加,抵用券设置等; (3) 申请 C2C 卖家账号,发布商品若干
任务二:买家卖家交易初步/1.5	初步掌握在 C2C 平台中买卖双方的业务功能	(1) 申请买家账号; (2) 宝贝搜索、浏览、出价与付款; (3) 卖家查看发布中的商品,处理订单; (4) 卖家编辑商品,商品上架,设置运费、商品被下架或删除; (5) 买家确认收货和评价; (6) 卖家交易成交后发货并给予买家评价

续表

任务/课时	目 的	内 容
任务三：买家卖家交易深入/1.5	深入学习买卖双方功能及交易保障、售后服务等	(1) 买家对宝贝留言，对店铺留言； (2) 买家发布求购信息，收藏宝贝，收藏店铺； (3) 买家使用抵用券购买促销商品； (4) 卖家免费开店，并对店铺进行管理； (5) 卖家开通消费者保障服务，对商品进行橱窗推荐； (6) 买家购买直通车推广宝贝； (7) 买家投诉和退款
任务四：C2C后台（服务商）业务管理/1	学习和掌握C2C后台（服务商）功能	(1) 服务商对投诉进行处理； (2) 通知消保用户消费，强制退出消保； (3) 管理发布商品，会员管理，交易管理； (4) 消费者保护管理，直通车管理； (5) 物流公司管理，专题管理以及其他管理

【实践考核点】

- 服务商绑定账户；
- 服务商后台进行商品类别管理，商品属性管理，物流公司添加，抵用券设置；
- 申请C2C卖家账号，发布商品若干；
- 申请买家账号；
- 宝贝搜索、浏览、出价与付款；
- 卖家查看发布中的商品，处理订单；
- 卖家编辑商品，商品上架，设置运费、商品被下架或删除；
- 买家确认收货和评价；
- 卖家交易成交后发货并给予买家评价；
- 买家对宝贝留言，对店铺留言；
- 买家发布求购信息，收藏宝贝，收藏店铺；
- 买家使用抵用券购买促销商品；
- 卖家免费开店，并对店铺进行管理；
- 卖家开通消费者保障服务，对商品进行橱窗推荐；
- 买家购买直通车推广宝贝；
- 买家投诉和退款；
- 服务商对投诉进行处理；
- 通知消保用户消费，强制退出消保；
- 管理发布商品，会员管理，交易管理；
- 消费者保护管理，直通车管理；
- 物流公司管理，专题管理以及其他管理。

项目五：G2B 实践

【教师讲解 10 分钟】（配套 ppt）
- 什么是 G2B；
- 涉及的概念；
- 涉及的角色；
- 实践中的注意事项；
- 实践后的深入学习和思考。

【实践目的】

（1）掌握招投标管理机构对供应商、采购商和评标专家的审核、管理，以及对每一个招投标项目的跟踪管理。

（2）了解企业如何制订及提交采购项目。

（3）掌握供应商如何申请投标，如何填写标书及提交，并对招标过程和结果提出合理质疑。

（4）掌握评标专家如何对采购项目进行评标。

【实践流程图】

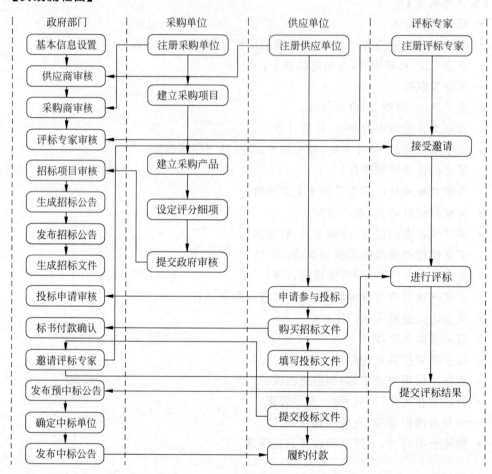

【实践内容】

任务/课时	目的	内容
任务一：G2B商业模型/1	初步掌握招标采购模型，了解各个角色的功能	(1) 注册政府信息，注册供应公司（至少3家），注册采购公司，注册评标专家（至少3位）； (2) 招投标管理部门审核供应公司、采购公司和评标专家信息，发布采购新闻和通知信息，设置银行账号； (3) 供应公司添加供应商品，上传资质文件和厂家授权信息，进行账户充值； (4) 评标专家上传资质文件信息
任务二：招投标项目的建立/1	掌握招投标项目的建立构成	(1) 采购公司添加采购项目，添加采购包，添加采购产品； (2) 设定评分细项，提交采购项目； (3) 招投标管理部门审核采购项目，发布招标公告，生成招标文件，审核投标申请； (4) 供应公司查看招标公告，购买、填写、投递标书
任务三：招投标项目的评审与中标/1	掌握招投标项目的评审与中标流程及功能	(1) 招投标管理部门邀请评标专家评标； (2) 发布预中标、中标公告，确定预中标、中标单位、管理投标保证金； (3) 评标专家接受邀请，评定采购项目，填写项目评述
任务四：招投标项目的后期业务处理/1	掌握项目中标后的后期处理功能	(1) 招投标管理部门处理质疑投诉信息； (2) 采购公司查询项目，项目进度情况； (3) 供应公司查看预中标、中标公告，查看预中标、中标单位，投诉和质疑采购项目

【实践考核点】

- 注册政府信息，注册供应公司，注册采购公司，注册评标专家；
- 招投标管理部门审核供应公司、采购公司和评标专家信息，发布采购新闻和通知信息，设置银行账号；
- 供应公司添加供应商品，上传资质文件和厂家授权信息，进行账户充值；
- 评标专家上传资质文件信息；
- 采购公司添加采购项目，添加采购包，添加采购产品；
- 设定评分细项，提交采购项目；
- 招投标管理部门审核采购项目，发布招标公告，生成招标文件，审核投标申请；
- 供应公司查看招标公告，购买、填写、投递标书；
- 招投标管理部门邀请评标专家评标；
- 发布预中标、中标公告，确定预中标、中标单位、管理投标保证金；
- 评标专家接受邀请，评定采购项目，填写项目评述；
- 招投标管理部门处理质疑投诉信息；
- 采购公司查询项目，项目进度情况；
- 供应公司查看预中标、中标公告，查看预中标、中标单位，投诉和质疑采购项目。

项目六：网络广告平台

【教师讲解 10 分钟】(配套 ppt)

- 什么是网络广告平台；
- 涉及的概念；
- 涉及的角色；
- 实践中的注意事项；
- 实践后的深入学习和思考。

【实践目的】

(1) 熟悉并了解网络广告交易模式的运营环境。

(2) 了解并掌握网络广告平台提供的几种形式的广告位。

(3) 掌握网站主广告位的发布流程。

(4) 了解广告主广告组以及广告牌建立的意思。

(5) 体会 4 种广告之间的区别与联系。

(6) 掌握辅助功能，如留言管理、信用评价管理、广告收藏管理等。

【实践流程图】

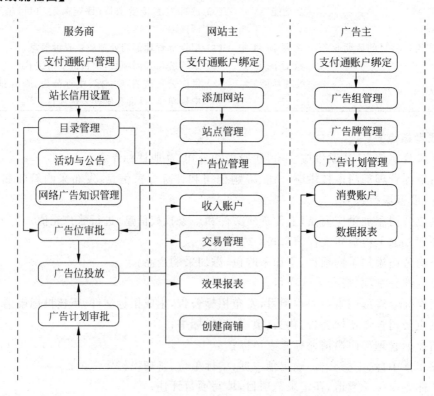

【实践内容】

任务/课时	目 的	内 容
任务一：实践准备/0.5	初步掌握网络广告交易市场模型，了解各个角色的功能	(1) 实验前准备：注册网上银行和支付通账号，服务商账户绑定； (2) 进入服务商后台进行活动与公司管理，站长信用设置，目录管理，网络广告知识管理； (3) 注册网络广告平台账号（网站主和广告主两个），广告主绑定支付通，并进行账户充值
任务二：网络广告交易市场实践初步/1	初步掌握网络广告发布流程	(1) 网站主：发布广告位（时长广告、点击广告和展示广告），建立商铺； (2) 服务商：广告位审批，精品广告位推荐，低价广告位推荐； (3) 广告主：申请广告组，建立广告牌； (4) 服务商：审批广告组、广告牌； (5) 广告主建立广告计划（购买时长广告、点击广告、展示广告）； (6) 广告主：发布效果广告活动
任务三：网络广告交易市场实践深入/1.5	掌握网络广告交易市场各个角色的深入功能	(1) 服务商：审批广告计划； (2) 服务商：对点击广告和展示广告进行投放，并进行收费； (3) 网站主：申请效果广告； (4) 广告主：审批效果广告申请，并给予付费； (5) 网站主：查看收入账户，交易信息，效果报表； (6) 广告主：查看消费账户和数据报表； (7) 广告正式投放后：查看交易详细，发送留言信息； (8) 广告交易结束后：网站主和广告主进行相互评价； (9) 广告主：收藏感兴趣的广告位，并对收藏夹进行管理； (10) 网站主：对收入的账户进行提现和转入消费操作

【实践考核点】

- 服务商账户绑定；
- 进入服务商后台进行活动与公司管理，站长信用设置，目录管理，网络广告知识管理；
- 注册网络广告平台账号（网站主和广告主两个），广告主绑定支付通，并进行账户充值；
- 网站主：发布广告位（时长广告、点击广告和展示广告），建立商铺；

- 服务商：广告位审批，精品广告位推荐，低价广告位推荐；
- 广告主：申请广告组，建立广告牌；
- 服务商：审批广告组、广告牌；
- 广告主建立广告计划（购买时长广告、点击广告、展示广告）；
- 广告主：发布效果广告活动；
- 服务商：审批广告计划；
- 服务商：对点击广告和展示广告进行投放，并进行收费；
- 网站主：申请效果广告；
- 广告主：审批效果广告申请，并给予付费；
- 网站主：查看收入账户、交易信息、效果报表；
- 广告主：查看消费账户和数据报表；
- 广告正式投放后：查看交易详细，发送留言信息；
- 广告交易结束后：网站主和广告主进行相互评价；
- 广告主：收藏感兴趣的广告位，并对收藏夹进行管理；
- 网站主：对收入的账户进行提现和转入消费操作。

项目七：局域网搭建

【教师讲解 10 分钟】（配套 ppt）
- 什么是局域网；
- 涉及的概念；
- 实践中的注意事项；
- 实践后的深入学习和思考。

【实践目的】
（1）掌握网络连接设备的知识。
（2）掌握网络的接入方式。
（3）熟悉局域网搭建的方法。

【实践流程图】

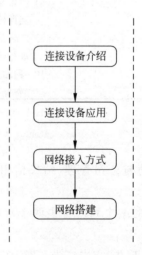

【实践内容】

任务/课时	目 的	内 容
任务一：学习构成局域网的基本部件/0.5	认识构成局域网的基本部件	(1) 同轴电缆的概念和分类； (2) 通信常用光缆种类，光缆的安装，光缆的测试参数和测试方法，光缆障碍点的判断与维修，同轴电缆、双绞线、光缆的性能比较等； (3) 网络适配器概念，网卡必须具备的技术，网卡的不同分类； (4) 集线器（HUB）概念，HUB在网络中所处的位置、HUB的分类； (5) 交换机工作原理，局域网交换机的种类和选择； (6) 什么是路由器，路由器的结构和类型
任务二：掌握网络的接入方式及以太网的构成方法/0.5	学习网络接入方式及以太网构成方法	局域网的搭建及网络接入

【实践考核点】

- 构成局域网的各种部件识别；
- 以太网的构建及网络接入。

项目八：网页设计与制作

【教师讲解 10 分钟】（配套 ppt）

- 实践内容；
- 涉及的工具；
- 涉及的文件夹与页面；
- 实践中的注意事项；
- 实践后的深入学习和思考。

【实践目的】

(1) 学习网站的设计与制作的方法和步骤。
(2) 学习网页布局的概念、方法以及布局形式。
(3) 学习网站设计的过程及实现方式。
(4) 通过使用 ASP 掌握典型网站页面的设计制作。

【实践流程图】

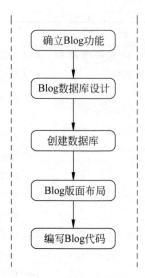

【实践内容】

任务/课时	目 的	内 容
任务一：根据功能设计数据表/0.5	分析Blog系统功能并根据功能设计相应的数据库	(1) 分析功能 个人档案功能,分类功能,日志功能,评论功能,留言功能,访问统计功能。 (2) 根据所了解的功能设计数据表,确定表名 表名包括： ① Comments(记录日志的评论信息) ② Category(记录用户Blog的分类) ③ Messages(记录留言信息) ④ Information(记录用户的个人档案信息) ⑤ Members(记录用户) ⑥ Contents(记录Blog日志文章) ⑦ Counter(记录Blog访问统计)
任务二：创建Access数据库,并确认各数据表字段/0.5	创建Blog系统的数据库	使用Access建立数据库,并完成7个表的字段设计。 例如表Comments： <table><tr><td>字段名称</td><td>数据类型</td><td>标题默认值</td></tr><tr><td>CommID</td><td>自动编号</td><td>评论编号</td></tr><tr><td>CommLogID</td><td>数字</td><td>评论所属日志编号</td></tr><tr><td>CommAuthor</td><td>文本</td><td>评论者名称</td></tr><tr><td>CommContent</td><td>备注</td><td>评论内容</td></tr><tr><td>CommPostTime</td><td>日期/时间</td><td>评论时间now()</td></tr><tr><td>CommPostIP</td><td>文本</td><td>评论者所在地IP地址</td></tr></table>

续表

任务/课时	目　　的	内　　容
任务三：版面布局设计以及页面流程设计/0.5	Blog系统的版面布局设计	（1）选择版面布局形式； （2）Blog页面流程设计
任务四：确认代码框架以及代码开发/1.5	代码开发	（1）学习代码框架。提供了一个3层结构框架的下载学习； （2）学习使用CSS； （3）使用VBScript语言，使用ASP技术，完成代码开发

【实践考核点】
- 4个页面设计与制作；
- 7个表设计；
- 15个代码实现。

项目九：数据库设计

【教师讲解10分钟】（配套ppt）
- 实践内容；
- 涉及的工具；
- 涉及的概念；
- 实践中的注意事项；
- 实践后的深入学习和思考。

【实践目的】
掌握数据库设计的基本流程和方法。

【实践流程图】

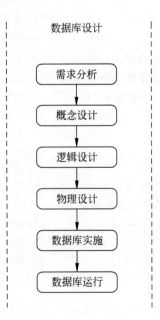

【实践内容】

任务/课时	目 的	内 容
任务一：需求确定/1	分析图书馆借书管理系统需求	(1) 分析系统的使用人员借阅管理部门和学生。 (2) 分析业务活动情况 ① 学生：借书，还书，借书情况查询和书籍查询； ② 图书管理员：借书管理、借书情况查询、借书情况统计。 (3) 明确对新系统的各种需求、并确定功能 ① 学生：信息要求（包括书籍信息、读者借阅信息等）； 　　　　处理要求（包括书籍信息查询、读者借阅信息查询等）。 ② 图书管理员：信息要求（包括借书用户信息等）； 　　　　　　处理要求（包括借书情况添加、删除、修改、查询，借书情况统计等）
任务二：设计数据流程图及数据字典/1	设计图书馆借书管理系统数据流程图及数据字典	(1) 绘制图书馆借书管理系统数据流的顶层图； (2) 绘制学生书籍查询0层图； (3) 绘制学生书籍借阅的0层图； (4) 设计数据字典数据项； (5) 设计数据字典数据结构； (6) 设计数据字典数据流； (7) 设计数据字典数据存储； (8) 设计数据字典数据处理过程
任务三：设计 E-R 图及 E-R 向关系模型的转化/0.5	绘制图书馆借书管理系统 E-R 图并向关系模型的转化	(1) 设计借书处理 E-R 图； (2) 设计查询处理 E-R 图； (3) 集成 E-R 图； (4) 生成一对一的实体型的关系模式； (5) 与 N 端对应的关系模式合并； (6) 合并关系模式； (7) 设计用户子模式
任务四：创建数据库表、视图及索引/1.5	创建图书馆借书管理系统数据库表、视图及索引	(1) 建立管理员信息表并设置主键； (2) 建立书籍类别信息表并设置主键； (3) 建立学生借书信息表并设置主键； (4) 建立书籍信息表并设置主键； (5) 建立学生信息表并设置主键；

续表

任务/课时	目的	内容
任务四：创建数据库表、视图及索引/1.5	创建图书馆借书管理系统数据库表、视图及索引	（6）创建图书查询（学生）视图——StudentBook； （7）创建图书查询（管理员）视图——TeacherBook； （8）建立图书书籍编号索引

【实践考核点】
- 分析系统的使用人员；
- 分析业务活动情况；
- 明确对新系统的各种需求、并确定功能；
- 绘制图书馆借书管理系统数据流的顶层图；
- 绘制学生书籍查询0层图；
- 绘制学生书籍借阅的0层图；
- 设计数据字典数据项；
- 设计数据字典数据结构；
- 设计数据字典数据流；
- 设计数据字典数据存储；
- 设计数据字典数据处理过程；
- 设计借书处理E-R图；
- 设计查询处理E-R图；
- 集成E-R图；
- 生成一对一的实体型的关系模式；
- 与N端对应的关系模式合并；
- 合并关系模式；
- 设计用户子模式；
- 建立管理员信息表并设置主键；
- 建立书籍信息表并设置主键；
- 建立学生信息表并设置主键；
- 建立书籍类别表并设置主键；
- 建立学生借书情况信息表并设置主键；
- 创建书籍查看（学生）查询视图——StudentBook；
- 创建书籍查看（管理员）查询视图——TeacherBook；
- 建立图书书籍编号索引。

项目十：域名服务

【教师讲解10分钟】（配套ppt）
- 什么是域名；

- 涉及的概念；
- 涉及的角色；
- 实践中的注意事项；
- 实践后的深入学习和思考。

【实践目的】

（1）了解域名服务前台和后台所涉及的主要功能。

（2）掌握主机和域名发布的方法。

（3）掌握域名购买流程。

（4）掌握主机购买流程。

（5）了解主机管理和域名管理的内容。

（6）体会发票申请中可申请金额的数量。

【实践流程图】

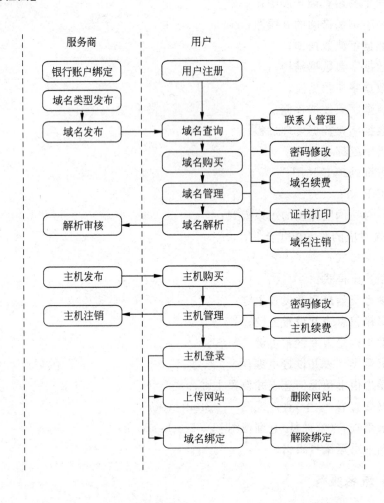

【实践内容】

任务/课时	目　的	内　　容
任务一：服务商后台设置/0.5	设置域名、主机申请平台，了解域名、主机内容	(1) 绑定银行账号； (2) 维护域名类别,发布域名信息； (3) 发布主机信息,促销产品； (4) 发布新闻,客户案例,设置联系方式
任务二：域名、主机申请/0.5	学习域名、主机申请流程	(1) 客户注册会员,购买域名,购买主机； (2) 客户进行域名管理：业务详情,联系人管理,域名解析,密码修改,证书打印,域名续费,域名注销； (3) 客户进行主机管理：包括网站上传,域名绑定,域名续费； (4) 客户申请发票,发送提问； (5) 服务商进行会员管理,域名业务管理,域名解析,主机业务管理； (6) 服务商对发票进行审批,回答客户提问

【实践考核点】

- 绑定银行账号；
- 维护域名类别,发布域名信息；
- 发布主机信息,促销产品；
- 发布新闻,客户案例,设置联系方式；
- 客户注册会员,购买域名,购买主机；
- 客户进行域名管理：业务详情,联系人管理,域名解析,密码修改,证书打印,域名续费,域名注销；
- 客户进行主机管理：包括网站上传,域名绑定,域名续费；
- 客户申请发票,发送提问；
- 服务商进行会员管理,域名业务管理,域名解析,主机业务管理；
- 服务商对发票进行审批,回答客户提问。

项目十一：网站优化

【教师讲解 10 分钟】(配套 ppt)

- 什么是网站优化；
- 涉及的概念；
- 实践中的注意事项；
- 实践后的深入学习和思考。

【实践目的】

(1) 熟悉并了解网站优化的概念。

(2) 了解并掌握网站基础构建的重要性。

(3) 了解并掌握网站优化中内容建设的要点。

(4) 了解并掌握网站优化中常用优化，如 Title 优化等。

(5) 了解并掌握网站优化中的链接优化，如内部链接，外部链接等。

(6) 了解并掌握网站优化中的非文本优化，如图片优化。

(7) 了解网站优化中的性能优化，如消除重复引用、缓存内容等。

【实践流程图】

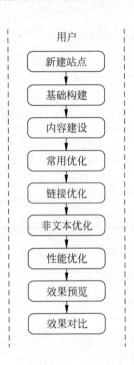

【实践内容】

任务/课时	目的	内容
任务一：基础构建/0.5	掌握网站优化的概念和基础构建的概念，并熟悉平台的操作	(1) 新建站点； (2) 选择网站的基础构建； (3) 熟悉内置网站结构； (4) 熟悉平台的操作
任务二：各优化手段学习/1.5	掌握各优化手段的概念和使用方式	(1) 内容建设； (2) 常用优化； (3) 链接优化； (4) 非文本优化； (5) 性能优化

【实践考核点】

- 新建站点；
- 服务器选择；
- 域名选择；

- 程序选择；
- 网络提供商选择；
- 内容添加；
- Title 优化；
- Meta 优化；
- 关键字优化；
- 图片优化；
- 增加内部链接；
- 增加导入链接；
- 增加导出链接；
- 改良导航结构；
- 将 URL 标准化；
- 建设网站地图；
- 消除页面重复引用；
- 页面压缩；
- 缓存内容；
- 效果预览；
- 对比学习。

项目十二：搜索引擎

【教师讲解 10 分钟】（配套 ppt）

- 什么是搜索引擎；
- 涉及的概念；
- 涉及的角色；
- 实践中的注意事项；
- 实践后的深入学习和思考。

【实践目的】

(1) 学习搜索引擎竞价排名。

(2) 了解搜索引擎竞价排名优势，竞价排名规则。

(3) 了解怎样合理设置竞价关键字以最少成本获得最好推广效果。

(4) 理解搜索引擎在互联网的应用。

(5) 掌握搜索引擎的相关知识。

【实践流程图】

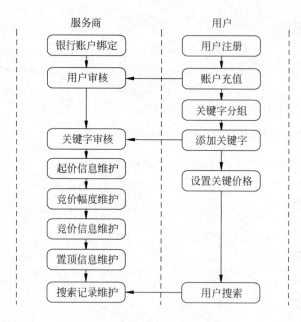

【实践内容】

任务/课时	目 的	内 容
任务一：搜索引擎前台(用户)业务流程操作/1	掌握如何设置关键字、怎样管理关键字、如何合理设置自己关键字的竞价价格	(1) 注册为搜索引擎用户，缴纳费用； (2) 添加关键字，关键字分组，对关键词进行分组管理，按组进行批量编辑等操作； (3) 设置关键字的竞价模式，竞价价格； (4) 对设置的关键字进行搜索，查看搜索结果中参与竞价中关键字的排名情况； (5) 给服务商留言，查看留言回复； (6) 维护会员信息，维护密码； (7) 查看统计报告，快速地了解推广情况
任务二：搜索引擎后台(服务商)业务流程操作/1	掌握搜索引擎服务商对会员的管理。掌握如何设置关键字以及关键字的竞价价格及竞价幅度。了解如果对置顶关键字的管理、对用户搜索记录的维护	(1) 服务商查看会员信息，对会员进行审核； (2) 竞价管理，设置竞价关键字，竞价的起价信息及竞价幅度； (3) 商品关键字管理，对用户设置的关键字进行审核及编辑、删除； (4) 留言管理，查看回复及删除用户留言； (5) 发布网站消息； (6) 置顶信息维护，添加、编辑或删除置顶关键字； (7) 维护搜索记录

【实践考核点】

- 服务商对加入会员进行管理；
- 服务商添加、编辑或删除竞价关键字，设置竞价关键字的起价及竞价幅度的维护；

- 服务商对用户设置的关键字审核、删除；
- 服务商添加、编辑或删除置顶关键字；
- 服务商对用户搜索记录进行维护；
- 服务商查看用户留言及对留言进行回复；
- 注册为搜索引擎用户；
- 给注册的用户进行网上充值；
- 维护个人信息,维护密码；
- 用户给服务商留言,查看留言回复；
- 设置关键字分组,对关键字进行分组管理,按组进行批量编辑等操作；
- 添加关键字,设置关键字的竞价模式及关键字的竞价价格；
- 对设定的关键字进行搜索,查看当前关键字在搜索结果中的排名情况；
- 查看统计报告,快速地了解推广情况。

项目十三：网络广告

【教师讲解 10 分钟】(配套 ppt)
- 什么是网络广告；
- 涉及的概念；
- 涉及的角色；
- 实践中的注意事项；
- 实践后的深入学习和思考。

【实践目的】
(1) 熟悉并了解网络广告存在的市场意义。
(2) 了解网络广告类型和广告的体现形式。
(3) 了解网络广告的报价方式和定价区别的原因。
(4) 掌握服务商对网络广告的管理方式。
(5) 掌握网络广告的运作流程。

【实践流程图】

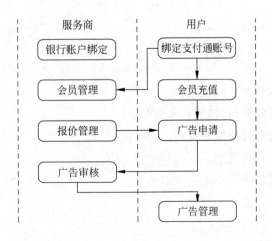

【实践内容】

任务/课时	目的	内容
任务一：服务商环境设置和用户账户管理/0.5	初步掌握作为网络广告的发布商需要设置的初始数据	(1) 服务商绑定账户； (2) 服务商后台进行广告报价的设置等； (3) 用户申请网络广告账号； (4) 服务商对会员进行管理
任务二：申请核心流程/1.5	初步掌握用户申请网络广告需要提交的数据以及服务商处理方式	(1) 用户进行账户充值； (2) 选择广告类型和发布时间，申请广告位； (3) 服务商对广告申请的审核处理
任务三：申请效果管理和其他功能/1	通过选择不同广告位和广告形式，学习广告之间的区别	(1) 服务商对已发布广告的效果查看； (2) 服务商对某些类型广告进行促销

【实践考核点】

- 服务商绑定账户；
- 服务商网站广告报价；
- 用户申请网络广告账户；
- 用户充值；
- 用户提交广告申请；
- 服务商广告审核、编辑、撤销；
- 服务商设置广告位促销；
- 用户对申请的广告进行管理。

项目十四：邮件推广

【教师讲解 10 分钟】（配套 ppt）

- 什么是邮件推广；
- 涉及的概念；
- 涉及的角色；
- 实践中的注意事项；
- 实践后的深入学习和思考。

【实践目的】

(1) 熟悉并了解邮件推广的概念。
(2) 了解并掌握信箱服务，能发信和收信。
(3) 了解并掌握邮件订阅服务流程。
(4) 了解并掌握客户群管理。
(5) 了解并掌握邮件推广中的广告服务。
(6) 了解并掌握推广效果的分析。

【实践流程图】

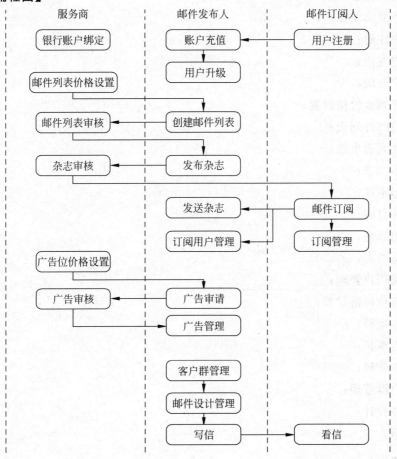

【实践内容】

任务/课时	目的	内容
任务一：邮件推广模型/0.5	初步掌握邮件推广中涉及的角色及其业务关系	(1) 服务商绑定账户； (2) 服务商后台进行邮件列表价格设置； (3) 申请邮件发布人，邮件订阅人若干； (4) 升级高级用户； (5) 邮件设计； (6) 客户群管理
任务二：邮件发布订阅/0.5	掌握在邮件推广平台中的推广业务功能	(1) 创建邮件列表； (2) 发布杂志； (3) 订阅邮件； (4) 发送杂志
任务三：邮件推广的深入/1	深入学习邮件推广业务功能等	(1) 广告申请； (2) 广告审核； (3) 广告管理； (4) 效果分析

【实践考核点】
- 服务商绑定账户；
- 用户注册；
- 账户充值；
- 用户升级；
- 邮件列表价格设置；
- 创建邮件列表；
- 邮件列表审核；
- 发布杂志；
- 杂志审核；
- 邮件订阅；
- 订阅管理；
- 发送杂志；
- 订阅用户管理；
- 广告位价格设置；
- 广告申请；
- 广告审核；
- 广告管理；
- 客户群管理；
- 邮件设计；
- 写信；
- 看信。

项目十五：网络调研

【教师讲解 10 分钟】（配套 ppt）
- 什么是网络调研；
- 涉及的概念；
- 涉及的角色；
- 实践中的注意事项；
- 实践后的深入学习和思考。

【实践目的】
（1）学习网络调研发布环境。
（2）了解网络调研的体现形式。
（3）了解网络调研的发布流程。
（4）如何参与网络调研。

【实践流程图】

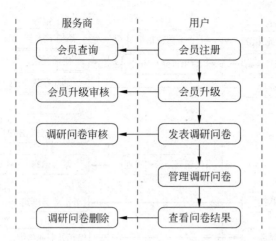

【实践内容】

任务/课时	目的	内容
任务一：账号角色和环境设置/0.5	初步掌握网络调研的会员功能和公告的管理	（1）用户申请网络调研账号； （2）会员升级账号； （3）服务商对会员进行管理； （4）服务商发布公告
任务二：发布调研核心流程/1.5	初步掌握用户发布网络调研的流程和审核步骤	（1）会员发布网络调研； （2）会员管理已发布的调研； （3）服务商对发布的调研的审核处理

【实践考核点】
- 用户申请网络调研账户；
- 会员提交高级会员申请；
- 服务商审核高级会员申请；
- 会员发布网络调查；
- 服务商审核调查问卷；
- 服务商维护调查问卷。

项目十六：网上银行

【教师讲解 10 分钟】（配套 ppt）
- 什么是网上银行；
- 涉及的概念；
- 涉及的角色；
- 实践中的注意事项；
- 实践后的深入学习和思考。

【实践目的】
熟练掌握网上银行的业务。

【实践流程图】

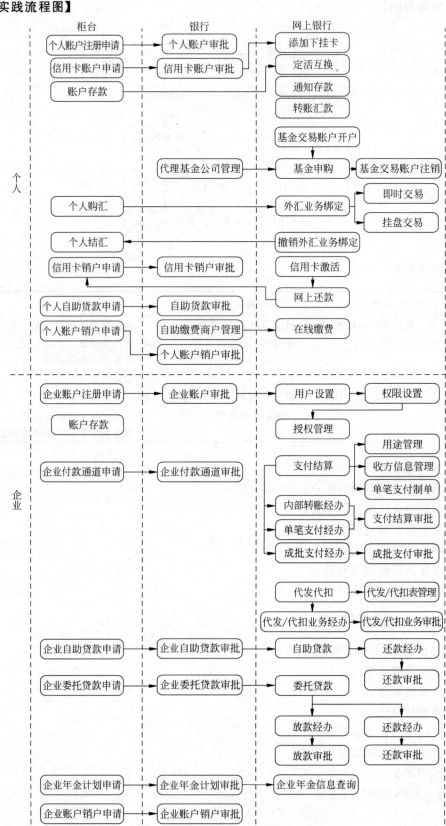

【实践内容】

任务/课时	目的	内容
任务一：个人银行账户通知存款实现/0.5	了解个人账户开通及账户管理	(1) 个人用户在银行柜台申请个人账户； (2) 银行审批通过个人账户申请； (3) 个人用户在银行柜台个人账户存款； (4) 登录个人网上银行账户，对个人账户进行管理
任务二：购买基金/0.5	了解基金购买流程	(1) 开通基金账户； (2) 购买基金； (3) 基金赎出； (4) 基金账户销户
任务三：购买外汇/0.5	了解外汇购买流程	(1) 个人用户在银行柜台购买外汇； (2) 开通外汇账户； (3) 通过挂盘进行外汇交易； (4) 结汇； (5) 外汇账户销户
任务四：企业银行账户代发工资/0.5	了解企业银行代发业务的操作流程	(1) 管理代发表； (2) 代发业务经办； (3) 代发业务审批； (4) 代发业务查询； (5) 企业年金账户查询
任务五：企业银行自助贷款/0.5	了解企业通过网上银行自助贷款的流程	(1) 企业用户在银行柜台申请自助贷款； (2) 银行审批通过自助贷款申请； (3) 企业银行账户自助贷款还款经办； (4) 企业银行账户还款审批
任务六：企业银行委托贷款/0.5	了解企业通过网上银行委托贷款的流程	(1) 企业用户在银行柜台申请委托贷款业务； (2) 银行审批通过委托贷款业务申请； (3) 委托方通过企业网上银行放款； (4) 贷款方通过企业网上银行还款

【实践考核点】

- 个人注册账户申请审批；
- 个人账户存款；
- 个人批量转账汇款；
- 基金申购；
- 外汇盈利挂盘；
- 信用卡激活；
- 代发业务经办；
- 企业自助贷款还款经办；
- 委托贷款放款经办。

项目十七：支付通实践

【教师讲解 10 分钟】（配套 ppt）
- 什么是支付通；
- 涉及的概念；
- 涉及的角色；
- 实践中的注意事项；
- 实践后的深入学习和思考。

【实践目的】
（1）了解账户开通及账户管理。
（2）了解支付通交易流程。
（3）了解商家服务功能实现过程。
（4）熟练掌握电子支付的业务。

【实践流程图】

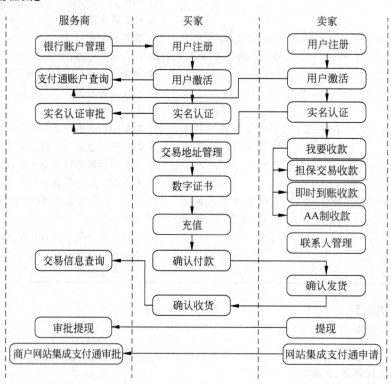

【实践内容】

任务/课时	目的	内容
任务一：买家卖家会员注册/0.5	了解账户开通及账户管理	（1）服务商银行账户管理； （2）申请注册会员； （3）通过邮箱激活账户； （4）完成实名认证； （5）实名认证服务商审批

续表

任务/课时	目 的	内 容
任务二：支付通交易实现/0.5	了解支付通交易流程	(1) 卖家发起我要收款,担保交易收款； (2) 买家充值； (3) 买家确认付款； (4) 卖家确认发货； (5) 买家确认收货
任务三：红包管理和联系人管理/0.5	深入了解支付通提供的服务	(1) 设定红包金额； (2) 发送红包； (3) 联系人管理
任务四：提现金以及申请网站集成支付通服务/0.5	了解商家服务功能实现过程	(1) 卖家提取现金； (2) 卖家申请集成商家服务功能； (3) 卖家支付商家集成服务费用； (4) 服务商审批用户商家服务申请

【实践考核点】

- 服务商生成实名认证确认款；
- 担保交易收款；
- 给本账户充值；
- 设置银行账户；
- 申请提现；
- 网站集成支付通服务申请；
- 服务商审批提现申请；
- 支付通用户付款。

项目十八：CA 认证

【教师讲解 10 分钟】（配套 ppt）

- 什么是 CA 认证；
- 涉及的概念；
- 涉及的角色；
- 实践中的注意事项；
- 实践后的深入学习和思考。

【实践目的】

(1) 初步掌握 CA 证书实现的流程。

(2) 了解 CA 证书颁发机构的作用与功能。

【实践流程图】

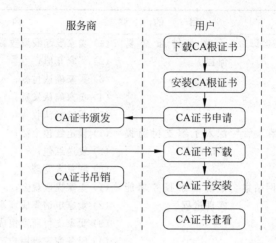

【实践内容】

任务/课时	目 的	内 容
任务一：安装CA根证书，申请CA证书/0.5	了解CA证书的实现流程	(1) 下载 CA 根证书,并在用户客户端安装根证书； (2) 申请 CA 证书(至少申请3个)
任务二：颁发 CA 证书,并安装 CA 证书/0.5	熟悉 CA 颁发机构功能	(1) 吊销一个 CA 证书,颁发两个 CA 证书； (2) 下载已颁发的 CA 证书,并在用户客户端安装两个 CA 证书

【实践考核点】

- 客户端证书申请；
- 客户端证书下载/安装；
- 服务端挂起的申请颁发证书；
- 服务端颁发的证书吊销证书；
- 服务端吊销的证书解除吊销。

项目十九：信用认证

【教师讲解 10 分钟】（配套 ppt）

- 什么是信用认证；
- 涉及的概念；
- 涉及的角色；
- 实践中的注意事项；
- 实践后的深入学习和思考。

【实践目的】

(1) 学习信用认证知识。

(2) 了解信用认证标准及分类。

(3) 了解信用等级的分类及分类准则。

(4) 了解信用认证的法规。
(5) 理解信用认证在当前社会信用体系中的应用。
(6) 掌握信用认证的相关知识。

【实践流程图】

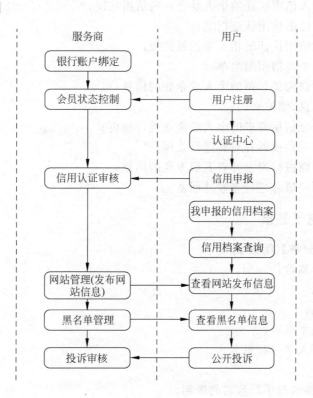

【实践内容】

任务/课时	目　的	内　容
任务一：信用认证前台（用户）业务流程操作/1	掌握如何查看企业的信用评价及信用等级、怎样为自己的企业申请信用认证。学习信用认证知识及法规	(1) 注册为信用认证用户； (2) 申请个人、企业信用档案； (3) 查看信用认证相关知识及法规； (4) 查询加入信用认证的个人或企业； (5) 对不符合信用认证要求的个人或企业进行投诉； (6) 维护会员信息，维护密码； (7) 查看服务商发布的新闻及黑名单； (8) 管理自己的信用认证档案
任务二：信用认证后台（服务商）业务流程操作/1	掌握如何对加入信用认证的个人及企业进行审核。怎样处理用户的投诉	(1) 服务商查看会员信息，对会员进行审核； (2) 对加入信用认证的个人或企业进行审核； (3) 发布网站新闻,信用认证知识及法规； (4) 公布黑名单及信用预警； (5) 查看并处理用户投诉

【实践考核点】

• 注册为信用认证用户；

- 服务商对加入会员进行管理,包括对加入的用户进行审核及删除;
- 用户通过审核后申请个人,企业信用认证档案;
- 服务商对用户申请的认证进行审核;
- 用户查询加入信用认证的个人及企业的信用状况;
- 用户管理自己的信用认证档案;
- 服务商发布信用认证的相关知识及法规;
- 服务商发布企业信用黑名单;
- 用户查看被列为黑名单的个人或企业的信息;
- 维护个人信息,维护密码;
- 用户对不符合信用要求的个人或企业进行投诉;
- 服务商查看用户投诉并对其进行处理;
- 用户对服务商进行留言并查看服务商的回复;
- 服务商对用户留言进行查看并回复。

项目二十：电子签章

【教师讲解 10 分钟】（配套 ppt）
- 什么是电子签章;
- 涉及的概念;
- 涉及的角色;
- 实践中的注意事项;
- 实践后的深入学习和思考。

【实践目的】
（1）了解数字签名与手写签名的区别。
（2）初步掌握电子签章的过程。

【实践流程图】

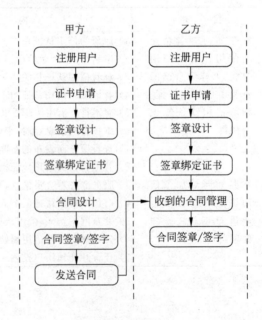

【实践内容】

任务/课时	目　的	内　容
任务一：甲方合同签章并发送合同/0.5	了解电子签章的实现	(1) 甲方注册用户信息； (2) 甲方申请并安装 CA 证书； (3) 甲方设计合同； (4) 在合同上签章或签字，并发送给乙方
任务二：乙方合同签章使合同生效/0.5	熟悉电子签章的流程	(1) 乙方注册用户信息； (2) 乙方申请并安装 CA 证书； (3) 乙方查阅收到的合同，并在合同上签章或签字，使合同生效

【实践考核点】

- 电子签章绑定证书；
- 电子签章文档验证；
- 电子签章查看证书；
- 电子签章禁止移动；
- 电子签章甲方签章/签字；
- 电子签章乙方签章/签字。

项目二十一：仓储实践

【教师讲解 10 分钟】(配套 ppt)

- 什么是第三方仓储；
- 涉及的概念；
- 实践中的注意事项；
- 实践后的深入学习和思考。

【实践目的】

(1) 熟悉并了解仓储运作的基本环境和条件。

(2) 了解仓储的仓库类别、出入库类型、产品种类。

(3) 掌握仓储公司客户管理的方式。

(4) 了解仓储出入库运作方式。

(5) 掌握货物在库期间的管理方式。

(6) 熟悉仓储的财务组成和收益查询。

【实践流程图】

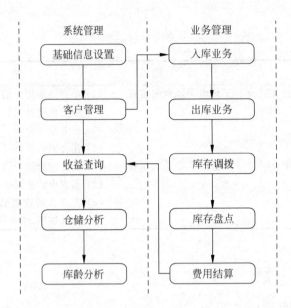

【实践内容】

任务/课时	目　的	内　容
任务一：仓储基础环境设置/1.5	初步掌握仓储公司运作的基础环境和需要设置的数据	(1) 注册仓储公司； (2) 设置仓储公司的基础数据信息，包括：产品信息、出入库方式、库区的设置、费用设置等； (3) 仓储公司对客户的管理
任务二：仓储主要核心流程/1.5	掌握仓储公司出入库流程和其他仓库功能	(1) 出入库业务处理； (2) 其他功能处理，包括：调拨、盘点等
任务三：仓储预警分析和财务管理/1	了解仓储公司财务类型和财务管理	(1) 收益查询，包括出租收益和劳务收益； (2) 仓储使用查询和预警分析

【实践考核点】

- 新增仓储公司信息；
- 仓储公司的基础数据信息，包括：产品信息、出入库方式、库区的设置、费用设置等；
- 客户信息管理；
- 出入库流程操作，包括：添加入库单、入库单审核、添加出库单、出库单审核等；
- 仓库其他业务管理处理，包括：调拨单管理、盘点单管理；
- 仓库库存量整理；
- 仓储费用管理；
- 仓储预警管理。

项目二十二：运输实践

【教师讲解 10 分钟】（配套 ppt）

- 什么是第三方运输；
- 涉及的概念；
- 实践中的注意事项；
- 实践后的深入学习和思考。

【实践目的】

(1) 熟悉并了解运输运作的基本环境和条件。
(2) 了解运输公司的订单管理流程。
(3) 熟悉运输的车辆调度和不同模式下运输流程。
(4) 了解运输公司事物处理方式。
(5) 熟悉运输公司的财务管理。

【实践流程图】

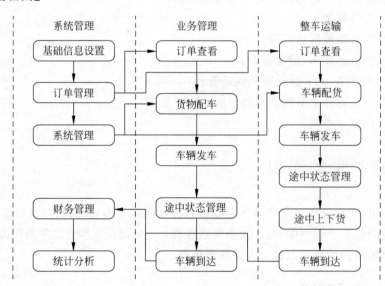

【实践内容】

任务/课时	目的	内容
任务一：运输基础环境设置/1	初步掌握运输公司运作的基础环境和需要设置的数据	(1) 注册运输公司； (2) 设置运输公司的基础数据信息，包括：驾驶员信息、车辆信息和费用设置等； (3) 仓储公司对客户的管理
任务二：运输订单管理/0.5	掌握运输公司订单的处理流程和处理方式	(1) 发货单管理以及货物设置； (2) 发货单的确认以及相应的车辆路程信息设置； (3) 发货单的查询
任务三：车辆调度和运输管理/1.5	了解运输公司的车辆管理方式以及不同运输类型的不同管理过程	(1) 车辆调度信息查看； (2) 整车的车配货物和零担的货物配车过程； (3) 车辆的在途管理，途中的状态维护和上下货操作

续表

任务/课时	目的	内容
任务四：运输公司日常工作处理/0.5	熟悉在日常工作中运输公司对员工和车辆的管理	(1) 员工的事物处理； (2) 车辆的维护管理
任务五：运输公司财务管理/0.5	了解运输公司收益组成和财务分析	(1) 运输费用查看包括运输收入和运输成本； (2) 运输公司收益报表查看

【实践考核点】

- 注册运输公司；
- 管理运输公司车辆、员工、费用等基础信息；
- 运输订单的管理；
- 运输车辆的调配信息管理；
- 运输过程包括配车，配货管理；
- 运输途中管理，上下货处理和到达管理；
- 运输公司员工日常事物处理和车辆的维护管理；
- 运输公司财务查询。

5.3 实践教学的组织

在 5.2 节里，我们介绍了电子商务专业设置的实践教学项目和内容，这些实践项目如何组织呢？在我们的教学计划中，有 3 大类实践课程：一是课程实验；二是课程设计；三是专业实践。我们的实验项目可以糅合在这些课程中。

5.3.1 课程实践

在我们的教学计划中(参见附录 B)，很多课程的总学时中包括两部分：课堂讲授和实验。实验学时和实验内容与课程内容相匹配，是对课堂讲授的理论知识的验证和深入理解。例如：在"电子商务专业导论"课中，我们有 4 个学时的实验课时，主要目的是通过上机实验，让学生理解到底什么是电子商务，电子商务能做什么。

在整个电子商务专业的课程体系中，有实验课的课程很多，读者可以参考附录 B 中的教学计划。

如何将电子商务专业实践平台上的实验项目与具体课程结合？可以由任课教师灵活掌握。

5.3.2 课程设计

对于那些技术类和综合应用类的课程(如计算机程序设计语言、计算机网络、数据库原理与设计、电子商务系统规划与设计等)，我们配备了 1~2 周的课程设计。课程设计的目的是：综合运用所学课程知识，完成一个较大型的应用项目的设计与实现。在综合项目的应用设计中,既考查学生对知识的掌握,更要考查学生独立分析问题、解决问题的能力,还考查学生的团队协作能力。

课程设计的内容往往会用到多个实验项目,是对实验项目的综合应用。

5.3.3 专业实践

电子商务专业安排 4 周的专业实践,时间在大二的暑假。通过两年的专业学习,学生对专业有了一些初步的认识,但还局限在理论和想象中,对电子商务业务具体如何运作没有感性认识。专业实践要求学生去具体的企业实习。学校与典型的电子商务企业如凡客诚品、千橡集团、用友集团等有战略合作关系,这些企业为学生提供参观、考查、实践的机会。学生也可以自己寻找实习单位,实习结束后需要每人提交实习报告。

本章小结

本章系统介绍了电子商务专业的实践教学体系、实践教学项目设置和实践教学的具体安排。实践应该贯穿整个教学过程,实践的方式、手段也应多样化。尤其是对于电子商务专业的学生来说,由于学生用手机、计算机上网极其方便,很多学校都布置了无线网络,学生可以随时随地上网体验电子商务的各种应用,关键是教师引导学生做一些有意义的体验和实验。

附录 A 电子商务专业培养方案

学科门类：管理学
二 级 类：工商管理类
专业代码：110209W
业务培养目标：本专业旨在培养德智体美全面发展,适应 21 世纪经济社会发展需要,具有扎实的经济学与管理学理论基础,掌握计算机与信息科学理论与技术,具备使用现代信息技术开展商务活动的能力,能够从事电子商务系统的规划、设计、运营、维护和管理,能在国家各级管理部门、工商企业、金融机构、科研单位等从事电子商务系统的开发和管理等方面工作的德才兼备、知行合一、富有社会责任感、创新精神和实践能力的复合型应用型人才。

业务培养要求：在较系统地掌握本专业的基础知识、基本理论和基本技能的基础上,熟悉另一学科专业的相关基础知识和基本理论。具备一定的人文、社会和自然科学的综合知识;具备独立获取知识、提出问题、分析问题和解决问题的基本能力;具备较强的中外语言表达能力、计算机应用能力和社会活动能力;具备较强的动手和适应能力,能在本学科专业或相关学科专业内多方位开展工作。

学生经过本专业学习获得以下知识和能力：
(1) 掌握经济和现代管理的基本理论；
(2) 掌握计算机、信息科学的基本理论和应用技术；
(3) 掌握电子商务系统规划、设计与管理的技术和技能；
(4) 具有综合运用所学知识分析和解决问题的基本能力；
(5) 具有一定的电子商务实践能力；
(6) 掌握文献检索、资料查询和收集的基本方法,具有一定的科研和实际工作的能力；
(7) 熟练掌握一门外语,在听、说、读、写、译等方面均达到较高的水平。

学分与学时结构：本专业理论教学总计 2380 学时,共 141 学分,其中必修课 1843 学时,占总学时的 76.43%,108 学分；选修课 561 学时,占总学时的 23.57%,33 学分。实践教学环节 27 学分,其中社会实践、专业实习、军训等 10 学分,毕业实习、毕业论文(设计)17 学分。第二课堂中的必修素质教育专项课程 6 学分。

学生修满 174 学分方可毕业。

专业主干课程：微观经济学、宏观经济学、会计学、管理学、计算机组成原理、算法与数据结构、操作系统、数据库原理与设计、计算机网络技术、电子商务技术、电子商务系统规划与设计、网络营销。

主要实践性教学环节：各类课程设计（算法与数据结构、数据库原理与设计、电子商务系统规划与设计等）、各类课程的实验上机、社会实践、专业实习、毕业实习、毕业论文（设计）等。

修业年限：四年。

授予学位：管理学学士。

指导性教学计划进度表：附录 B。

附录 B 指导性教学计划进度表

电子商务专业

课程性质	课程类别	课程编号	课程名称	总学时	学分	其中(课内)			建议修读学期及周学时分配							
						讲课	上机	实验	一		二		三		四	
									1	2	3	4	5	6	7	8
									17周	17周	17周	17周	17周	17周	17周	17周
必修	公共基础课	12012101BK	大学英语(一)	68	4	68			4							
		12012102BK	大学英语(二)	68	4	68				4						
		12012103BK	大学英语(三)	68	4	68					4					
		12012104BK	大学英语(四)	68	4	68						4				
		13022102BK	大学语文	34	2	34				2						
		21012101BK	高等数学 A(上)	85	5	85			5							
		21012102BK	高等数学 A(下)	85	5	85				5						
		21012105BK	线性代数	51	3	51					3					
		21012106BK	概率论与数理统计	51	3	51						3				
		21032101BK	体育(一)	34	2	34			2							
		21032102BK	体育(二)	34	2	34				2						
		21032103BK	体育(三)	34	2	34					2					
		21032104BK	体育(四)	34	2	34						2				
		22011111BK	中国近现代史纲要	34	2	17		17		2						
		22011113BK	马克思主义基本原理	51	3	34		17			3					
		22011117BK	毛泽东思想和中国特色社会主义理论体系概论	68	4	34		34				4				
		22021105BK	思想道德修养与法律基础	51	3	34		17	3							
		31022108BK	军事理论	34	1	34			2							
			小计	952	55	867		85	16	15	12	13				

续表

课程性质	课程类别	课程编号	课程名称	总学时	学分	其中(课内)			建议修读学期及周学时分配							
						讲课	上机	实验	一		二		三		四	
									1	2	3	4	5	6	7	8
									17周	17周	17周	17周	17周	17周	17周	17周
必修	学科基础课	01013101BK	微观经济学	51	3	47		4		3						
		01013102BK	宏观经济学	51	3	47		4			3					
		01073101BK	统计学	51	3	43		8				3				
		05013102BK	管理学	51	3	51					3					
		05013121BK	企业管理实践	34	2		34							2		
		06023101BK	会计学	51	3	45		6				3				
		14023104BK	数据库原理与设计	68	4	52	16						4			
		14013103BK	离散数学	68	4	68						4				
		14053124BK	计算机语言程序设计	68	4	34	34		4							
			C++程序设计	64	4	34	34			4						
		14053126BK	计算机网络技术	51	3	35	16							3		
			小计	608	36	456	100	56		7	10	6	4	5		
必修	专业课	21013101BK	运筹学	51	3	51						3				
		14023111BK	信息安全	51	3	34	17					3				
		14023115BK	网络营销	51	3	34	17					3				
		14024103BK	电子商务技术	68	4	34	34						4			
		14024115BK	电子商务系统规划与设计	51	3	34	17								3	
		14024117BK	电子商务与物流系统	51	3	34	17							3		
			小计	323	19	221	102					9	7	3		
选修	选修课	14017208BK	专业英语	51	3	51							3			
		14017246BK	信息管理类专业导论	68	4	52	16		4							
		14023103BK	操作系统	51	3	34	17					3				
		14023116BK	网站设计与运营管理	34	2	34									2	
选修	选修课	14024109BK	面向对象程序设计(Java)	51	3	35	16						3			
		14027204BK	网络经济学	34	2	34								2		
		14027243BK	电子商务业务处理技术	34	2	34									2	
		14027245BK	企业资源规划	51	3	27	24						3			
		14027246BK	商务智能	34	2	18	16						2			
		14027247BK	客户关系管理	34	2	34							2			
		14053113BK	算法与数据结构	68	4	51	17					4				
		14053122BK	计算机组成原理	51	3	51		3								
			C++程序设计课程设计	1周	1			1周								

续表

课程性质	课程类别	课程编号	课程名称	总学时	学分	其中(课内)			建议修读学期及周学时分配							
						讲课	上机	实验	一		二		三		四	
									1	2	3	4	5	6	7	8
									17周	17周	17周	17周	17周	17周	17周	17周
必修	实践环节	14026103BK	数据库原理与设计课程设计	1周	1		17						1周			
		14026112BK	电子商务系统规划与设计课程设计	2周	2		34								2周	
		14026114BK	社会实践、专业实习	4周	4								4周			
		14026116BK	毕业实习	8周	8											8周
		14026117BK	毕业论文(设计)	9周	9											9周
		14056110BK	算法与数据结构课程设计	1周	1		17						1周			
		31026101BK	军训	2周	2			2周								
			小计	28周	28				2周	1周			5周	1周	2周	17周
			实践课及各类课程的实验、上机折合	15周			8周	7周								
			必修	1883	110	1544	202	141	16	22	22	19	13	12	3	
			选修课(含全校性选修课)应选	561	33				9		7	7	4	6		
			实践环节合计	42周	27		8周	6周	2周				5周	1周	2周	17周
			总计	2380	166				25	22	22	26	20	16	9	
第二课堂			素质教育专项课程(必修)	102	6				1	1	1	1	1	1	0	0
			各类活动		10				1	2	2	1	0	2	1	1

公共基础课占总学时的比例：40.00%	专业必修课占总学时的比例：13.57%	理论教学周数：101
		实践教学周数：42
学科基础课占总学时的比例：22.86%	选修课占总学时的比例：23.57%	理论教学与实践教学比约为 7.1∶2.9

参考文献

[1] P N Tan,M Steinbach,V Kumar,Introduction to Data Mining. Addison Wesley,2005.
[2] 张宝明,文燕平,陈梅梅.电子商务技术基础(第2版).北京:清华大学出版社,2008.
[3] 刘红军.电子商务技术.北京:机械工业出版社,2011.
[4] 马佳琳,周传生.电子商务原理与技术.北京:人民邮电出版社,2008.
[5] [美]劳顿,[美]特拉弗.电子商务:商业、技术和社会(第5版).北京:清华大学出版社,2011.
[6] 陈孟建,陈奕婷,童红斌.电子商务网络技术基础.北京:电子工业出版社,2012.
[7] 冀汶莉.电子商务数据库技术.北京:中国铁道出版社,2011.
[8] 胡伟雄.电子商务安全技术.武汉:华中师范大学出版社,2011.
[9] 张公让.商务智能与数据挖掘.北京:北京大学出版社,2010.
[10] 王珊,萨师煊.数据库系统概论(第4版).北京:高等教育出版社,2006.
[11] 吕廷杰.移动电子商务.北京:电子工业出版社,2011.
[12] 李建中.电子商务网站建设与管理.北京:清华大学出版社,2012.
[13] 踪程.电子商务网站设计与开发.北京:电子工业出版社,2012.
[14] 冯英健.实用网络营销教程.北京:清华大学出版社,2012.
[15] 刘蓓琳等.网络营销.北京:航空工业出版社,2009.
[16] 赵守香,李骐.企业信息管理.北京:人民邮电出版社,2012.
[17] 燕春蓉.电子商务与物流.上海:上海财经大学出版社,2010.
[18] 张波,任新利等.网上支付与电子银行.上海:华东理工大学出版社,2012.
[19] 胡伟雄.电子商务安全技术.武汉:华中师范大学出版社,2011.